KB073882

한국어의 표기와 발음

박창원

지식과교양

발간사

　20세기 후반기를 거쳐 21세기에 접어들면서 우리 민족과 국가는 세계사에서 새로운 위치를 가지게 되었습니다. 세계에 존재하는 수백의 국가 혹은 수천의 민족 중에서 경제적인 측면이나 언어 사용의 인구수적인 측면에서 우리 민족과 국가는 전체적으로는 세계 10위 내외의 서열에 자리매김하는 도약을 이루고, 그것을 공고히 하는 토대를 구축하였습니다. 더 나아가 몇몇의 분야에서는 세계 최고라는 위치까지 자리매김하게 되었습니다. 그 결과, 인근에 있는 국가에 국적을 두고 있는 많은 사람들의 머리 속에 <새로운 인생의 구상은 한국의 노동자 생활에서부터> 혹은 <새로운 인생의 구상은 한국인과 결혼함으로써>라는 생각이 자리잡게 되었습니다. 이로 인해 <Korean Dream>을 이루려는 많은 나라의 외국 여성들이 한국에 시집을 와서 한국의 가정을 이루거나, 외국 남성들이 한국의 노동자로 와서 하나의 집단 사회를 이루는 상황이 생성되어, 세계에 유례를 찾아 볼 수 없는 <한국적 다문화 사회>가 이루어졌습니다.

　이러한 우리의 현재는 과거로부터 물려받은 유산에 바탕을 둔 것이지만, 과거에 항상 이러한 모습을 가지고 있었던 것은 아니었던 것 같습니다. 지구상의 많은 언어와 민족이 생멸을 하거나, 혹은 분열과 통일을 반복하면서 축소와 확장을 하게 되는데, 우리 민족 역시 예외가 아니었습니다. 한반도와 만주 일원에 살던 종족이 (고)조선의 등장으로 단일민족에 의한 언어공동체를 생성한 후, 한 민족 둘 이상의 국가라는 분열된 양상과 한 민족 한 국가라는 통일된 양상을 되풀이해 왔습니다. 최초의 분열은 한사군의 설치로 인한 남북 언어의 분열이었을 것입니다. 이 분열은 통일신라에 의해 하나의 언어공동체로 재통일되었습니다. 하나의 언어공동체로 지내오다가 20세기 중반에 다시 남쪽과 북쪽으로 분열되는 양상에 처하게 되었습니다. 이러한 분열된 양상에도 불구하고, 한반도의 남쪽은 20세기 후반을 거치면서 비약적인 발전을 거듭하여 21세기 초반기에 이르러 세계사의 한 축으로 발돋움하기에 이르렀습니다. 그 결과 〈Korean Dream〉을 이루려는 많은 외국인들이 한국에 몰려오는 상황이 생성된 것입니다.

이러한 새로운 사회의 생성에 능동적으로 대처하기 위해 이화여자대학교에서는 다문화연구소를 만들에 되었습니다.

이화여자대학교 다문화연구소는, 동화주의를 넘어서는 문화적 권리의 상호 평등을 인정하고. 학술연구와 현장실천을 잇는 연구·교육·정책의 순환적 모델을 구축하고자 합니다. 더 나아가 현재와 미래의 다문화 현상에 대한 연구·정책 개발을 위해 다문화와 관련된 DB를 구축하고, 교내외 연구·교육 자원의 네트워크를 통한 다문화 연구·교육 역량을 극대화하면서 국내외 유관기관과의 교류를 통한 파트너십을 구축하고자 합니다.

그리하여 우리 연구소는 문화적 역량으로 사회통합을 이끄는 21세기 다문화전문 연구기관이면서, 다문화 시대의 한국 사회·문화

발전을 선도하는 학제간 종합 연구기관이 되고자 합니다. 동시에 다문화 사회에서 소통과 공존을 선도하는 다문화 연구·교육 공동체가 될 것입니다.

이러한 일을 효과적으로 수행하고자 이화여자대학교 다문화연구소에서는 《다문화연구》라는 학술지와 《이화다문화총서》를 간행하고자 합니다. 《이화다문화총서》는 우선 언어, 사회, 의학, 교육의 네 분야로 나누어 출간됩니다. 한국의 다문화사회를 진단하고, 공존과 조화의 길을 찾기 위해 <언어>에서는 언어와 문화의 상관관계와 언어의 보편성과 개별성의 관계, 언어간 비교 대조의 문제 등을 다루게 될 것입니다. <사회>에서는 다문화 사회를 진단하고 사회통합프로그램을 구축할 수 있는 사회적 역량을 구축하고, 이를 제도화할 수 있는 방안을 연구하고 실천할 것입니다. <의학>에서는 이주민의 건강과 관련된 문제 즉 이주민과 원주민의 면역체계, 다문화가정 자녀와 한국인의 면역체계, 다문화가정을 위한 임신, 출산 등 다문화가정과 의료 건강 분야에 관한 것이 다루어지게 될 것입니다. <교육>에서는 이중언어사회에서의 언어교육에 관한 문제, 특히 국내의 경우 다문화가정과 그 자녀를 위한 한국어교육의 문제, 국외의 경우 동포들의 자녀에 대한 한국어 교육, 외국인을 대상으로 한 한국어교육 등의 문제가 주로 대상이 될 것입니다.

우리 연구소에서는 현재보다 더 나은 사회를 구축하는 데 약간의 도움이라도 될 수 있을까 하여 이 책을 간행합니다. 현재보다 미래가 좀더 밝은 민족이 현재보다 좀더 강력한 국가를 구축하고, 그

속에 살고 있는 모든 사람이 더불어 살아가는 사회가 되기 위한 조금의 밑거름이 되기를 희망하면서 이 책을 간행합니다. 좀더 많은 사람이 이 분야에 애정어린 관심을 기울여 주시기를 기원합니다.

2012년 10월 2일
이화여자대학교 다문화연구소장 박창원

머리말

  말과 글은 인간의 정신문화를 가능하게 하는 가장 핵심적인 요소이다. 말은 개인적인 인간을 생존하게 하고, 인간답게 만들어 주면서 집단의 공동체적인 삶을 가능하게 해 준다. 아울러 소통을 통한 지식의 축적으로 지식의 재창조를 가능하게 한다. 글은 지식의 소통과 축적에 대한 말의 한계를 넘어섬으로써 인류 문화의 비약적인 도약을 가능하게 한다.

  한국어는 한국인이 사용하는 말이고, 한글은 한국어를 표기하기 위해 한국인이 만들어 사용하는 글이다. 말의 사용은 입과 귀의 작용으로 이루어지는 지각 행위이고, 글의 사용은 손과 눈의 작용으로 이루어지는 지각 행위이다. 입의 조음 작용과 귀의 청각 작용으로 의사소통이 이루어지는 '말'은 인류에게 천부적인 보편적인 현상이고, 손의 그림 작용과 눈의 시각 작용으로 의사소통이 이루어지는 '글'은 후천적인 창조적인 산물이다.

  한국인은 아득한 옛날 독립된 하나의 언어공동체를 형성하여 지금에 이르고 있다. 때로는 둘 이상의 분화체를 가지기도 하고 때로는 하나의 통일체를 가지기도 하면서 지금에 이르고 있는 것이다. 그리고 한국인의 정체성이 확립된 이래 상당한 기간 동안 문화의 축적과 지식의 재창조에 다른 종족이 만든 문자를 사용하다가, 15세기에 이르러 세계의 문자사를 새로 쓰게 하는 독자적인 문자인 훈민정음이란 문자를 만들어 지금껏 사용하고 있다.

그런데 우리말이 가지고 있는 교착적인 단어 구성은 한 형태소의 발음을 다양하게 하고, 우리글이 가지고 있는 형태음소적인 표기는 여러 경우에 표기와 발음이 달라지게 하여, 우리말과 우리글을 제대로 익히는 데 있어서 초기단계부터 남다른 노력을 필요로 한다. 이러한 상황은 한국어와 한국어의 표기를 배우는 외국인이나 우리말의 발음과 표기를 익히고자 하는 한국인에게 한국의 말과 글의 표기와 발음에 관련된 원칙과 실제를 같이 알 필요성을 제기한다고 할 수도 있다.

지금은 한국어학이나 한국어를 배우기 위해 외국인이 한국에 유학을 많이 오는 참 행복한 시절이 되었다. 저자의 어린 시절에는 한국에서 외국인을 보는 것이 쉽지 않았는데, 이제 대한민국의 어디를 가나 외국인을 쉽게 만날 수 있고 특정지역은 외국인 특구로 지정되기도 하였다. 또한 우리나라의 많은 대학교에서 대학원생이나 학부생을 유학생이나 교환학생으로 문호를 개방하자마자 다양한 나라의 다양한 전공 학생들이 한국으로 유입되고 있고, 이들의 다양한 국적만큼이나 이들의 한국어 실력도 천차만별한 양상을 보여주고 있다.

몇 년전 저자가 재직하고 있는 대학교의 대학원 강의를 하면서 내국인은 수강을 하지 못하게 하고 외국인만을 대상으로 한국어의 발음과 표기를 중심으로 강의를 한 적이 있었다. 그때 외국인 유학생을 위한 제법 고급스러운 한국어 발음과 표기 중심의 교재가 있었으면 좋겠다 하는 생각을 하게 되었다. 그래서 일반언어학적인 시각에서 한국어 발음과 표기를 중심으로 구상을 하여 책을 쓰기 시작하였다. 그때의 구상은 다양한 국가에서 한글을 처음 배우는 단계의 학습자에게 한글의 자형과 음가를 이해시키는 방법을 제시하고, 다음 단계의 학습자를 위해 한글 표기법과 발음을 가르치고, 그리고 고급의 학습자와 교육자를 위해 한국어의 음운현상과 표기법의 상관 관계 등을 단계적으로 설명하는 것이었다.

그런데 이러한 구상은 현재의 필자가 가지고 있는 능력으로는 실현하기 어려운 꿈이라는 것을 깨닫게 되어, 처음 의도와는 전혀 다르게 현행 어문 규범을 중심으로 기술하여 외국인뿐만 아니라 어문 규범을 익히고자 하는 내국인에게도 도움이 되고자 하였다. 조금 멋쩍기는 하지만, 그래도 이 책이 한국어의 발음과 표기를 배우고자 하는 사람들에게 조금이나마 도움이 될 수 있을 거란 기대감으로 쓰던 원고를 정리하여 세상에 내놓기로 한다. 보태고 싶은 내용이 많지만, 굳이 변명을 하자면, 원고 쓰기로 한 다른 약속 때문에 더 지체할 수가 없어서 현재 상태로 내기로 한다.

이 책의 <제1부 서론>은 우리 말과 글에 대한 기초적인 지식을 제공하기 위해 집필되었다. 그리고 <제2부 한글맞춤법과 표준발음법>은 우리말과 글에 대한 규범 중 발음과 표기에 관한 것을 설명하였다. <제3부 심화 과제>에서는 사잇소리와 띄어쓰기에 관한 것을 좀 깊이있게 다루었다. 제5장은 이미 논문으로 발표한 것을 옮겼고, 세6장은 구두로 발표한 것을 조금 정리하였다. 제7장은 <한글맞춤법 제6장>에 나오는 어휘들을 익히기 위한 것인데 이에 대한 뜻풀이와 예문은 국립국어원의 <표준국어대사전>에서 거의 그대로 옮겼다. 그리고 부록으로 <문장 부호>와 <사정한 표준어>를 옮겨 실었다. 대중들에게 별로 인기없을 이 책을 출간해 주신 <도서 출판 지식과 교양>과 들쭉날쭉한 원고를 불평 없이 다듬어 주신 편집진에게 감사드린다.

마지막으로, 본 책과 비슷한 내용의 책을 통해 우리말의 발음과 표기를 내재된 원리와 같이 이해하고, 여러 가능성의 다양함 속에서 동질적인 언어공동체로서의 공통성을 추구하고, 이를 바탕으로 합리적인 소통을 하여, 우리 민족과 국가가 지적 재생산과 창조를 왕성하게 할 수 있기를 기대한다.

2012년 10월
박 창 원 적음

목차

제2부 한글맞춤법과 표준발음법

제3부 심화 과제

부록

제1부

서 론

한국어의 표기와 발음

1장 한글의 이해

한글은 조선 시대의 제4대 임금 세종께서 재위 25년 12월(서력 기원 1444년 1월)에 '훈민정음'이라는 이름으로 직접 창제하신 글이다. 이 문자의 창제는 고유한 문자가 없던 우리 민족이 고유한 문자를 가지게 되었다는 민족적인 의미를 가지는 동시에, 인류가 문자의 발달 단계에서 한 걸음 더 나아가게 되었다는 세계 문자사적인 의미를 가진다.

이러한 문자의 학습과 관련해서, 문자 '훈민정음'에 대한 해설서를 공동 작성한 필자 중의 한 사람인 정인지에 의하면 '똑똑한 사람은 하루 아침에 이 문자를 깨우칠 수 있고, 어리석은 자라 할지라도 열흘 이내에 배울 수 있다'고 하였다. 그런데, 지난 세기에 시작하여 현재까지 그 세력이 줄지 않고 확산되고 있는 한국어 학습 열풍 속에서, 한글을 배우기 어려워 하고 가르치기 어려워 하는 것을 더러 볼 수 있다. 이러한 문제의 발생은 한글의 문자와 음가의 상관관계(이것은 훈민정음의 제자 원리이고, 이를 응용한 현대 휴대폰의 문자 전송 방식의 원리와 통한다.)를 몰라서 가르치는 방법을 제대로 개척하지 못했기 때문이다. 다시 말해 한글이라는 문자와 사람이 발음하는 발음기관에 대한 지식이 없어서 제대로 가르칠 수 있는 방법을 개척하지 못했기 때문인 것이다.

한 언어를 배우는 것은 어떤 언어이든지 그것을 숙달하기 위해 수많은 세월에 엄청난 노력을 필요로 하는 것이지만, 문자 자체를 익히는 것은 사정이 전혀 다르다. 문자에 따라 몇 시간만에 익힐 수 있는 문자도 있고, 평생 다 익히지 못하는 문자도 있을 수 있는 것이다. 한글은 아주 조직적이고 체계적으로 만들어졌기 때문에 단 몇 시간만에 익힐 수 있는 문자인 반면, 한자는 그 숫자가 엄청나게 많아서 평생을 배우더라도 그 문자를 다 익히기 어려운 문자라고 할 수 있다.

한글에 대한 접근은 여러 가지 방향에서 할 수 있다. 첫째, 인류가 발명하여 진화시킨 문자사의 차원에서 접근할 수 있다. 둘째, 성리학과 관련하여 소리와 문자 그리고 우주 만물에 대한 기본적인 인식을 철학적인 차원에서 접근할 수도 있다. 셋째, 언어 이론 특히 음운 이론과 관련하여 전통적인 차자표기법에 내재된 음운 인식과 성운학에서 표출된 음운 인식을 중심으로 접근할 수도 있다. 넷째, 자형의 개발과 관련하여 조음음성학인 차원에서 접근할 수도 있다. 다섯째, 역시 자형과 관련하여 도형 내지는 기하학적인 차원에서 접근해 볼 수도 있다.

본 장에서는 넷째와 다섯째와 관련된 문제를 주로 다루어 보고
자 한다. 즉 <훈민정음>에 기술되어 있는 대로 창제된 글자의 모양
과 조음기관과의 상관관계를 살펴 보고, 아울러 기하학적인 차원
에서 설명해 보고자 하는 것이다.

한글 자모는 가장 간단한 도형 5가지로 구성된다. 그것은 점, 선,
세모, 네모, 동그라미 등이다. 한글의 자모 중 하늘과 땅과 사람을
상형한 모음의 모양은 점과 선 그리고 이들의 조합으로 구성된다.
그리고 조음기관의 구체적인 모양을 본뜬 자음의 모양은 네모, 세
모, 동그라미 그리고 이들의 분할 및 확산으로 이루어진다.

이 원리를 제대로 이해하는 것은 훈민정음 즉 한글의 창제 원
리와 과정을 제대로 이해하는 것이다. 또한, 음가의 세기와 문자
모양의 복잡도 사이에 존재하는 상관관계를 이해하면 문자의 모
양으로 그 음가들의 관계를 예측할 수 있다. 이러한 제자 원리를
잘 알면 한글 자모의 모양과 음가의 관계를 이해할 수 있고, 이
것을 한글 교수법에 활용하면 누구나 좀더 쉽게 한글 자모를 익
히게 할 수 있는 것이다.

1. 말소리의 발성 과정

인간이 발음기관으로 말을 하는 발성하는 행위는 공기 통로의
모양을 다양하게 변화시켜 공기 흐름의 양상을 다양하게 하는 것
이다. 공기 흐름의 모양을 다양하게 하여 소리를 만들어내는 기관
에는 다음의 것들이 있다.

1.1. 성대(성문)

긴장음, 유성음, 무성음, 유기음 등은 성문에서 결정된다.

허파에서 내쉬는 숨은 기관지를 통해 후두에 도달하게 되는데, 후두에는 한 쌍의 얇고 질긴 막이 있다. 이것을 성대라 한다. 성대의 두 막 사이에 공기가 통과하는 공간을 성문이라 한다. 성문의 크기 혹은 모양에 따라 다음의 소리들이 결정된다.

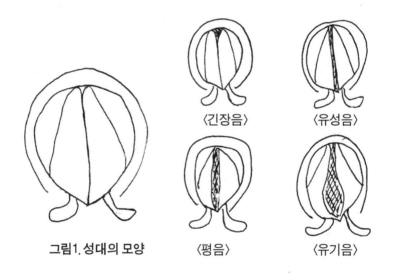

〈긴장음〉 〈유성음〉

그림1. 성대의 모양 〈평음〉 〈유기음〉

㉠ 긴장음 : 두 막이 접근되어 있고 갑상 연골 일부에서 공기가 빠져 나가는 소리(된소리),

㉡ 유성음 : 긴장음보다 성문이 열려 있지만 두 막이 가깝게 접근되어 있어 통과하는 공기가 두 막을 진동시키는 소리,

ⓒ 무성음 : 유성음보다 성문이 더 열려 있어 흐르는 공기가 두
　　　막을 진동시키지 않는 소리

ⓔ 유기음 : 두 막이 많이 열려 있어서 공기가 세게 통과하는 소
　　　리(거센소리).

즉 긴장음, 유성음, 무성음, 유기음 등은 성문의 열려 있는 정도
에 의해 결정된다.

1.2. 목젖

구강음과 비강음을 구분하여 조음하게 하는 것은 목젖이다.

아래 화살표의 방향에서 보는 것처럼 구강음은 목젖이 뒤쪽으로
붙어 있어 비강으로 가는 공기통로가 폐쇄되고, 비강음은 목젖이
앞쪽 아래로 내려 있어 비강 통로가 열린다.

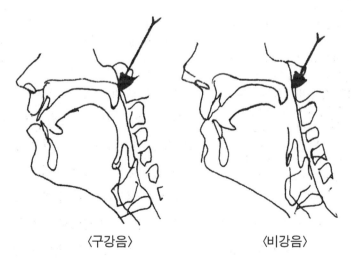

〈구강음〉　　　　　〈비강음〉

그림2. 목젖의 모양

인간들이 숨을 쉴 때에는 코로 공기가 가게 하기 위해 목젖이 내려와서 비강 통로를 열어 놓는다. 목젖의 움직임을 결정하는 것은 목젖에 인접해 있는 근육이다. 즉 입천장 뒤쪽 목젖에 인접해 있는 근육이 뒤로 이동하여 코로 통과하는 공간을 막아 버리면 공기는 구강으로만 나오고, 반면에 그 근육이 앞쪽으로 당겨져 공간이 열려 있으면 공기는 비강과 구강으로 동시에 나오게 된다. 전자의 과정에서 만들어지는 소리를 구강음이라 하고, 후자의 과정에서 만들어지는 소리를 비강음(콧소리)이라 한다.

1.3. 입

이도 성도의 일부분을 이룬다. 앞니가 없을 경우 바람이 새는 것같은 소리가 들리는 것은 이가 공기 통로의 모양을 형성하는 데 영향을 미치기 때문이다. 구강의 공기 통로 모양을 이루는 것에는 잇몸과 입천장도 중요한 구실을 한다. 윗잇몸은 설첨이나 설단이 닿는 위치가 되고, 그 뒤의 단단한 입천장(경구개)은 설첨이나 설단 등이 닿는 위치가 되고, 그 뒤에 부드러운 입천장(연구개)은 혀의 뒷부분이 닿는 조음점이 되는 것이다.

소리를 만드는 공기 통로로써 가장 중요한 부분이 입이다. 목젖을 통과한 공기는 입천장, 이, 혀, 입술 등으로 구성되는 구강 통로를 거치면서 이들의 상대적 위치 조정에 의해 다양한 소리로 변화하게 되는 것이다. 이들 중 가장 유연한 것이 혀로 혀는 설첨과 설단, 중설과 후설 등으로 구분되는 각 부분이 다양한 조음점에 접근하여 여러 가지 소리를 만들어 내게 되는 것이다. 입술도 공기통로의 길이와 모양에 영향을 미친다. 아랫입술을 윗입술에 접근하느냐 혹은 윗니에 접근하느냐에 따라 공기 통로의 길이에 영향을 미치고 입술의 모양을 어떻게 하느냐에 따라 공기통로의 모양을 변화시키는 것이다.

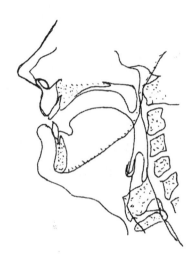

그림3. 구강의 모양

2. 소리의 분류

인간이 내는 소리는 일정한 기준에 의해 분류를 한다. 소리를 분류하는 기준은 일차적으로 공기 통로의 개방성 여부이다. 즉 공기 통로의 개방 여부가 공기가 자유스럽게 통과할 수 있을 정도인가 그렇지 않으냐에 따라 구분하는데, 공기가 자유스럽게 통과할 정도로 통로가 열려 있으면 모음이라 하고, 현저히 방해를 받을 정도로 개방

존재하고 있는 모든 사물을 인간이 인식할 때에는 일정한 기준에 의해 범주화하여 **분류**를 한다. '사람, 개, 소나무, 참새, 잉어' 등이 있을 때 인간은 이들을 대등한 것으로 인식하지 않는다. 이들을 분류할 때 우선 스스로 움직일 수 있는가 하는 기준점으로 '동물과 식물'로 분류하고, '동물'이 가지고 있는 속성을 기준으로 '포유류, 조류, 어류' 등으로 분류하고, 또 조류의 하류 부류로서 '참새'를 인식하는 것이다.

적이지 못하면 자음이라 한다.

2.1. 모음의 분류

공기가 자유스럽게 통과할 수 있을 정도로 입을 열려 있는 상태에서 조음되는 소리를 모음이라 하는데, 모음은 보통의 경우 입술과 혀의 두 기관에 의해 결정된다.

입이 열려 있는 크기에 따라 소리가 달라지게 되는데 가장 많이 열려 있는 상태에서 조음되는 모음을 개모음이라 하고, 가장 닫혀 있는 상태에서 조음되는 모음을 폐모음이라 하고 그 중간 단계를 반개모음, 반폐모음 등으로 분류한다.

혀의 앞뒤 위치에 의해 모음의 종류가 달라지게 되는데, 혀의 앞부분쪽으로 움직여 조음되면 전설모음이라하고, 혀의 뒷부분쪽에서 조음되면 후설모음이라 한다.

입술의 모양에 따라 모음의 종류가 달라지게 된다. 입술이 둥근 상태에서 조음되는 모음을 원순모음, 그렇지 않은 모음을 평순모음 혹은 비원순모음이라 한다.

2.2. 자음의 분류

조음위치에 의해 자음을 분류하면 다음과 같다. 두 입술이 관여하여 나는 소리를 양순음 혹은 그냥 순음이라고 한다. 아래 입술이 윗니에 닿아서 나는 소리를 순치음이라고 한다. 이빨이 관여되는 자음을 치음이라 하는데, 두 이빨의 사이에서 나는 소리를 치간음,

윗니의 뒷면에서 나는 소리를 치리음(보통 이 소리를 치음이라 하기도 한다.), 윗잇몸에서 나는 소리를 치경음이라 한다. 치경과 경구개의 사이에서 나는 소리를 구개 치경음이라 하고, 경구개에서 나는 소리를 경구개음, 연구개에서 나는 소리를 연구개음, 목젖에서 나는 소리를 구개화음, 인두에서 나는 소리를 인두음 그리고 성문에서 나는 소리를 성문음이라고 한다.

공기의 흐름이 현저히 방해받을 정도로 공기의 통로가 막히는 것을 자음이라 하는데, 공기가 어느 위치에서 어떻게 통과하는가에 따라 소리가 달라지기 때문에, 공기 통로에 중요한 영향을 미치는 조음 기관에 따라 그리고 공기가 통과하는 방법에 따라 분류하는 것이 일반적이다. 자음의 조음 위치란 이동이 자유스러운 조음체와 고정되어 있는 조음점의 조합관계를 나타내는 것이 일반적인데, 조음체가 당연히 짐작될 수 있을 경우에는 생략한다.[1]

자음의 조음 방식도 다양하게 나타난다. 우선 성문에서 공기가 통과하는 정도에 따라 유기음, 긴장음, 유성음, 무성음 등으로 분류된다. 그리고 공기가 목젖 부위를 통과할 때 목젖이 뒤로 이동했느냐의 여부에 의해 구강음, 비강음으로 분류된다. 구강에서의 접촉 방식에 의해서도 소리가 다양하게 나누어진다. 공기의 통과를 잠시 정지시켰다가 공기의 흐름을 파열시키는 파열음(정지음, 중지음, 폐쇄음이라고도 함), 공기통로를 아주 근접하게 접근시켜 공기가 마찰을 일으키게 하는 마찰음 그리고 폐쇄 뒤에 천천히 파열시키는 파찰음 등이 그것이다. 그리고 유음도 혀의 모양이나 혀끝이 작용하는 모양에 따라 다양하게 나타난다.

---

1 '순치음'이라고 할 경우에는 조음체를 먼저 말하고 조음점을 뒤에 말한 경우이다. 한편 '경구개음'이라고 하는 것은 경구개에 접근할 수 있는 혀의 위치는 혀의 앞부분밖에 될 수 없으므로 조음체에 관한 부분을 생략한 것이다.

3. 모음의 자형과 음가

현대 한국어의 단모음은 지역과 세대에 따라 최대 10개에서부터 6개까지 다양하고 조음되고 있다. 본고는 현대 표준어에서 인정하고 있는 한국어 최대의 모음체계인 10개를 기준으로 모음이 가지고 있는 글자의 모양과 그 음가에 대해 논의해 보기로 한다.

구체적인 음가를 논의하기 전에, 낙서하듯이 혹은 장난하듯이 한글을 학생이 만들어 보게 하자.(이것은 훈민정음의 창제 과정이다. 그러나 훈민정음 창제 과정이라 생각하지 말고 학생과 선생이 같이 다음과 같이 문자만들기를 해 보자.)

3.1. 글자 만들기

〈1단계〉 가장 간단한 도형 - 점과 선을 그려 보도록 한다. 그러면 아마 다음과 같은 도형을 포함하여 여러 가지 도형으르 그리게 될 것이다.

ㆍ ㅣ ㅡ ／ ＼ ㄴ ㄱ ℒ ✔

이들 도형 중 한글에서는 'ㆍ, ㅡ, ㅣ'를 문자 만들기에 사용한다.

한국 사람들은 똑바른 것을 좋아하기 때문에 사선을 버리고, 수직선과 수평선을 사용한다.

〈2단계 : 점 하나 + 선 하나〉 점과 선을 한 번씩 이용하여 글자를 만들어 보도록 한다. 그러면 다음과 도형을 그리게 될 것이다.

ㅗ, ㅏ, ㅜ, ㅓ, ·ㅡ, ㅡ·

('ㅣ'의 아래 위에 점이 있는 문자,

한글 자판으로 표시할 수 없어 이러한 설명을 붙임)

* 'ㅗ, ㅏ, ㅜ, ㅓ' 등도 글자를 그릴 수 없어 점 대신 선으로 표시함.

이들 중 한글 자모에서는 ㅗ, ㅜ, ㅓ, ㅏ 등만을 사용한다고 이해
시킨다.

<3단계 : 점 둘 + 선 하나> 2단계
에서 만들어진 문자에 점을 한번씩
더 찍도록 한다. 결과적으로 점을

너무 길어지는 것은 피하고,
서로 균형을 이루는 모양들
만 사용하는 것이다.

두 번 사용하고, 선을 한 번 사용한 셈이 된다. 그러면 다음과 같
은 문자가 될 것이다.

ㅛ ㅑ ㅠ ㅕ

<4단계 : 점 하나 + 선 둘> 2단계에서 만들어진 글자들에 'ㅣ'
를 오른쪽에 한 번씩 더 사용하도록 한다. 결과적으로 점
을 한 번 사용하고, 선을 두 번 사용한 셈이 된다. 그러면
다음과 같은 문자가 될 것이다.

ㅔ ㅐ ㅚ ㅟ

<5단계> 3단계까지 만들어진 문자의 앞에 ㅗ나 ㅜ를 첨가하는
　　　 문자를 만들어 보자.

　　　 ㅘ, ㅙ, (ㅚ)

　　　 ㅝ, ㅞ, (ㅟ)

3.2. 조음기관과 음가

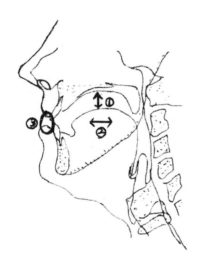

그림4. 모음의 조음

　모음을 조음하는 것은 입술과 혀의 두 가지이다. 입술은 둥글게
되거나 펴지게 되는 두 종류이다. 그리고 혀는 입 속에서 앞쪽으로
움직이거나 뒤쪽으로 움직이거나 하는 방향과 위로 가는 방향과
아래로 가는 방향의 두 가지이다. 혀가 앞뒤로 움직이는 것은 혀의
근육에 의해서 이루어지고, 아래위로 움직이는 방향은 턱을 내려
가거나 올라가게 하는 근육에 의해 결정된다.

혀의 앞뒤위치, 아래위 위치, 입술의 둥글과 펴짐을 고려하여 한
국어 단모음의 위치도를 그리면 다음과 같이 된다.

	전설모음		후설모음	
	평순모음	원순모음	평순모음	원순모음
고모음	ㅣ	ㅟ	ㅡ	ㅜ
중모음	ㅔ	ㅚ	ㅓ	ㅗ
저모음	ㅐ		ㅏ	

글자 모양과 음가의 상관관계를 기술해 보면 다음과 같다.

가. 문자의 끝에 'ㅣ'가 포함된 문자와 그렇지 않은 문자가 구별
   되고, 이것은 혀의 앞뒤 위치와 관계되는 것을 알자.
나. 'ㅡ'가 있는 문자와 그렇지 않은 문자가 있다는 것을 알고,
   'ㅡ'가 있고 여기에 획이 더 있는 문자는 원순성과 관련된다
   는 것을 알자.
다. 'ㅏ'와 [a]를 대응시키고, 'ㅣ'와 [i]를 대응시키고, 'ㅜ'는 [u]
   와 그리고 'ㅗ'는 [o]에 대응시키자.
라. 한국어에는 존재하지만, 영어에는 존재하지 않는 음소일 경
   우 영어의 변이음을 활용하자.
등등
   한국어 이중모음의 음가에 대한 설명을 하자. 전설성 활음이 있는
이중모음은 점 두 개가 있던 것들인데 이들의 변화형이고, 원순성
활음을 가지고 있는 이중모음은 'ㅗ'나 'ㅜ'가 선행하는 자형이다.

(1) ㅑ ㅕ ㅛ ㅠ

(2) ㅘ, ㅝ, ㅙ, ㅞ

(1)의 문자 모양(선이 두 개씩 붙어 있는 모양)을 하고 있는 모음들은 [j]로 시작하는 공통성을 가지고 있고, (2)와 같은 문자 모양('ㅗ'나 'ㅜ'로 시작)을 하고 있는 모음들은 [w]로 시작하는 공통성을 가지고 있는 것이다.

4. 자음의 자형과 음가

평상시에 항상 사용하고 있는 입안의 운동을 숙지하자. 걸음을 걸을 때에 발과 함께 손이 조화롭게 움직이듯이, 발음할 경우에는 입술과 혀가 조화를 이룬다. 입술과 혀의 움직임을 관찰해 보자. 그리고 이것을 한글 자음의 교육에 그대로 이용할 수 있다.(이 방면에 대해 완전한 무지인이라 하더라도 관심을 가지고 조금만 관찰하면 몇 분 내에 파악할 수 있는 내용이다. 어렵게 생각하지 말자.)

현대 한국어는 지역에 따라 미세한 차이가 있지만 대부분의 지역에서 19개의 자음이 조음되고 있다.

4.1. 글자 만들기

자음의 자형은 도형으로 보면 네모(ㅁ), 세모(ㅿ), 동그라미(ㅇ)에서 만들어진다. 네모는 그대로 순음을 표기하기 위해 사용되고,

네모를 반으로 자른 'ㄴ, ㄱ'은 치조음과 연구개음을 표기하기 위해
사용된다. 세모에서 아래를 뗀 'ㅅ'은 치음의 표기에 사용되고 'ㅇ'
은 후음의 표기에 사용된다. 이들을 이용하여 문자를 만드는 과정
은 다음과 같다.

▶ 순음

순음은 두 입술이 닫혔다가 열리면서 나는 소리인데, 이를 표기
하기 위해 'ㅁ'을 사용한다. 그리고 입술의 운동 모양을 고려하여
입술이 아래위로 펴지는 모양을 고려하여 'ㅂ'을 만들고 입술이 옆
으로 펴지는 모양을 고려하여 'ㅍ'을 만들었다.

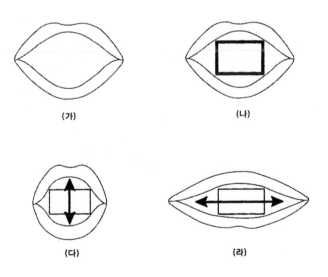

그림5. 순음

▶ 치조음

혀가 윗잇몸에 가서 붙었다가 떨어지면서 나는 소리를 치조음이라고 하는데, 이 모양을 본떠 'ㄴ'을 만들고, 조음 기관의 윗부분이나 혀의 면을 고려하여 'ㄷ, ㅌ' 등을 만들었다.

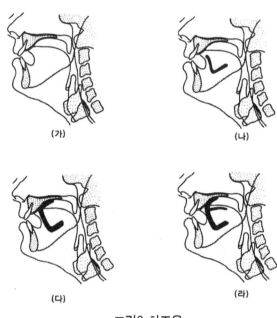

(가)

(나)

(다)

(라)

그림6. 치조음

▶ 연구개음

연구개음은 혀의 뒷부분이 입천장의 뒷부분인 연구개를 폐쇄하였다고 떨어지면서 나는 소리이다. 이 모양을 본떠 'ㄱ, ㅋ' 등을 만들었다.

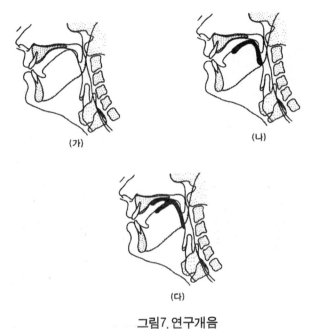

(가)   (나)

(다)

그림7. 연구개음

▶ **치음**

치음은 혀가 아랫니와 윗니의 사이에 들어가거나 윗니의 뒷부분에 접근하여 나는 소리인데 훈민정음 창제자는 이와 관련된 음을 표기하기 위해 'ㅅ, ㅈ, ㅊ, ㅿ' 등을 만들었는데, 'ㅿ'은 현재 사용하지 않는다.

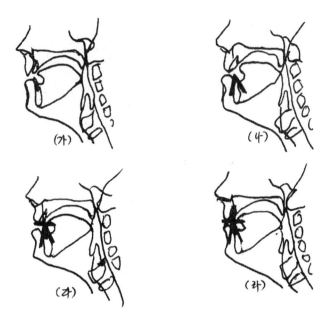

그림8. 치음

▶ 후음

후음은 목구멍에서 나는 소리를 지칭하는 것인데, 목구멍의 모양과 조음 방식을 고려하여 'ㅇ, ㆆ, ㅎ' 등을 만들었다.

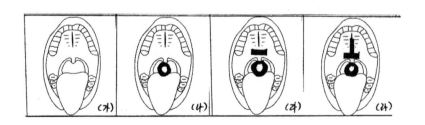

그림9. 후음

4.2. 글자의 모양과 음가

한국어 자음의 조음 위치는 기본적으로 아래의 ①, ②, ③, ④에 목구멍의 위치가 더해지는 것이다. 각각의 위치에서 조음기관을 상형하여 글자를 만들었다. 그래서 아래의 설명이 가능해진다.

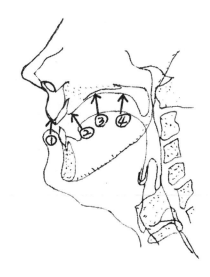

그림10. 자음의 조음

한글의 자형을 두고(된소리 포함), 비슷한 모양을 하고 있는 것 끼리 묶어 보되, 'ㅇ'의 모양을 가지고 있는 것, 'ㅁ'의 모양을 가지고 있는 것, 'ㅅ'의 모양을 가지고 있는 것, 'ㄴ'의 모양을 가지고 있는 것, 'ㄱ'의 모양을 가지고 있는 것을 순서대로 묶되, 문자 모양이 간단한 것에서 복잡한 것으로 배열해 보면 다음과 같은 결과가 된다.

```
ㅇ   ㅎ
ㅁ   ㅂ   ㅍ      // ㅃ
ㅅ   ㅈ   ㅊ      // ㅆ  ㅉ
ㄴ   ㄷ   ㅌ      // ㄸ
ㄹ
     ㄱ   ㅋ      // ㄲ
```

자음의 음가도 자형에 의해 짐작이 가능하다.

첫째, 'ㅁ'의 모양을 가지고 있는 문자('ㅂ, ㅍ, ㅃ' 등)는 모두 입술에서 조음된다.

둘째, 'ㄱ'의 모양을 가지고 있는 문자('ㅋ, ㄲ' 등)은 연구개에서 조음된다.

셋째, 'ㄴ'의 모양을 가지고 있는 문자('ㄷ, ㅌ, ㄸ' 등)은 치조에서 조음된다.

넷째, 'ㅅ'의 모양을 가지고 있는 문자('ㅈ, ㅊ, ㅆ, ㅉ' 등)은 마찰성 혹은 파찰성을 가지고 있다.

다섯째, 획이 복잡할수록 소리도 세게 난다. 예를 들어 'ㅋ'은 'ㄱ'보다 획이 많으므로 소리가 세다. 단 'ㄹ'은 이러한 원리에서 예외가 된다.

여섯째, 같은 글자가 겹쳐 있는 것 예를 들어 'ㄲ, ㄸ, ㅃ, ㅆ, ㅉ' 등은 모두 긴장음이 된다.

자형의 변화
한글 자모 중에는 고정된 자형을 가지고 있는 것과 실제 사용에서 자형이 변화하는 있다. 자음 중 ㄱ, ㅋ, ㄲ 등은 상황에 따라 자형이 달라진다.
　　(예) 각, 곡, 카, 코, 까, 꼬

그리고 모음 중 서 있는 모양을 하는 모음들은 받침이 있을 경우와 그렇지 않은 경우에 글자의 크기가 달라지게 된다.
　　(예)　가, 각, 개, 객
　　(비교) 고, 곡, 구, 국

2장 발음과 표기의 기초

1. 발음의 다양성 − 문자 'ㄱ'의 발음을 중심으로

1.1. 'ㄱ'의 발음은 네 가지

한글은 대체적으로 각각의 문자 하나하나가 하나의 동일한 음성으로 발음되는 경향이 있고, 하나의 발음 역시 하나의 문자로 적히는 경향이 크다. 영어처럼 하나의 문자가 여러 가지 발음으로 읽히거나, 같은 발음이 다양한 문자로 표기되는 경우가 별로 없다. 그래서 한글과 한국어를 어느 정도 익히고 나면 한글 문자의 발음에 대해서는 별로 신경쓰지 않게 된다. 그러나 한글 표기법은 소리대로 적는 원칙이 있기는 하지만, 기본형을 밝혀 적는 원칙도 있기 때문에 하나의 문자가 둘이나 그 이상의 발음을 가지기도 한다. 본 글에

서 설명하고자 하는 문자 'ㄱ' 역시 상황에 따라 네 가지로 발음된
다. 여기서의 '상황'이란 'ㄱ'이 놓인 위치와 앞이나 뒤에 오는 소리
의 환경과 주로 관련된 것이다

1.2. 단어의 맨 앞에서는 'ㄱ'으로 발음

단어의 맨 앞에 사용된 'ㄱ'의 발음은 예를 들어 '길, 고장, 구름'
등에 나타나는 'ㄱ'의 발음은 고정적이라 할 수 있다. 이 위치에 있
는 'ㄱ'은 'ㄱ'으로 발음되는 것이 일반적이다. 간혹 된소리로 발음
하는 경우가 있지만 이것은 표준 발음으로 인정되지 않는 것이다.
예를 들어 '과사무실'을 '꽈사무실'로 발음하는 경우가 있는데 이
것은 표준 발음에 어긋나는 것이다. 주의할 사항은 소위 'ㄹ 관형
형' 뒤에서 'ㄱ'이 된소리로 나는 경우이다. '갈 길이 멀다'는 '갈낄'
로 발음되기도 하는 것이다. 그런데 '먹을 고기, 공부할 국사책' 등
에서는 'ㄹ' 뒤의 'ㄱ'이 된소리로 발음되지 않고, 앞의 '갈 길'의 경
우도 된소리로 발음하지 않는 경우도 많다. 그러므로 단어의 맨
앞에 나타나는 'ㄱ'의 발음은 'ㄱ'으로만 발음한다라고 해도 무방
한 것이다.

1.3. 단어 중간의 초성에서는 'ㄱ' 혹은 'ㄲ'으로 발음

단어의 중간에서 초성의 위치에 나타나는 'ㄱ'은 'ㄱ'으로 발음되
는 경우도 있지만, 된소리 [ㄲ]으로 발음될 때도 많다. 경우를 나누
어 보면 다음과 같다.

첫째, 'ㄱ, ㅂ, ㄷ' 등이 앞 음절의 끝에서 발음될 경우에는 그 뒤에 오는 'ㄱ'의 발음은 무조건 된소리가 된다.

> (예) 'ㄱ' 뒤: 죽그릇[죽끄륻]
>   'ㅂ' 뒤: 밥그릇[밥끄륻]
>   'ㄷ' 뒤: 밭고랑[받꼬랑], 옷고름[옫꼬름], 꽃길[꼳낄]

위 예들의 두 번째 음절의 초성에 나타나는 'ㄱ'은 모두 [ㄲ]으로 발음되는 것이다. 여기에는 예외가 없다. 복합어나 파생어의 형성, 체언의 곡용, 용언의 활용 등 모든 경우에 해당한다. 참고로 명사형을 만드는 '-기'와 결합한 예들은 보기로 한다.

> (예) 'ㄱ' 뒤: 막기[막끼], 꺾기[꺽끼]
>   'ㅂ' 뒤: 뽑기[뽑끼]
>   'ㄷ' 뒤: 듣기[듣끼], 웃기[욷끼], 젖기[젇끼], 쫓기[쫃끼]

등의 예에서 보이는 제2음절 위치의 'ㄱ'은 모두 된소리로 발음되는 것이다.

둘째, 'ㄴ'과 'ㅁ' 뒤에 이어지는 'ㄱ'은 된소리로 발음될 때도 있고, 평음으로 발음될 때도 있다. 단어의 어원이나 만들어지는 과정에 따라 사뭇 복잡하게 나타난다. 몇 가지 경우로 나누어 보기로 하자.

■ 고유어나 한자어로 된 복합어에서는 된소리로 발음된다.

(예) '느' 뒤: 안과병원[안꽈병원], 문고리[문꼬리], 산길[산낄],
　　　　안방[안빵]

　　　'ㅁ' 뒤: 밤거리[밤꺼리], 밤길[밤낄], 갈림길[갈림낄]

　여기에는 예외가 있다. 고유어의 단어 내부이거나 고유어의 한
단어처럼 인식되는 경우에는 된소리로 발음하지 않는다.

(예) '느' 뒤 : 안개→안개

　　　'ㅁ' 뒤 : 감기→감기, 삼거리→삼거리

2 명사로 파생시키는 접미사 '-기'의 경우도 된소리로 발음된다.

(예) '느' 뒤: 안+기→[안끼], 신+기→[신끼]

　　　'ㅁ' 뒤: 감+기→[감끼], 삼+기→[삼끼]

　이 발음은 주의할 필요가 있다. '감기'를 '감끼'로 발음하면 '감다'
라는 동사의 명사형이 되고 '감기'로 발음하면 병의 이름이 된다.

3 '안-, 신-, 감-, 삼-' 등의 동사가 활용할 경우 어미의 초성
　　'ㄱ'은 된소리로 발음된다.(이 경우는 체언의 곡용과 다르다.
　　아래 (5)와 비교해 보기 바란다.)

(예) '느' 뒤: 안+고→[안꼬], 신+고→[신꼬]

　　　'ㅁ' 뒤: 감+고→[감꼬], 삼+고→[삼꼬]

4 반면에 용언의 어간에 피사동 접미사 '-기-'가 붙은 경우는 된소리로 발음되지 않는다.

(예) 'ㄴ' 뒤: 안기다, 신기다
　　'ㅁ' 뒤: 숨기다, 감기다 등

5 체언이 곡용할 때에 나타나는 조사 '-과' 역시 평음으로 발음된다.

(예) 'ㄴ' 뒤: 신과 돈[신과돈]
　　'ㅁ' 뒤: 삼과 사[삼과사]

셋째, 'ㄹ' 뒤에 나타나는 'ㄱ' 역시 된소리로 발음될 때도 있고, 평음으로 발음될 때도 있는데, 'ㄴ'이나 'ㅁ'보다 된소리로 발음되는 경우가 적다. 경우를 나누어 살펴 보기로 하자.

1 고유어나 한자어로 된 복합어에서는 된소리로 발음된다.

(예) 길+가→[길까], 물+고기→[물꼬기], 물+기→[물끼]

여기서 주의할 사항은 복합어의 종류에 따라 된소리로 발음하지 않는 경우가 있다는 것이다. 예를 들면 '불고기'는 [불고기]로 발음하지 [불꼬기]로 발음하지 않는다. 이에 대한 구체적인 설명은 지면 관계상 생략한다.

2 용언 어간을 명사로 파생시키는 접미사 '-기'의 경우 'ㄴ, ㅁ' 과 달리 된소리로 발음되지 않는다.

(예) 물+기→[물기], 불+기→[불기]

이 발음도 주의할 필요가 있다. '물끼'로 발음하면 '수분'의 뜻이 되고, '물기'로 발음하면 '입으로 무는 행위'가 된다.

3 용언어간이 활용할 경우에 'ㄴ, ㅁ' 등과 달리 평음으로 발음한다.

(예) 물+고→[물고], 울+고→[울고]

4 조사 '과' 역시 'ㄹ' 뒤에서는 평음으로 발음된다.

(예) 불과 물[불과물]

넷째, 모음 뒤에서는 평음 'ㄱ'으로 발음하는 것이 기본이다.

(예) 고기[고기], 내기[내기]

그러나, 한자어로 구성된 복합어일 경우에는 된소리로 조음될 경우가 있다.

(예) 내과→내꽈, 이과→이꽈 등

(고유어에서는 이런 예를 찾을 수 없다. 고유어에서 이처럼 된소
리가 날 경우에는 '사이 시옷'을 표기해 주기 때문이다.)

　　(예) 내+가→냇가[낻까] 등

1.4. 종성의 'ㄱ'은 'ㄱ' 혹은 'ㅇ'으로 발음

　종성에 사용된 'ㄱ'은 [ㄱ]과 [ㅇ]의 두 발음을 가진다.

　첫째, 다음에 이어지는 소리가 'ㄴ, ㅁ, ㄹ' 등일 때에는 [ㅇ]으로
발음된다.

　　(예) 막+는→[망는], 죽+만→[중만], 목+로→[몽노] 등.

　둘째, 그 외에는 모두 [ㄱ]으로 발음된다.

　　(예) 죽보다[죽보다], 죽그릇[죽그른], 막지[막찌], 막소[막쏘]

1.5. 'ㅎ'을 만나면 'ㅋ'으로 발음

　마지막으로 'ㄱ'은 그 바로 앞이나 뒤에 'ㅎ'이 있는 경우 이 'ㅎ'
과 합해져서 'ㅋ'으로 발음하게 된다.

　　(예) 국화→구콰, 좋고→조코

1.6. 마무리

이렇듯 'ㄱ'은 기본적인 음가가 [ㄱ]이지만, 상황에 따라 다양하게 발음되는 것이다. 이러한 현상은 얼핏 보면 대단히 무질서한 것 같지만, 찬찬히 그 경우를 따지고 보면 무척 흥미있다는 사실조차 발견할 수 있는 것이다. 복합어를 만들 때 된소리가 되기도 하고, 평음으로 되기도 하는 것에도 일정한 규칙을 찾을 수 있고, 'ㄴ, ㅁ'과 'ㄹ'이 같은 현상을 보일 때도 있고 다른 현상을 보일 때도 있는데 이 역시 'ㄴ, ㅁ, ㄹ'이 하나의 부류로 묶일 수도 있고 다른 부류로 묶일 수도 있다는 보여주는 것이다.

그리고 'ㄱ'의 경우 어떤 소리로 변화한다 하더라도 조음위치만을 변화하지 않고, 조음 방식만을 변화하는 사실도 흥미로운 것이다. 'ㄱ'은 동일한 조음위치이면서 조음방식만 달리 하는 'ㄲ, ㅋ, ㅇ' 등으로 변화하지만, 조음 위치를 달리 하는 'ㅂ'이나 'ㄷ' 등으로는 변화하지 않는 것이다.

2. 표기법의 이해

2.1. 음절로 모아 쓰기

한글 표기의 가장 큰 특징은 음절 단위로 묶어서 표기한다는 점이다. 자음과 모음을 합하여 음절을 표기할 경우에, 아래위로 서 있는 모양을 하는 문자는 아래의 ①처럼 오른쪽에 붙여 쓰고, 좌우로 누

2장 발음의 다양성 **51**

위 있는 모양을 하는 문자는 아래의 ②처럼 자음의 아래에 쓴다. 그
리고 종성은 아래의 ③처럼 초성과 중성의 중앙 아래에 표기한다.

(예) ① ㄱ + ㅣ, ㅓ, ㅏ, ㅐ, ㅔ, ㅕ, ㅑ ⇒ 기, 거, 가, 개, 게, 겨, 갸

② ㄱ + ㅡ, ㅗ, ㅜ, ㅛ, ㅠ ⇒ 그, 고, 구, 교, 규

③ 가, 거, 고, 구 + ㅁ ⇒ 감, 검, 곰, 굼

2.2. 형태소는 따로 쓰기

한글 표기에서 또 하나의 특징은 형태소별로 구분하여 표기하
는 것을 원칙으로 하는 점이다. '사라미 바블 머건따'로 발음하는
것을 형태소 분석을 하고 이것들을 독립적으로 표기하여 '사람이
밥을 먹었다'로 표기하는 것이다. 물론 형태소의 일부가 탈락하여
그것을 표기에 반영하는 것이 어려울 경우 발음하는 대로 적어서
형태소를 따로 적지 못하는 경우도 있지만(예 : 잇고 – 이어라, 살
고 – 사는, 먹었다 – 갔다 등), 이러한 경우는 특수한 것이고 기본적
으로 한국어의 표기는 형태소는 형태소별로 따로 적는 것을 기본
으로 하는 것이다.

2.3. 어법에 맞게 적기

한글 맞춤법의 원리는 한글맞춤법 통일안 총론의 제1항에 기술
되어 있는"한글맞춤법은 표준말을 그 소리대로 적되, 어법에 맞도
록 한다."는 내용이다. 이 조항의 핵심은 '어법에 맞도록' 한다는 것

인데 이는 기본형을 밝혀 적어야 할 경우와 소리나는 대로 적어야 할 경우의 기준점을 제시한 것이다.

표기의 방식에는 형태소적 표기와 음소적 표기가 있는데, 하나의 음소에 하나의 문자가 대응하게끔 표기하는 음소적 표기라고 하고, 형태소의 기본형을 밝혀 표기하는 것을 형태소적 표기[1]라고 한다. 예를 들어 '값도, 값만, 값이'라고 표기하는 것은 형태소적 표기이고, 이를 발음하는 대로 '갑또, 감만, 갑씨'로 표기하는 것은 음소적 표기라 할 수 있다.

현행 한글맞춤법은 공시적인 음운규칙으로 설명될 수 있는 것은 형태음소적 표기를 하고, 공시적으로 설명될 수 없는 것은 음소적 표기를 함으로써, 언어 속에 내재되어 있는 규칙과 언어를 표기하는 문자의 표기방법을 조화시키고 있는데 이것이 현행 한글맞춤법의 기본정신이 된다.

음소적 표기가 그 나름대로의 장단점을 가지고 있고, 형태소적 표기 역시 그나름대로의 장단점을 가지고 있다면, 개별 사항의 표기는 언어를 사용하고 있는 그 시대의 사람들이 결정할 사항이 될 것이다. 그런데 현행 한글맞춤법에서는 두 원칙의 균형을 고려하여 안배한 흔적이 역력하다. 때로는 음소적 표기를 하고 때로는 형태소적 표기를 한다는 것은 상반된 원칙을 적절히 혼용하는 것인데, 이것은 언어현실과의 조화를 꾀하고자 한 것이고, 또한 상반된

---

1 형태소적 표기는 형태음소적 표기라고 할 수도 있을 것이다. 이 표기에 주로 관련되는 것이 형태소의 끝자음을 어떻게 표기할 것인가 하는 문제이므로, 이것을 형태음소론의 차원에서 보면 형태음소적 표기가 될 것이고, 형태론의 차원에서 보면 형태소적 표기가 될 것이다.

규칙이 힘의 균형을 유지하는 것은 경쟁적 발전 내지는 논쟁점의
끊임없는 발아 가능성을 의미하는 것이라고 할 수 있을 것이다.

그러면 상반된 두 원칙이 그 지향하는 바가 상반된다고 하여 모든
경우를 다 포괄할 수 있느냐 하는 문제가 제기될 수 있을 것이다.

예를 들어 '냇가', '못하다' 등의 표기는 음소적 표기인가, 아니면
형태소적 표기인가 하는 문제가 제기될 수 있는데, 그 이유는 이들
은 현대의 공시적인 상태에서 볼 때 'ㅅ'으로 표기해야 할 이유를
찾기 어렵기 때문이다. 그렇다고 하여 다른 문자로 표기하는 것도
마땅하지 않다. 이들을 'ㅅ'으로 표기한 것은 이전부터 해 오던 관
습을 존중한 것으로 해석할 수 있다. 이전의 관습적인 표기를 그대
로 따르는 것을 역사주의적 표기라고 하는데, 한글 맞춤법에는 형
태소적 표기와 음소적 표기 외에 역사주의적 표기를 채택하여 세
원칙이 균형을 이루도록 하고 있는 것이다.

한글맞춤법과 표준발음법

한국어의 표기와 발음

3장 한글맞춤법

여기에서 다루는 한글맞춤법은 <문교부 고시 제88-1 호(1988. 1. 19.)>에 의한 것이고 그 목차는 다음과 같다. 이 장에서 다루는 것은 제4장까지이다. 문장부호는 부록에서 다루고 <제5장 띄어쓰기>와 <제6장 그밖의 것>은 <제4부 심화과제>에서 다룬다.

▶ 한글 맞춤법의 목차

제1장 총칙
제2장 자모
제3장 소리에 관한 것
　　　제1절 된소리
　　　제2절 구개음화

.

제1장 총   칙

제1항 한글 맞춤법은 표준어를 소리대로 적되, 어법에 맞도록 함을 원칙으로 한다.

1. 총칙

1.1. 한글 맞춤법의 원칙

한글 맞춤법의 기본적인 원칙을 밝힌 것이다. 한글맞춤법의 대상은 표준어이고, 원칙은 '소리대로'적는 것이고, 구체적인 방법은 '어법에 맞도록'한다는 것이다. 대상을 표준어라고 한 것은 한국인들의 문자 생활은 표준어를 기준으로 한다는 것이고, '소리대로' 적는 것은 '소리'와 '표기된 문자'가 일치되도록 한다는 것이고, '어법에 맞도록' 한다는 것은 '소리의 법칙에 맞도록'이라는 뜻으로 해석할 수 있는데, 이 의미는 소리의 두 형태 즉 기저형과 표면형 중 어떤 것을 밝혀 적느냐 하는 문제는 현대한국어의 공시적인 규칙에 맞도록 한다는 뜻이다.

인간이 내는 소리(말, 언어)를 글(문자)로 표기한다는 것은 청각적인 존재를 시각적인 존재로 전환하는 것인데, 이에 대한 한글맞춤법의 기본적인 원칙은 소리와 문자가 일치하도록 한다는 것이다.

그런데 소리라는 것은 두 가지의 속성을 가지고 있어서 쉽게 판단하기 어려운 경우가 생기는 것이다. 몇 가지 예를 제시해 보기로 하다.

(1) '꽃(花)'이란 단어의 말음 기저형 'ㅊ'은 뒤에 무엇이 오는가에
따라 최소한 세 종류의 다양한 발음 형태를 가진다. ㉠처럼 모
음이 이어질 경우에는 'ㅊ'이 제 음가대로 조음되고, ㉡처럼 단
독으로 사용되거나 자음이 이어질 경우에는 음절말에서 중화
나 폐쇄음화를 일으켜 'ㄷ'으로 실현되고, ㉢처럼 뒤에 비음이
이어질 경우에는 동화현상을 일으켜 'ㅁ'으로 실현된다.

　㉠ [꽃] － /꽃+이/→[꼬치], /꽃+을/→[꼬츨], /꽃+에/→[꼬체]
　㉡ [꼳] － /꽃/→[꼳],　　　　/꽃+과/→[꼳꽈], /꽃+밭/→[꼳빧]
　㉢ [꼰] － /꽃+만/→[꼰만], /꽃+나무/→[꼰나무]

(2) '값'이라는 단어의 말음 기저형 'ㅄ' 역시 뒤에 오는 음소의 종
류에 따라 최소한 세 종류의 다양한 발음 형태를 가지게 된다.
㉠처럼 모음이 이어질 경우에는 'ㅂ'과 'ㅅ'이 다 조음되고, ㉡
처럼 단독으로 사용되거나 자음이 이어질 경우에는 자음군 간
소화현사을 일으켜 'ㅂ'만 실현되고, ㉢처럼 뒤에 비음이 이어
질 경우에는 동화현상을 일으켜 'ㅁ'으로 실현된다.

　㉠ [갑써] － /값+이/→[갑씨], /값+을/→[갑쓸]
　㉡ [갑] － /값/→[갑], /값+도/→[갑또], /값+싼/→[갑싼],
　　　　/값+어치/ → [가버치]
　㉢ [감] － [값+만/→[감만], /값+나가다/→[감나가다]

(3) 한편 '덥-'이라는 동사는 뒤에 모음이 오느냐 아니면 자음이 오
느냐에 따라 두 종류의 발음을 가진다.

    ㉠ [덥] − /덥+고/→[덥꼬], /덥+지/→[덥찌]

    ㉡ [더우] − /덥+으면/→[더우면], /덥+엇/→[더워서]

(4) 용언 '살-'은 아주 상이한 현상을 보인다.이라는 동사는 뒤에 모
음이 오느냐 아니면 자음이 오느냐에 따라 두 종류의 발음을
가진다.

    ㉠ [살] − /살+고/→[살고], /살+지/→[살지], /살+면/→[살면]

    ㉡ [사] − /살+는/→[사는]

이처럼 하나의 기저형이 다양한 표면형으로 나타나는 일은 흔히
있을 수 있는 일이기 때문에 '소리대로' 적고자 할 때 쉽게 결정되
는 일이 아니기 때문에 그 방법이 필요한데 그것이 '어법에 맞도록'
이란 표현으로 나타나는 것이다. 어법(語法)이란 언어의 법칙 내지
는 규칙으로 이해할 수 있는데, '어법에 맞도록' 한다는 것은, 결국
'언어의 법칙이나 규칙에 맞도록' 한다는 뜻이 되고, 이것은 기저형
을 밝혀 적을 것이나 아니면 표면형대로 적을 것인가 하는 문제는
'현재의 어법에 맞도록' 한다는 것이고, '현재의 어법에 맞도록' 한
다는 것은 '현재의 공시적인 규칙으로 설명할 수 있는 것은 기저형
을 밝혀 주고, 현재의 공시적으로 규칙으로 설명하기 어려운 것은
이미 통시적 규칙이므로 그 기저형을 밝히지 않고 표면형대로 적
는다는 것을 의미하는 것이다.

위의 (1)이나 (2)에서 나타나는 음절 말음의 중화 내지는 평음화, 자음군 간소화, 비음화 등은 현대국어에서 살아 있는 규칙이기 때문에 한국어를 모국어로 사용하는 사람이면 누구에게나 당연히 예견될 수 있는 공시적인 현상인 반면에, (3)이나 (4)에 나타나는 'ㅂ'과 'w'의 교체 그리고 'ㄴ' 앞에서의 'ㄹ' 탈락은, 아래의 예에서 보듯이 동일한 환경에서 그러한 현상을 보이지 않는 예들이 존재하기 때문에 예측이 불가능한 것이다.

　　㉠ [잡] − /잡+아서/→[자바서], /잡+으면/→[자브면]
　　㉡ [하늘] − /하늘+나라/→[하늘라라]
　　　 [하느] − /하늘+님/→[하느님]

이렇듯 '어법에 맞도록' 한다는 개념은, 공시적인 규칙이어서 예측될 수 있는 것은 기저형을 밝혀 적고, 공시적인 현상이 아니기 때문에 예측이 불가능한 것은 소리나는 표면형대로 적는다는 것을 의미하는 것이다.

> **제2항　문장의 각 단어는 띄어 씀을 원칙으로 한다.**

1.2. 띄어쓰기

우리말을 표기함에 있어서는 '띄어 쓰는' 것을 전제로 하고, 그 단위를 단어로 한다는 원칙을 천명한 것이다. 언어의 단위는 자질, 음소, 음절, 형태소, 단어, 구, 절, 문장 등 다양하게 나타나는데, 우리말의 띄어 쓰는 단위는 '단어'를 원칙으로 하고 경우에 따라 예외를 인정한다는 의미가 되는 것이다. 이에 대해서는 뒤의 <제6장>에서 따로 논의하도록 한다.

제3항 외래어는 '외래어 표기법'에 따라 적는다.

1.3. 외래어 표기

한글맞춤법은 '표준어'를 대상으로 하는 것이고, 표준어의 구성은 고유어, 한자어1, 외래어 등이 되므로, 한글맞춤법에서 외래어를 다루는 것이 당연할 것이다. 그러나 외국어가 외래어로 정착되는 과정에 그 음가를 고려하여 한글로 표기하는 방법은 각 언어가 지닌 특질에 따라 달라질 수 있기 때문에 외래어 표기법을 따로 정하고, 본 규정에서는 제외하기로 한 것이다.(외래어 표기법은 1986년 1월 7일 문교부 고시)

---

1 한자어도 엄밀히 말하면 외래어이지만, 우리말에 들어온 지 너무 오래되어 외래어처럼 인식하지 않는 경향이 많기 때문에 이렇게 표현했을 것이다. 어종에 따라 어휘를 분류한다면 고유어, 외래어(한자외래어, 그외외래어) 등으로 나눌 수도 있을 것이다.

제2장 자 모

제4항 한글 자모의 수는 스물넉 자로 하고, 그 순서와 이름은 다음과 같이 정한다.

ㄱ(기역)   ㄴ(니은)   ㄷ(디귿)   ㄹ(리을)
ㅁ(미음)   ㅂ(비읍)   ㅅ(시옷)   ㅇ(이응)
ㅈ(지읒)   ㅊ(치읓)   ㅋ(키읔)   ㅌ(티읕)
ㅍ(피읖)   ㅎ(히읗)
ㅏ(아)   ㅑ(야)   ㅓ(어)   ㅕ(여)
ㅗ(오)   ㅛ(요)   ㅜ(우)   ㅠ(유)
ㅡ(으)   ㅣ(이)

[붙임 1] 위의 자모로써 적을 수 없는 소리는 두 개 이상의 자모를 어울러서 적되, 그 순서와 이름은 다음과 같이 정한다.

ㄲ(쌍기역)   ㄸ(쌍디귿)   ㅃ(쌍비읍)
ㅆ(쌍시옷)   ㅉ(쌍지읒)

ㅐ(애)   ㅒ(얘)   ㅔ(에)   ㅖ(예)
ㅘ(와)   ㅙ(왜)   ㅚ(외)   ㅝ(워)
ㅞ(웨)   ㅟ(위)   ㅢ(의)

[붙임 2] 사전에 올릴 적의 자모 순서는 다음과 같이 정한다.

자음: ㄱ ㄲ ㄴ ㄷ ㄸ ㄹ ㅁ ㅂ
       ㅃ ㅅ ㅆ ㅇ ㅈ ㅉ ㅊ ㅋ
       ㅌ ㅍ ㅎ

모음: ㅏ ㅐ ㅑ ㅒ ㅓ ㅔ ㅕ ㅖ
       ㅗ ㅘ ㅙ ㅚ ㅛ ㅜ ㅝ ㅞ
       ㅟ ㅠ ㅡ ㅢ ㅣ

2. 자모

2.1. 자모의 수

한글 자모의 수와 순서 및 이름은 제시한 것인데, 그 내용은 1933년 당시의 통일안(한글마춤법통일안)과 동일하게 하였다.

한글 자모의 숫자를 24자로 한 것은 현재의 언어체계와 맞지 않는 부분이 많이 있지만, 전통적인 관습에 따라 그리고 문자의 모양에 따라 그렇게 한 것이다. 즉 한글은 15세기 훈민정음을 창제할 당시에 28자를 창제하고, 창제한 글자를 병서, 연서, 합자한 글자들과 구분하였는데, 1933년 한글마춤법통일안을 만들 때 창제자에서 소멸한 글자 4자를 빼고 24자로 한 것이다. 창제한 후 600년 가까이 세월이 흐르면서 언어가 변화하여 문자의 모양과 음가가 일치하지 않는 경우가 아래의 예처럼 발생하였지만

    ㉠ 두 개의 문자이면서 하나의 소리가 된 것 – 24자에서 제외

       'ㄲ, ㄸ, ㅃ, ㅆ, ㅉ' 등 병서자들

       'ㅐ, ㅔ' 등 'ㅏ, ㅓ'에 'ㅣ'가 합쳐서 만들어진 글자들

    ㉡ 하나의 문자이면서 두 개의 소리인 것 – 24자에 포함

       'ㅑ, ㅕ, ㅛ, ㅠ' 등 창제자이지면 이중모음인 글자들

전통적인 표현의 관례를 존중하여 24자로 한 것이다.

2.2. 자모의 순서

한글 자모의 순서는 훈민정음 창제 후 다양한 학자들에 의해 다양한 방식으로 제시되었는데, 기본적인 기준점은 조음 위치와 조음 방식의 조합을 어떻게 할 것인가 하는 문제였다. 현재 우리 맞춤법에서 채택하고 있는 자음의 순서는 조음 방식에 따라 우선 분류를 하고, 조음 위치에 따라 배열을 하면서 다시 조음 방식이나 문자의 모양을 고려한 것이다. 자음은 유기음과 유기음 아닌 것을 분류하여 유기음이 뒤에 배열된다. 평음 등은 조음위치에 따라 '아설순치후'로 배열되면서 문자 모양이 간단하고 소리가 약한 'ㄴ, ㅁ' 등이 'ㄷ, ㅂ' 보다 앞서게 되는 것이다.

<평음 등> ㄱ(아음)   ㄴ, ㄷ, ㄹ(설음)   ㅁ, ㅂ(순음),
ㅅ(치음),   ㅇ(후음)
<편법적 존재>   ㅈ, ㅊ
<유기음 등> ㅋ(아음)   ㅌ(설음) ㅍ(순음) ㅎ(후음)

모음의 순서는 모음의 자질(모음을 발음할 때 작용하는 발음의 특징 – 개구도, 혀의 위칭, 원순성 등)을 고려하여 배열하게 되는데, 가장 먼저 고려되는 변수는 혀의 앞뒤 위치이다. 후설 모음을 먼저 하고 전설 모음을 뒤로 한다. 그래서 'ㅣ'가 가장 뒤가 된다. 후설 모음 중에는 평순 모음이 원순 모음보다 우선한다. 그래서 'ㅏ, ㅓ'가 'ㅗ, ㅜ' 보다 앞선다. 원순성이 동일할 경우에는 개구도가 큰 것이 우선된다. 그래서 'ㅏ'가 'ㅓ'보다 앞서고, 'ㅗ'가 'ㅜ'보

다 앞선다. 동일한 음을 공유할 경우 단모음이 이중모음보다 앞선다. 그래서 'ㅏ, ㅓ, ㅗ, ㅜ' 등이 'ㅑ, ㅕ, ㅛ, ㅠ' 보다 앞선다. 이러한 순서 매김의 뒤안길에 있던 'ㅡ'는 'ㅣ' 앞에 배치하게 되어 다음과 같은 순서가 되는 것이다.

ㅏ(아) ㅑ(야)   ㅓ(어)   ㅕ(여)   ㅗ(오)

ㅛ(요)   ㅜ(우)   ㅠ(유)   ㅡ(으)   ㅣ(이)

훈민정음을 창제할 때 글자 이름을 어떻게 했을까 하는 문제는 지금도 풀리지 않는 수수께끼인데, 현재 사용하고 있는 자모의 이름은 최세진 선생의 훈몽자회에 유래한다. 최세진 선생은 한글 자모의 음가를 설명하기 위해 예를 들면 자모 'ㄴ'은 '尼(니)'자의 처음 나는 소리이자, '隱(은)'자의 마지막에 나는 소리라는 것을 설명하기 위해 한자 예를 들었던 것이다. 초성을 설명하기 위해서는 'ㅣ' 앞에 해당 초성이 오는 소리를 예로 들고, 종성을 설명하기 위해서는 'ㅡ' 모음 뒤에 해당 종성이 오는 소리를 예로 들었던 것이다. 그런데 한자에 '윽, 은, 웃' 등의 음을 가진 글자가 없어서 '役(역), 末(말-귿), 衣(의-옷)' 등을 편법으로 동원했던 것이다. 이것이 현재 그대로 자모 이름으로 굳어져서 그대로 통용되고 있는 것이다. 'ㄱ, ㄷ, ㅅ'도 나머지 글자의 경우처럼 '기윽, 디읃, 시읏'으로 하는 것이 자음 이름의 체계상 당연하겠으나, 언제부터인지 모르지만 오랜 동안 사용해온 관용을 존중하여 '기역, 디귿, 시옷'으로 한 것이다.

<붙임 1>은 관례를 존중하여 한글 자모를 24자로 하였기 때문에 이외에 실제 사용되고 있는 글자들 포함하기 위한 것이다. 문자의 모양에 있어서 두 개 자모를 어우른 글자인 자음 'ㄲ, ㄸ, ㅃ, ㅆ, ㅉ' 등의 5개와 모음 'ㅐ, ㅒ, ㅔ, ㅖ, ㅘ, ㅚ, ㅝ, ㅟ, ㅢ' 등 9개를 포함하고, 세 개 자모를 어우른 글자인 모음 'ㅙ, ㅞ' 등 2개를 나열한 것이다.

<붙임 2>는 원항에서 제시한 24자와 <붙임 1>에서 제시한 16개를 합하여 그 순서를 정한 것이다. 이는 이들을 한꺼번에 순서 배열을 해야 하는 필요가 있는 사전 등의 편찬을 위해 그 순서를 정한 것이다. 자음의 배열 순서는 각자병서로 되어 있는 된소리를 해당되는 평음뒤에 배열하였다. 모음의 경우 문자 모양이 공통되는 해당 모음의 사이에 둔다. 즉 'ㅘ, ㅙ, ㅚ' 등은 공통되는 모양을 가지고 있는 'ㅗ'와 'ㅛ'의 사이에 둔다. 동일하게 'ㅝ, ㅞ, ㅟ' 등은 이들과 공통적인 모양을 가지고 있는 'ㅜ'와 'ㅠ'의 사이에 둔다. 이들 사이에 있는 모음들은 공통적인 요소 'ㅗ, ㅜ' 등을 제외한 모양이 기존의 순서에 있는 차례를 따르게 된다. 단 '예, 얘' 등은 'ㅕ, ㅑ' 등에 'ㅣ'를 더한 모양이기 때문에 'ㅕ, ㅑ' 등의 뒤에 온다. 그래서 위와 같은 순서가 되는 것이다.

ㅏ ㅐ ㅑ ㅒ   ㅓ ㅔ ㅕ ㅖ

ㅗ ㅘ ㅙ ㅚ ㅛ   ㅜ ㅝ ㅞ ㅟ ㅠ

ㅡ ㅢ ㅣ

받침 글자 특히 겹받침 글자들의 차례가 언급되지 않았는데, 그 순서는 이미 만들어진 순서를 응용하는 것이다. 받침글자의 자모 순서는 기본적으로 초성 자모의 순서를 따른다. 겹받침일 경우 그 순서는 앞에 있는 자음의 순서에 따라 우선 배열하여, 'ㄱ, ㄲ, ㄳ' 등이 'ㄴ'보다 앞서고, 선행하는 자음이 동일할 경우 후행하는 자모의 초성 배열 순서에 따라 'ㄹ, ㄺ, ㄻ, ㄼ, ㄽ, ㄾ, ㄿ, ㅀ'이 되는 것이다. 그리하여 그 순서는 다음과 같다.

ㄱ ㄲ ㄳ ㄴ ㄵ ㄶ ㄷ ㄹ ㄺ ㄻ ㄼ ㄽ ㄾ ㄿ ㅀ

ㅁ ㅂ ㅄ ㅅ ㅆ ㅇ ㅈ ㅊ ㅋ ㅌ ㅍ ㅎ

제3장 소리에 관한 것

제1절 된소리

제5항 한 단어 안에서 뚜렷한 까닭 없이 나는 된소리는 다음 음절의 첫소리를 된소리로 적는다.

1. 두 모음 사이에서 나는 된소리

소쩍새	어깨	오빠	으뜸
아끼다	기쁘다	깨끗하다	어떠하다
해쓱하다	가끔	거꾸로	부썩
어찌	이따금		

2. 'ㄴ, ㄹ, ㅁ, ㅇ' 받침 뒤에서 나는 된소리

산뜻하다	잔뜩	살짝	훨씬
담뿍	움찔	몽땅	엉뚱하다

다만, 'ㄱ, ㅂ' 받침 뒤에서 나는 된소리는, 같은 음절이나 비슷한 음절이 겹쳐 나는 경우가 아니면 된소리로 적지 아니한다.

국수	깍두기	딱지	색시
싹둑(~싹둑)	법석	갑자기	몹시

3. 소리

한글맞춤법 제3장 제1절은 된소리로 조음하고 있는 어휘들을 발음하고 있는 그대로 된소리로 적을 것인가 아니면 평음으로 적을 것인가 하는 문제를 다룬 것이다. 이 항에 해당되는 어휘들은 고유어만이 대상이 된다. 예를 들어 한자어 '發達(발달)'을 [발딸]이라고 발음한다고 해서 이를 어떻게 적을 것인가 하는 문제는 여기에 해당되지 않는다.

3.1. 된소리

한국어에서 가장 복잡한 현상 중의 하나가 된소리 현상인데, 본항의 취지는 예측될 수 없는 된소리 발음은 현상 그대로 된소리로 표기하고, 예측될 수 있는 된소리 현상은 평음이 된소리로 변화하는 음운 현상으로 받아들이자는 취지다. 즉 모음과 모음 사이에서 평음은 유성화된 평음으로 조음될 것이 예측되고, 'ㄴ, ㄹ, ㅁ, ㅇ' 등 비음이나 유음 뒤에 오는 자음 역시 유성화된 평음으로 조음되는 것이 일반적인 예측이 될 것이다. 그런데 이들 뒤에서 된소리로 조음되는 것이 있으면 이것은 발음나는 그대로 표기하자는 것이다. 반면에 'ㄱ, ㅂ' 뒤에 평음이 올 경우 한국어에서는 뒤에 오는 평폐쇄음은 무조건 된소리로 조음되기 때문에 평음으로 표기하더라도 된소리로 조음하게 되어 있으니까 이들은 평음으로 표기한다는 것이다.

이들 중에는 역사적인 문제가 제기될 수 있는 것이 있다. 예를 들

어 '어깨'의 옛 형태는 '엇개'였고, '기쁘다. 미쁘다, 슬프다' 등의 이
전 형태는 '깃브다, 믿브다, 슳브다' 등이었으므로, 이들의 이전 형
태를 고려하는 표기가 문제로 제기될 수 있는데, 그러한 현상은 현
대국어의 공시적인 현상으로 받아들이기 어렵기 때문에 현대국어
의 '어법에 맞게' 소리나는 대로 표기하는 것이다.

제2절　구개음화

제6항 'ㄷ, ㅌ' 받침 뒤에 종속적 관계를 가
진 '-이(-)'나 '-히-'가 올 적에는, 그 'ㄷ,
ㅌ'이 'ㅈ, ㅊ'으로 소리나더라도 'ㄷ, ㅌ'
으로 적는다.(ㄱ을 취하고, ㄴ을 버림.)

ㄱ	ㄴ	ㄱ	ㄴ
맏이	마지	핥이다	할치다
해돋이	해도지	걷히다	거치다
굳이	구지	닫히다	다치다
같이	가치	묻히다	무치다
끝이	끄치		

3.2. 구개음화

현대국어에서 구개음화는 대단히 복잡한 양상을 보이고 있다.
표준말을 사용하는 중부 방언의 경우 'ㄷ' 구개음화가 실현되는데

아주 복잡한 양상을 보이고 있다. 남부 방언에서는 아래의 예처럼 'ㅎ'을 'ㅅ'으로 발음하는 'ㅎ' 구개음화가 있는가 하면, 'ㄱ'을 'ㅈ'을 발음하는 'ㄱ' 구개음화도 있는 반면, 북부 방언 특히 평안도 지역에서는 구개음화가 전혀 실현되지 않는다.

    ㉠ 형님→성님,   흉악하다→숭악하다

       흉보다→숭보다   향→상

    ㉡ 길다→질다   길→질

       김→짐   겨드랑→저드랑

   서울을 중심으로 하는 중부 방언에서는 'ㄷ, ㅌ'이 'ㅈ, ㅊ'으로 변화하는 'ㄷ' 구개음화가 실현되는 지역인데, 이것의 실현 양상이 사뭇 복잡하다. 아래의 예 ㉠처럼 형태소 내부에서 실현되지 않고, ㉡처럼 복합어를 이룰 경우에도 구개음화는 실현되지 않고 'ㄴ' 첨가 현상이 발생하여 비음동화 현상이 발생한다. 반면에, ㉢처럼 명사에 주격조사 'ㅣ'나 공통격 조사 '이랑'이 결합할 경우에는 구개음화가 발생하고, 또한 ㉣처럼 명사 파생접미사 'ㅣ'가 결합할 경우나 ㉤처럼 부사 파생접미사가 결합할 경우 그리고 ㉥처럼 피사동 접미사 '히'가 결합할 경우에도 발생한다.

    ㉠ /디디다/→[디디다]   /견디다/→[견디다]

       /느티나무/→[느티나무],   /불티/→[불티]

    ㉡ /밭일/→[반닐]   /끝일/→[끈닐]

       /밭이랑/→[반니랑]

ⓒ /밭+이/→[바치]   /끝+이/→[끄치]

    /밭+이랑/→/바치랑]

ⓔ /해돋+이/→[해도지]   /미닫+이/→[미다지]

ⓜ /같+이/→[가치]   /굳+이/ →[구지]

ⓗ /묻+히+다/→[무치다]   /닫+히+다/ →[다치다]

반면 북부 방언 특히 평안도 지역에서는 구개음화가 실현되지 않는다. (방언에 따라 구개음화의 종류 및 실현 여부가 다르다.)

한국어에서 체언이나 용언이 문장 속에서 하나의 구성성분이 되기 위해서는, 개념을 나타내는 형태소(이를 실질 형태소라 하기도 한다.)인 체언이나 용언의 어간에 후행하여 문법적 관계를 나타내는 형태소(이를 형식 형태소라 하기도 한다.)인 조사, 어미 등이 결합하여야 한다. 그리고 모든 언어가 그러하듯이 하나의 형태소는 다른 형태소와 결합하여 새로운 단어를 만들기도 하는데, 그 중 어근의 앞이나 뒤에 붙어서 새로운 단어를 만드는 것을 접사라고 한다.

이 항에서의 '종속적 관계'란, 문장 성분을 구성하는 어미나 조사 등이 실질 형태소에 종속되어 있다는 것과 단어 구성에 있어서 접사는 어근에 종속되어 있는 관계라는 것을 포괄한 것이다.

현대국어 표준말에서 구개음화는 조사, 부사나 명사 파생 접미사, 피사동 접미사 등에서만 발생한다는 것을 명시한 것이다.

제3절 'ㄷ' 소리 받침

제7항 'ㄷ' 소리로 나는 받침 중에서 'ㄷ'으로 적을 근거가 없는 것은 'ㅅ'으로 적는다.

덧저고리	돗자리	엇셈	웃어른
핫옷	무릇	사뭇	얼핏
자칫하면	뭇[衆]	옛	첫
헛			

3.3. 받침 'ㅅ'의 표기

현대한국어의 초성의 위치에서 조음되는 자음은 모두 19개가 되는데, 받침 즉 음절말이나 단어말에서는 대체로 7개의 소리 즉 'ㄱ, ㅇ, ㄷ, ㄴ, ㅂ, ㅁ, ㄹ' 등이 조음된다. 연구개와 윗잇몸, 입술 등의 위치에서 평음과 비음 등 6개가 조음되고, 유음이 보태져 7개가 되는 것이다.

이 중 음절말의 위치에서 'ㄷ'으로 조음되는 자음은 'ㅅ, ㅆ, ㅈ, ㅊ, ㅌ' 등이다. 이들 자음들이 어휘의 종성에 있을 경우 모음으로 시작되는 형식 형태소와 결합될 경우에는 제 소리값대로 뒤 음절의 첫소리로 연음되지만, 비음이나 유음을 제외한 자음의 앞에서 음절의 말음으로 조음되거나 단어의 끝에서 조음될 때는 모두 [ㄷ]으로 발음된다.

'ㄷ'으로 적을 근거가 없는 것이란, 그 형태소가 'ㄷ' 받침을 가지고 있다는 것을 확인할 수 없는 경우를 말한다. 복합어나 파생어의 앞 성분을 이루면서 'ㄷ'을 발음되는 예들 중 '걷-잡다(고추를 걷어 바구니에 담았다.), 곧-장(곧이어 뉴스가 방송됩니다.), 낟-가리(낟 알이 붙은 곡식을 쌓은 더미), 돋-보다(도두 보다)' 등은 본래 'ㄷ' 받침을 가지고 있는 것으로 확인되고, '사흗-날, 숟-가락' 등은 '사흘, 밥 한 술' 등으로 'ㄹ'과 교체를 이루는 'ㄷ'으로 확인할 수 있는 것이다. 한편 '반짇-고리'의 경우 '바늘+질 + ㅅ + 고리'로 그 어원을 추정할 수 있어서 남아 있는 'ㅅ'이 속격 조사의 'ㅅ'일 가능성이 있지만, 여기서는 'ㄹ'과 관련된 것으로 보았다.

국립국어원의 해설에 나오는 '갓-스물, 걸핏-하면, 그-까짓, 기껏, 놋-그릇, 덧-셈, 빗장, 삿대, 숫-접다, 자칫, 짓-밟다, 풋-고추, 햇-곡식' 등의 예들은 그 어원 등에서 'ㄷ'이었다는 것을 확인할 수 없기 때문에 'ㅅ'으로 적는 것이다.

'ㄷ'으로 소리나는데 'ㄷ'으로 적지 않고, 'ㅅ'으로 적는 이유는 본래 어원이 'ㄷ'인 것과 구분하는 의미도 있고, 본래 어원이 'ㅅ'인 것되 상당할 뿐만 아니라, 표기의 오랜 관례 상 이들을 'ㅅ'으로 표기해 왔기 때문이다.

한편, 사전에서 '밭-'형으로 다루고 있는 '밭벽, 밭부모, 밭사돈, 밭상제, 밭어버이, 밭쪽, 밭상제, 밭걸이' 등은 '밖'의 어원이 '밧ㄱ'인 것을 고려하고 역사적인 표기를 고려하면 'ㅅ'으로 적는 것이 옳은 일이겠으나 현대국어에서 사용되고 있는 '바깥'과의 연관성을 살리기 위하여 '밭-'형을 취하기로 한 것이다.

제4절 모 음

제8항 '계, 례, 몌, 폐, 혜'의 'ㅖ'는 'ㅔ'로 소
리나는 경우가 있더라도 'ㅖ'로 적는다.(ㄱ
을 취하고, ㄴ을 버림.)

ㄱ	ㄴ	ㄱ	ㄴ
계수(桂樹)	게수	혜택(惠澤)	헤택
사례(謝禮)	사레	계집	게집
연몌(連袂)	연메	핑계	핑게
폐품(廢品)	페품	계시다	게시다

다만, 다음 말은 본음대로 적는다.
　　게송(偈頌)　　　게시판(揭示板)
　　휴게실(休憩室)

3.4. '예'의 표기와 발음

이중모음 'ㅖ'가 초성에 자음이 있는 경우인 '계, 례, 몌, 폐, 혜'
등은 현대국어에서 반모음이 탈락하여 [게, 레, 메, 페, 헤] 등으로
발음되고 있다. 이중모음 '예'는 초성 자음이 없을 경우에만 이중모
음으로 조음되고, 초성 자음이 있을 경우에는 활음(혹은 반모음)
탈락 현상이 발생하여 단모음 [ㅔ]로 발음되고 있는 것이다. (표준

발음법 제5항 다만 2 참조.)

이들을 발음나는 대로 표기한다면 단모음 'ㅔ'로 표기하는 방안을 강구할 수도 있겠으나, 오래 동안 써 오던 관례를 존중하고 또 언중들이 '예' 형태를 인식하고 있기 때문에 이전에 써 오던 그대로 'ㅖ'로 적기로 하였다.

〈다만〉에서 따로 제시하고 있는 것은 당연한 상황이지만, 언중들이 혼란을 일으킬 소지가 있기 때문에 덧붙여 놓은 것이다. 즉, 한자 '偈, 揭, 憩' 등은 본래의 음이 'ㅖ'이기 때문에 'ㅖ'로 적기로 하였다는 것은 언급할 필요가 없지만, 혼란의 소지를 막기 위해 따로 언급하고 있는 것이다. 따라서 '게구(偈句), 게기(揭記), 게방(揭榜), 게양(揭揚), 게재(揭載), 게판(揭板), 게류(憩流), 게식(憩息), 게제(偈諦), 게휴(憩休)' 등도 '게'로 적는 것이다.

위의 예들은 한자어이기 때문에 본래의 음을 유지한다는 취지가 있으나, 고유어로 인식되는 '으레, 케케묵다' 등은 표준어 규정(제10항)에서 단모음화한 형태를 표준어로 취하였으므로, '으레, 케케묵다'로 적는다.

제9항 '의'나, 자음을 첫소리로 가지고 있는
음절의 '늬'는 'ㅣ'로 소리나는 경우가 있
더라도 '늬'로 적는다.(ㄱ을 취하고, ㄴ을
버림.)

ㄱ	ㄴ	ㄱ	ㄴ
의의(意義)	의이	큼	닝큼
본의(本義)	본이	띄어쓰기	띠어쓰기
무늬[紋]	무니	씌어	씨어
보늬	보니	틔어	티어
오늬	오니	희망(希望)	히망
하늬바람	하니바람	희다	히다
닁리리	닝리리	유희(遊戲)	유히

3.5. '의'의 표기와 발음

음운론적인 환경에 따라 다양하게 발음되는 '의'의 표기 방안을
정한 것이다.

표준 발음법(제1절 된소리 제5항 다만 3, 4)에 의하면

① 자음을 첫소리로 가지고 있는 음절의 '늬'는 [ㅣ]로 발음하고,

닁리리	닁큼	무늬	띄어쓰기	씌어
틔어	회어	희떱다	희망	유희

② 단어의 첫음절 이외의 '의'는 [이]로, 조사 '의'는 [에]로 발음
할 수 있다.

주의[주의/주이]   협의[혀븨/혀비]
우리의[우리의/우리에]   강의의[강 : 의의/강 : 이에]

라고 규정하였다.[2] 종래 'ㅢ'로 표기되던 것의 다양한 발음을 현실
적으로 인정하면서 보수성을 지니고 있는 표기법에서는 이전의 형
태를 유지하기로 한 것이다.

그런데 ①에 나열된 예들은 각각 다른 사정이 있는데, 이를 부연
하면 다음과 같다. '띄어(←뜨이어), 씌어(←쓰이어), 틔어(←트이
어)' 등은 본래 동사에 'ㅡ'가 있던 것인데 이에 'ㅣ'가 결합하여 줄
어든 형태이므로 그 어원을 살려 'ㅢ'로 적는 것이다. 본래 '듸, 긔'
등이었던 것은 '디, 기'로 변화한 형태를 적고 있는데(예: 어듸, 드
듸다. 느틔나무, 이긔다. 긔별 등) 유독 '희'만은 이전 형태를 유지
하고 있는데, 그 이유는 이 어휘들의 역사성과 관행성을 고려한 것
이다. '희-'의 경우 본래 어형이 'ㅎㆍㅣ-'였고, 이들이 '하얗-'와 관
련을 맺고 있는 사정을 고려하여 '희'로 표기하는 것이다. '희'가 필
요하면 다른 어휘에서도 살려둘 수 있으므로 본래 '희'를 가지고 있
던 어휘들은 두루 관행대로 표기하는 것이다.

---

2 규정 자체가 문제점을 가지고 있다. 첫음절 이외의 'ㅢ'는 'ㅣ'로 발음할 수 있
고, 초성이 있는 'ㅢ'는 'ㅣ'로 발음한다고 되어 있어, 초성이 있는 첫음절의 'ㅢ'
는 'ㅣ'로 발음하고, 둘째음절 이하의 'ㅢ'는 'ㅢ' 혹은 'ㅣ'로 발음할 수 있는 것
으로 해석될 수 있기 때문이다.

한편, '닐리리, 닝큼, 무늬, 보늬, 하늬바람' 등의 경우는, '늬'의 첫소리 'ㄴ'의 실제적인 발음을 고려한 표기이다. 'ㄴ'은 'ㄹ'과 같이 뒤에 구개성 활음(ㅑ, ㅕ, ㅛ, ㅠ 등의 첫소리)이나 모음 'ㅣ'와 결합하면 구개음으로 조음되는데 '닐리리, 무늬' 등의 '늬'는 구개음화하지 않는 'ㄴ', 곧 치경음(齒莖音) [n]으로 조음되고 있는 것이다. 이러한 발음상의 차이를 고려하여 그 발음 형태는 [니]를 인정하면서도, 재래의 형식대로 '늬'로 적는 것이다.

제5절 두음법칙

제10항 한자음 '녀, 뇨, 뉴, 니'가 단어 첫머리에 올 적에는, 두음 법칙에 따라 '여, 요, 유, 이'로 적는다.(ㄱ을 취하고, ㄴ을 버림.)

ㄱ	ㄴ	ㄱ	ㄴ
여자(女子)	녀자	유대(紐帶)	뉴대
연세(年歲)	년세	이토(泥土)	니토
요소(尿素)	뇨소	익명(匿名)	닉명

다만, 다음과 같은 의존 명사에서는 '냐, 녀' 음을 인정한다.
　냥(兩)　　냥쭝(兩-)　　년(年)(몇 년)

[붙임 1] 단어의 첫머리 이외의 경우에는 본음
대로 적는다.

남녀(男女)　　당뇨(糖尿)
결뉴(結紐)　　은닉(隱匿)

[붙임 2] 접두사처럼 쓰이는 한자가 붙어서 된
말이나 합성어에서, 뒷말의 첫소리가 'ㄴ' 소
리로 나더라도 두음 법칙에 따라 적는다.

신여성(新女性)　　공염불(空念佛)
남존여비(男尊女卑)

[붙임 3] 둘 이상의 단어로 이루어진 고유 명사
를 붙여 쓰는 경우에도 붙임 2에 준하여 적는다.

한국여자대학　　대한요소비료회사

3.6. 두음법칙

서울말에서는 한자어와 고유어에서 두음법칙이 존재하고 있기
때문에 이를 표기에 그대로 반영한 것이다. 즉 한글맞춤법은 형태
소를 밝혀 적기도 하고, 소리나는 대로 적기도 하는데 이 규정은 소
리나는 대로 적는 대표적인 규정이다. 그러면서 두음법칙이 한번
적용되면 표기의 일관성을 유지하기 위해 적용된 모습의 일관성을
유지하려고 한 규정이다.

한자음에서 본음이 '녀, 뇨, 뉴, 니'인 것은 단어의 처음 위치에서 'ㄴ'이 탈락하여 '여, 요, 유, 이'로 발음되기 때문에 그 형태대로 적고, 어두의 위치가 아닐 경우에는 본래의 음대로 적는다.

<예 다시> 연도(年度)/오년(午年)　양산(量産)/열량(熱量)
　　　　　요도(尿道)/비료(肥料)　요리(料理)/재료(材料)
　　　　　육일(六日)/오륙(五六)　율사(律師)/법률(法律)
　　　　　이승(尼僧)/비구니(比丘尼)　익사(溺死)/탐닉(耽溺)

다만, 그 앞에 수식어가 항상 존재하는 의존 명사들인 '냥(←兩), 냥쭝(←兩-), 년(年)' 등은 어두에 사용되는 경우가 없기 때문에 두음법칙이 적용되지 않는 것이다.

금 한 냥
은 두 냥쭝
십 년

주의해야 할 것은 한자어 '년(年)'이 국어에 수용되어 다양한 용법과 기능으로 사용되고 있다는 점이다. 위의 예 '십 년'처럼 구성을 이루는 것은 의존명사로 사용된 것이지만, 그렇지 않은 경우도 있다는 점이다. 즉 '연 3회'처럼 어두에 사용되어 '한 해 (동안)'란 뜻을 표시하는 경우엔 독립된 명사나 부사가 되므로 이 경우에는 두음 법칙이 적용된다.

한편, 고유어에서도 발화상 어두의 위치에 오지 못하는 의존 명사에는 당연히 두음 법칙이 적용되지 않는다.

> 녀석(고얀 녀석)   년(괘씸한 년)
>
> 님(바느질 실 한 님)   닢(엽전 한 닢, 가마니 두 닢)

<붙임 2>와 <붙임 3>은 표기의 일관성을 유지하기 위한 것이다. '여성(女性), 염불(念佛). 여비(女卑)' 처럼 두음법칙이 적용된 후에는 여기에 '신여성(新女性), 공염불(空念佛), 남존여비(男尊女卑)' 처럼 앞에 결합하는 무엇이 있다 하더라도 표기의 일관성을 위해 두음법칙이 적용된 형태대로 표기하는 것이다. '여자, 요소'가 독립적으로 사용되는 형태이기 때문에 그 앞에 새로운 요소가 첨가되어 '한국여자대학 대한요소비료회사'처럼 사용되어도 독립적으로 사용되던 형태의 일관성을 유지하는 것이다.

'접두사처럼 쓰이는 한자'란, 그 뒤에 오는 요소가 독립적인 성격을 가지고 있다는 의미이다. 신여성은 '신+여성'으로 분석될 수 있기 때문에 두음법칙이 적용되는 것이다. 반면에 '신년도, 구년도' 등은 '신년 + 도, 구년+도'로 분석되기 때문에 두음법칙이 적용되지 않고, 그 발음도 [신년도, 구 : 년도]가 되는 것이다. 만약 '구년도'의 단어 분석이 '구 + 연도'가 되면 그 발음이 '구연도'가 될 것이다. 그것은 '구+여성'의 발음이 [구여성]이 되는 현상과 동일하다.

제11항 한자음 '랴, 려, 례, 료, 류, 리'가 단
어의 첫머리에 올 적에는, 두음 법칙에 따
라 '야, 여, 예, 요, 유, 이'로 적는다.(ㄱ을
취하고, ㄴ을 버림.)

ㄱ	ㄴ	ㄱ	ㄴ
양심(良心)	량심	용궁(龍宮)	룡궁
역사(歷史)	력사	유행(流行)	류행
예의(禮儀)	례의	이발(理髮)	리발

다만, 다음과 같은 의존 명사는 본음대로 적는다.

리(里): 몇 리냐?
리(理): 그럴 리가 없다.

[붙임 1] 단어의 첫머리 이외의 경우에는 본음
대로 적는다.

개량(改良)	선량(善良)	수력(水力)
협력(協力)	사례(謝禮)	혼례(婚禮)
와룡(臥龍)	쌍룡(雙龍)	하류(下流)
급류(急流)	도리(道理)	진리(眞理)

다만, 모음이나 'ㄴ' 받침 뒤에 이어지는 '렬, 률'
은 '열, 율'로 적는다.(ㄱ을 취하고, ㄴ을 버림.)

ㄱ	ㄴ	ㄱ	ㄴ
나열(羅列)	나렬	분열(分裂)	분렬
치열(齒列)	치렬	선열(先烈)	선렬

비열(卑劣)	비렬	진열(陳列)	진렬
규율(規律)	규률	선율(旋律)	선률
비율(比率)	비률	전율(戰慄)	전률
실패율(失敗率)	실패률	백분율(百分率)	백분률

[붙임 2] 외자로 된 이름을 성에 붙여 쓸 경우에
도 본음대로 적을 수 있다.

신립(申砬)　최린(崔麟)

채륜(蔡倫)　하륜(河崙)

[붙임 3] 준말에서 본음으로 소리나는 것은 본
음대로 적는다.

국련(국제연합)　대한교련(대한교육연합회)

[붙임 4] 접두사처럼 쓰이는 한자가 붙어서 된
말이나 합성어에서, 뒷말의 첫소리가 'ㄴ' 또
는 'ㄹ' 소리로 나더라도 두음 법칙에 따라 적
는다.

역이용(逆利用)　연이율(年利率)

열역학(熱力學)　해외여행(海外旅行)

[붙임 5] 둘 이상의 단어로 이루어진 고유 명사
를 붙여 쓰는 경우나 십진법에 따라 쓰는 수
(數)도 붙임 4에 준하여 적는다.

서울여관　신흥이발관

육천육백육십육(六千六百六十六)

3.7. 어두 'ㄹ'의 표기와 발음(1)

어두에서 'ㄹ'을 발음하지 않는 두음법칙 중 초성 'ㄹ'과 'ㅣ' 혹은 전설성 활음 'y'가 선행하는 이중모음이 결합하는 경우 'ㄹ'이 아예 발음되지 않는데 그 경우의 표기를 규정한 조항이다.

이에 해당되는 음절은 '랴, 려, 례, 료, 류, 리' 등인데, 이들이 어두의 위치에 왔을때는 '야, 여, 예, 요, 유, 이' 등으로 적는다는 것이다. 다만, 의존 명사 '량(輛), 리(理, 里, 厘)' 등은 실제적인 발화에서 두음에 오는 경우가 없어서 두음 법칙의 적용을 받지 않으므로 두음 법칙의 표기와 관계없이 본음대로 적는다.

객차(客車)   오십 량(輛)   2푼 5리(厘)

<붙임 1> 단어 첫머리 이외의 경우는 두음 법칙이 적용되지 않으므로, 실제적으로 발음되거나 한국어의 음운현상으로 예견되는 현상 등이므로 본음대로 적는다.

다만, 모음이나 'ㄴ' 받침 뒤에 결합되는 '렬(列, 烈, 裂, 劣), 률(律, 率, 栗, 慄)'은 한국어에서 실제적인 발음 형태가 [나열, 서 : 열, ……]이므로, 발음과 표기의 일치를 기하기 위해 '열, 율'로 적는다. 예를 들어 '羅列, 序列' 등의 실제 발음이 '나열, 서열' 등인데, 이들을 '나렬, 서렬' 등으로 표기할 경우 한국어의 음운현상에서 이들이 '나열, 서열' 등으로 발음될 수 없기 때문이다. 이러한 현상은 '分列, 前列' 등도 마찬가지이다. 이들의 한국 현실 발음은

[분열] 혹은 [분녈], [전열] 혹은 [전녈] 등인데, 이들은 '분렬, 전
렬' 등으로 표기할 경우 이들의 발음은 [불렬], [절렬] 등으로 발음
할 것이 예상되기 때문에3 표기와 발음의 일치를 위해 '열, 율'로
표기하는 것이다. 이와 관련되는 예들은 국립국어원의 해설집에
의하면 다음의 것들이 된다.

나열(羅列) 서열(序列) 분열(分列) 전열(前列) 의열(義烈)

치열(熾烈) 선열(先烈) 사분오열(四分五裂) 균열(龜裂)

분열(分裂) 비열(卑劣) 우열(優劣) 천열(賤劣) 규율(規律)

자율(自律) 운율(韻律) 선율(旋律) 비율(比率) 이율(利率)

백분율(百分率) 외율(煨栗) 조율(棗栗) 전율(戰慄)

한편 '율(率)'의 경우 이를 '그 학교는 올해 율이 세다.'처럼 독립
적인 단어로 사용되는 듯이 보이나 이는 '지망률'이나 '비율' 등을
줄여서 사용하는 것이고, '격렬(激烈), 법률(法律)' 등의 발음은 [경
열] 혹은 [경녈], [범율] 혹은 [범뉼]이 되기 때문에 '격렬, 법률' 등
으로 적는 것이다. 만약 '격열, 법율' 등으로 적을 경우 [겨결], [버
불] 등의 발음이 예상되기 때문에 실제적인 발음과 표기에 괴리가
생기는 것이다. 또한 '명중률, 합격률'로 표기하더라도 그 발음이
[명중율], [합격율>합껵율]이 되는 것은 당연히 예견될 수 있는 것
이므로 '명중률, 합격률'로 적는다.

---

3 '곤란, 신라'의 발음은 [골란], [실라]가 된다.

〈붙임 2〉는 "첫째 외자로 된 이름일 경우, 둘째 성에 붙여 쓸 경우에, 셋째 본음대로 적을 수 있다."는 조항이다. 이름이 외자가 아니고 두 자 이상일 경우 독립성이 인정되어 두음법칙을 적용하여 적고, 성에 붙이지 않고 띄울 경우 역시 독립성이 인정되어 두음법칙이 적용된 대로 적되, 외자 이름을 성에 붙여쓸 경우 본음대로 적지 않는 것이 원칙이되 본음대로 적을 수 있는 몇 가지를 나열한 것이다. 이것은 역사적인 인물의 명명에서 이미 한국 사람들의 실제 발음이 '申砬[실립]', '崔麟[최린]'처럼 굳어져 있기 때문에 그 발음 형태를 고려하여 표기한 것이다. 만약 두음법칙이 적용된 표기를 하여 '신입, 최인'처럼 표기하면 그 표기에서 실제 발음인 [실립], [최린] 등의 발음이 나올 수 없기 때문이다.

외자가 아닌 '정인(麟)지, 이윤(倫)성' 등은 두음법칙이 적용된 대로 적고, 외자이더라도 본음대로 발음되지 않는 '김용(龍)'의 경우는 '용'으로 표기해야 한다.

〈붙임 3〉 여러 단어로 이루어진 말이 발음될 때와 줄어진 말의 발음이 달라질 때 줄어진 말의 발음을 고려하여 표기하는 조항이다.

국제 연합[국제 여납] →국련(國聯)[궁연]
교육 연합회[교육 여납페]→교련(敎聯)[교련]

이러한 현상은 줄어진 단어를 새로운 하나의 단어로 인식하기 때문에 생기는 현상일 것인데, 현실 발음에 맞추기 위해서 그 표기를 반영한 것이다.

<붙임 4> 독립적으로 사용되어 두음법칙이 적용된 단어에 접두사가 결합하거나 앞에 어근 등이 결합하여 합성어가 될 경우 이들은 독립적으로 사용될 당시에 두음법칙이 적용된 형태로 발음되므로 발음과 표기의 일관성을 위해 두음법칙이 적용된 형태 그대로 표기한다.

몰-이해(沒理解)　　과-인산(過燐酸)　　가-영수(假領收)

등-용문(登龍門)　　불-이행(不履行)　　사-육신(死六臣)

생-육신(生六臣)　　선-이자(先利子)　　낙화-유수(落花流水)

무실-역행(務實力行)　　시조-유취(時調類聚)

선행어의 받침이 'ㄴ'이나 'ㄹ'일 경우 'ㄴ'이나 'ㄹ'이 첨가된 형태로 발음될 수도 있다. 예를 들어 '연이율'은 [연니율] 혹은 [여니률]로 발음될 수 있고, '열역학'은 [여려칵] 혹은 [열려칵]으로 발음될 수 있지만, 이들의 'ㄴ'이나 'ㄹ'의 첨가되는 현상은 예상될 수 있고, 'ㄴ'이나 'ㄹ'이 없는 다른 형태들과 일관성을 유지하기 위해 두음법칙이 적용된 형태로 표기하는 것이다.

그런데 현실 발음이 본음으로 발음하고 있는 것은 본음을 살려 준다.

미-립자(微粒子)　　소-립자(素粒子)

수-류탄(手榴彈) <총-유탄(銃榴彈)>

파-렴치(破廉恥) <몰-염치(沒廉恥)>

<붙임 5> 고유명사나 수의 표기도 일반명사와 동일하게 실제 발음에 따라 두음법칙이 적용된 형태로 표기한다는 것을 언급한 것이다. '육육삼십육(6×6=36)'도 이에 준한다.

다만, '오륙도(五六島), 육륙봉(六六峰)' 등의 2음절에 나타나는 '륙'은 독립적으로 사용되는 위치가 아니기 때문에 본음의 발음하는 대로 표기한다.

제12항 한자음 '라, 래, 로, 뢰, 루, 르'가 단어의 첫머리에 올 적에는, 두음 법칙에 따라 '나, 내, 노, 뇌, 누, 느'로 적는다.(ㄱ을 취하고, ㄴ을 버림.)

ㄱ	ㄴ	ㄱ	ㄴ
낙원(樂園)	락원	뇌성(雷聲)	뢰성
내일(來日)	래일	누각(樓閣)	루각
노인(老人)	로인	능묘(陵墓)	릉묘

[붙임 1] 단어의 첫머리 이외의 경우에는 본음대로 적는다.

쾌락(快樂)	극락(極樂)	거래(去來)
왕래(往來)	부로(父老)	연로(年老)
지뢰(地雷)	낙뢰(落雷)	고루(高樓)
광한루(廣寒樓)	동구릉(東九陵)	
가정란(家庭欄)		

[붙임 2] 접두사처럼 쓰이는 한자가 붙어서 된
단어는 뒷말을 두음 법칙에 따라 적는다.
내내월(來來月)   상노인(上老人)
중노동(重勞動)   비논리적(非論理的)

3.8. 어두 'ㄹ'의 표기와 발음(2)

두음법칙 중 초성 'ㄹ'이 제11항의 모음과 결합하는 경우 이외
의 것을 규정한 것이다. 즉 'ㅣ' 혹은 전설성 활음 'y'가 선행하는 이
중모음이 결합하는 경우 이외는 'ㄹ'을 'ㄴ'으로 표기한다는 것이
다. 그 경우의 한자음은 '라, 래, 로, 뢰, 루, 르' 등인데 이들 한자가
첫머리에 놓일 때는 '나, 내, 노, 뇌, 누, 느'로 적는다는 것이다.

<붙임 1> 단어 첫머리 이외의 경우는 두음 법칙이 적용되지 않
으므로, 당연히 본음대로 적는다는 예시를 한 것이다.
'릉(陵)'과 '란(欄)'은 아래의 예처럼 독립적으로 사용되기도 하
기에

세종의 능은 어디에 있나
이 난에 너의 의견을 적어라

'능, 난'으로 써야 한다는 의견이 있을 수 있겠는데, '왕릉(王陵), 정
릉(貞陵)' 등은 어떤 식으로 표기하든 발음이 [왕능], [정능]이 되
지만, '동구릉(東九陵), 태릉(泰陵)'의 경우는 그 발음이 [동구릉],

[태릉]으로 되는 것이 정상이기 때문에 표기의 일관성을 위해 '릉'으로 표기하는 것이다.

'란(欄)'의 경우도 동일하다. '답란, 가정란'의 경우에는 'ㄴ'으로 적으나 'ㄹ'로 적으나 동일한 발음이 예상되지만, 모음으로 끝나는 '독자란(讀者欄), 비고란(備考欄)' 등은 [독자란], [비고란]으로 조음되고 있으므로 표기의 일관성을 위해 본음대로 적는 것이다. 이러한 경우의 예들은 다음이 추가될 수 있다.

> 강릉(江陵)   태릉(泰陵)   서오릉(西五陵)
> 공란(空欄)   답란(答欄)   투고란(投稿欄)

다만, '릉, 란' 등이 고유어나 외래어와 결합할 경우에는 이들이 어근의 일부를 이루거나 접사로 볼 수 없고 독립된 단어가 결합한 것으로 보아야 하기 때문에

> 임금님 능   사무라이 능
> 어린이 난   어머니 난   가십 난

두음 법칙을 적용하여 적는다.

<붙임 2> 독립적으로 사용되어 두음법칙이 적용되는 단어는 그 앞에 접두사나 다른 단어가 결합하더라도 독립적으로 사용되는 단어와의 일관성을 위해 두음법칙이 적용된 형태를 그대로 표기한다. 국립국어원의 예를 옮기면 다음과 같다.

반-나체(半裸體)　　실-낙원(失樂園)

중-노인(中老人)　　육체-노동(肉體勞動)

부화-뇌동(附和雷同)　　사상-누각(砂上樓閣)

평지-낙상(平地落傷)

한편, '고랭지(高冷地)'는 단어의 구조가 '냉지(冷地)'에 접두가 '고(高)'가 결합한 것이 아니고, '고랭(高冷)'에 '지(地)'가 결합한 것이기 때문에 '랭(冷)'이 두음법칙이 적용될 상황이 아니다. 그래서 '고-냉지'로 적지 않고 '고랭-지'로 적는 것이다.

제6절　겹쳐 나는 소리

제13항 한 단어 안에서 같은 음절이나 비슷한 음절이 겹쳐 나는 부분은 같은 글자로 적는다.(ㄱ을 취하고, ㄴ을 버림.)

ㄱ	ㄴ	ㄱ	ㄴ
딱딱	딱닥	꼿꼿하다	꼿곳하다
쌕쌕	쌕색	놀놀하다	놀롤하다
씩씩	씩식	눅눅하다	눙눅하다
똑딱똑딱	똑닥똑닥	밋밋하다	민밋하다
쓱싹쓱싹	쓱삭쓱삭	싹싹하다	싹삭하다
연연불망 (戀戀不忘)	연련불망	쌉쌀하다	쌉살하다

유유상종 (類類相從)	유류상종	씁쓸하다	씁슬하다
누누이 (屢屢-)	누루이	짭짤하다	짭잘하다

3.9. 겹쳐나는 소리

비슷한 음절이 중복되어 하나의 단어를 이룰 때 그 형태를 최대한 동일하게 표기하여 표기상의 통일을 기하기 위한 것이다.

한자어의 경우 '戀戀, 類類, 屢屢' 등은 '연련, 유류, 누루' 등으로 조음하는 것이 일반적인 경우이겠지만, 이들은 '연연[여년], [유유], [누누]' 등으로 조음하고 있기 때문에 발음하는 형태가 예견되게 하기 위해 그대로 표기에 반영한 것이다. 이러한 예에는 '노노법사(老老法師), 요요무문(寥寥無聞), 요요(寥寥)하다' 등도 있다.

한편 1음절 위치에서는 두음법칙을 적용시키고, 2음절의 위치에서는 두음법칙이 적용시키지 않는 것이 한국어의 일반적인 현상인데, 동일한 글자가 반복되어 한 단어를 이루는 위의 예들 외에는 일반적인 현상을 따른다. 동일한 단어가 반복되어 한 단어를 이루면서 음절위치에 따라 두음법칙의 적용 여부가 다른 몇 예를 옮기면 다음과 같다.

낭랑(朗朗)하다	냉랭(冷冷)하다	녹록(碌碌)하다
늠름(凜凜)하다	연년생(年年生)	염념불망(念念不忘)
역력(歷歷)하다	인린(燐燐)하다	적나라(赤裸裸)하다

제4장 형태에 관한 것

제1절 체언과 조사

제14항 체언은 조사와 구별하여 적는다.

떡이	떡을	떡에	떡도	떡만
손이	손을	손에	손도	손만
팔이	팔을	팔에	팔도	팔만
밤이	밤을	밤에	밤도	밤만
집이	집을	집에	집도	집만
옷이	옷을	옷에	옷도	옷만
콩이	콩을	콩에	콩도	콩만
낮이	낮을	낮에	낮도	낮만
꽃이	꽃을	꽃에	꽃도	꽃만
밭이	밭을	밭에	밭도	밭만
앞이	앞을	앞에	앞도	앞만
밖이	밖을	밖에	밖도	밖만
넋이	넋을	넋에	넋도	넋만
흙이	흙을	흙에	흙도	흙만
삶이	삶을	삶에	삶도	삶만
여덟이	여덟을	여덟에	여덟도	여덟만
곬이	곬을	곬에	곬도	곬만
값이	값을	값에	값도	값만

4. 형태

이 장은 형태소와 형태소의 연결에서 형태소의 어원을 밝혀 적느냐 아니면 발음하는 음절대로 표기하느냐 하는 문제를 다루고 있다.

4.1. 체언과 조사의 연결

하나의 문장은 주어, 목적어, 서술어로 이루어지는 것이 일반적인데, 주어와 목적어는 체언이 조사와 결합하여 이루어지는 것이다. 체언의 받침 여부와 조사의 초성 자음의 존재 여부에 따라 결합하는 유형을 나누어보면 다음의 네 가지가 된다.

(1) 어말 받침이 없는 체언 + 초성 자음이 있는 조사
(2) 어말 받침이 있는 체언 + 초성 자음이 있는 조사
(3) 어말 받침이 없는 체언 + 초성 자음이 없는 조사
(4) 어말 받침이 있는 체언 + 초성 자음이 없는 조사

위의 네 가지 유형의 어떤 경우에도 체언과 조사의 형태를 독립적이고 일관되게 표기하는 것이 현행 한글맞춤법이 가지고 있는 표기법의 원리이다.

위의 네 가지 유형에서 체언이나 조사의 원형이 변화하지 않는 것은 (1)의 경우인데, 이를 제외하면 받침이 있는 체언에 모음으로 시작하는 조사가 결합하는 (3)할 경우 체언의 말음이 연음되어 뒤 음절의 초성으로 발음되는 것이 일반적인데 실제적인 발음은 그렇게 되더라도 어원을 밝혀 구분하여 표기한다는 것이다.

제2절 어간과 어미

제15항 용언의 어간과 어미는 구별하여 적는다.

먹다	먹고	먹어	먹으니
신다	신고	신어	신으니
믿다	믿고	믿어	믿으니
울다	울고	울어	(우니)
넘다	넘고	넘어	넘으니
입다	입고	입어	입으니
웃다	웃고	웃어	웃으니
찾다	찾고	찾아	찾으니
좇다	좇고	좇아	좇으니
같다	같고	같아	같으니
높다	높고	높아	높으니
좋다	좋고	좋아	좋으니
깎다	깎고	깎아	깎으니
앉다	앉고	앉아	앉으니
많다	많고	많아	많으니
늙다	늙고	늙어	늙으니
젊다	젊고	젊어	젊으니
넓다	넓고	넓어	넓으니
훑다	훑고	훑어	훑으니
읊다	읊고	읊어	읊으니
옳다	옳고	옳아	옳으니
없다	없고	없어	없으니
있다	있고	있어	있으니

[붙임 1] 두 개의 용언이 어울려 한 개의 용언이 될 적에, 앞말의 본뜻이 유지되고 있는 것은 그 원형을 밝히어 적고, 그 본뜻에서 멀어진 것은 밝히어 적지 아니한다.

1. 앞말의 본뜻이 유지되고 있는 것

넘어지다	늘어나다	늘어지다	돌아가다
되짚어가다	들어가다	떨어지다	벌어지다
엎어지다	접어들다	틀어지다	흩어지다

2. 본뜻에서 멀어진 것

드러나다   사라지다   쓰러지다

[붙임 2] 종결형에서 사용되는 어미 '-오'는 '요'로 소리나는 경우가 있더라도 그 원형을 밝혀 '오'로 적는다.(ㄱ을 취하고, ㄴ을 버림.)

ㄱ	ㄴ
이것은 책이오.	이것은 책이요.
이리로 오시오.	이리로 오시요.
이것은 책이 아니오.	이것은 책이 아니요.

[붙임 3] 연결형에서 사용되는 '이요'는 '이요'로 적는다.(ㄱ을 취하고, ㄴ을 버림.)

ㄱ	ㄴ
이것은 책이요,	이것은 책이오,
저것은 붓이요,	저것은 붓이오,
또 저것은 먹이다.	또 저것은 먹이다.

4.2. 어간과 어미의 연결

본항은 체언과 조사를 구별하여 적도록 한 앞의 14항과 마찬가지로, 실질 형태소인 어간과 형식 형태소인 어미를 각각 분리하여 독립적으로 표기하도록 한다. 그리하여 실질형태소이든 형식형태소이든 고정된 표기를 유지하여 의미의 전달을 쉽게 하도록 한 것이다.

실질형태소인 어간의 형태를 고정시키고, 형식 형태소인 어미도 통일된 형식을 유지시켜 적기로 한 것이다. 예컨대 어간 형태소 '늙-'에 어미가 결합한 형태를 소리 나는 대로 적는다면,

    ① (늘꼬　　늘게
    ② (늑찌　　늑쏘
    ③ (능는　　능네
    ④ (늘그니　늘거서

처럼 되어서, 어간의 형태가 어떤 것인지, 어미와의 경계가 어디인지 알아보기가 어려워진다. 이 경우 역시, '늙-고, 늙-지, 늙-는, 늙-으니'처럼 어간과 어미의 형태를 분명히 구별함으로써, 어간이 표시하는 어휘적 의미와 어미가 표시하는 문법적 의미가 쉽게 파악될 수 있는 것이다.

    꺾[折]
    잊[忘]

		- 는다
덮[覆]		- 느냐
긁[搔]	**+**	- 으니
읊[咏]		- 어서
잃[失]		- 도록
		거든

<붙임 1> 두 개 용언이 결합하여 하나의 단어로 된 경우, 앞 단어의 본뜻이 유지되고 있는 것은 그 어간의 본 모양을 밝히어 적고, 본뜻에서 멀어진 것은 소리 나는 대로 적는다. '본뜻에서 멀어진 것'이란, 그 단어가 단독으로 쓰일 때 표시되는 어휘적 의미가 제대로 인식되지 못하거나 변화되었음을 말한다. 예시어 중, '늘어나다, 되짚어가다, 접어들다, 틀어지다'는 통일안에서 안 다루어졌던 것을 추가하였다.

(1)의 '늘어나다-늘다[增] 늘어지다-늘다[延] 돌아가다-돌다[回] 들어가다-들다[入] 떨어지다-(밤을) 떨다 벌어지다-(아람이) 벌다 엎어지다-엎다[覆] 틀어지다-틀다[妨] 흩어지다-흩다[散]' 따위는 앞 단어의 본뜻이 유지되고 있는 것이다. '되짚어가다' (및 '되짚어오다')는 '되짚어'라는 단어(부사)가 사전에서 다루어지고 있다. 다만, '넘어지다, 접어들다'의 경우는 그 의미 구조가 좀 모호하긴 하지만, 어원적인 형태를 '넘어-지다', '접어-들다'로 해석하는 관례에 따라 여기서 다룬 것이다.

한편, '돌아가다[歸], 접어들다[移入]' 따위는 예컨대 '산모퉁이를 돌아(서) 간다 우산을 접어(서) 든다.' 같은 형식과는 구별된다.

(2)의 '드러나다, 사라지다, 쓰러지다' 등은 '들다/나다', '살다/지다', '쓸다/지다'처럼 분석되지 않는다. 사전에서는 '(방을) 쓸다'의 피동형은 '쓸리다'로 다루고 있으나, '지다' 결합 형식은 '쓸어지다'(비가 좋으니, 방이 잘 쓸어진다.)로서, '쓰러진다[靡]'와 구별된다. (2)의 규정이 적용되는 단어로는 '나타나다 바라보다 바라지다[坼] 배라먹다[乞食] 부서지다[碎] 불거지다[凸] 부러지다[折] 자라나다[長] 자빠지다[沛] 토라지다[少滯]' 등도 있다.

<붙임 2, 3> 통일안 부록 I 표준말 5에는, 연결형(連結形)이나 종지형(終止形)이나 마찬가지로 '이요'로 한다고 규정되어 있다. 그런데 현행 표기에서는 연결형은 '이요' 종지형은 '이오'로 적고 있어서, 관용 형식을 취한 것이다. 연결형의 경우는, 옛말에서 '이고'의 'ㄱ'이 묵음화(默音化)하여 '이오'로 굳어진 것이긴 하지만, 다른 단어의 연결형에 '오' 형식이 없으므로(연관시킬 필요가 없으므로), 소리 나는 대로 '요'로 적는 것이다. 그러나 종지형의 경우는, '나도 가오.', '집이 크오.'처럼 모든 용언 어간에 공통적으로 결합하는 형태가 '오'인데, '이-' 뒤에서만 예외적인 형태 '요'를 인정하는 것은 체계 있는 처리가 아니므로, '오'로 적는 것이다.

제16항 어간의 끝음절 모음이 'ㅏ, ㅗ'일 때
에는 어미를 '-아'로 적고, 그 밖의 모음일
때에는 '-어'로 적는다.

1. '-아'로 적는 경우

나아	나아도	나아서
막아	막아도	막아서
얇아	얇아도	얇아서
돌아	돌아도	돌아서
보아	보아도	보아서

2. '-어'로 적는 경우

개어	개어도	개어서
겪어	겪어도	겪어서
되어	되어도	되어서
베어	베어도	베어서
쉬어	쉬어도	쉬어서
저어	저어도	저어서
주어	주어도	주어서
피어	피어도	피어서
희어	희어도	희어서

4.3. 어미 '-아/어'의 표기

한국어의 모음조화와 관련된 것이다. 현대국어에서 한국어의 모음조화는 의성어나 의태어의 단어 내부에서 일부 지켜지고 있지만

주로 용언어간과 용언 어미가 결합할 때 생기는 현상이다. 한국어
의 모음은 그 음감에 따라 양성모음, 음성모음, 중성모음으로 구별
되는데, 양성모음은 양성모음끼리 어울리고, 음성모음은 음성모음
끼리 어울리는 것이 전형적인 모음조화이다. 용언 어간의 끝 음절
모음이 'ㅏ, ㅗ'일 때는 어미를 양성모음 '아' 계열로 적고, 그 나머
지일 때 즉 'ㅐ, ㅓ, ㅚ, ㅜ, ㅟ, ㅡ, ㅢ, ㅣ' 등일 때에는 음성모음
'어' 계열로 적는다. 'ㅐ, ㅚ' 등은 본래 양성모음이고, 'ㅣ' 등은 중
성모음인데 어미의 결합에서는 'ㅓ' 모음을 취한다.

현대국어에서는 음성모음과 결합하는 현상이 확산되어 '잡아→
[자버], 막아→[마거], 맑아→[말거]'로 발음되는 경향이 있으나,
그것은 표준 발음으로는 인정되지 않는다. 단 18항의 'ㅂ' 불규칙
활용어간의 경우 '가깝다, 괴롭다' 등은 어간의 모음이 양성모음
'ㅏ, ㅗ'이지만 그 활용형이 '가까워, 가까우니, 가까웠다', '괴로
워, 괴로우니, 괴로웠다'가 된다.

제17항 어미 뒤에 덧붙는 조사 '-요'는 '-요'로 적는다.

읽어	읽어요
참으리	참으리요
좋지	좋지요

4.4. 어미 '-요'의 표기

용언의 종결어미 뒤에 붙는 '요'는 높임을 나타내는 후치사 내지는 특수조사가 되는데, 그 형태는 발음되는 대로 '요'로 적는다는 것을 나타낸 것이다. 이는 앞15항의 '-오'와 구별하기 위한 것이다. 15항의 '오'는 '오시오, 아니오'에서 보는 바와 같이 그것이 없으면 문장이 성립될 수 없는 필수적인 성분으로 어말어미이다. 반면 이 항의 '요'는 '읽어+요, 가지+요'처럼 존칭만 나타내지 그것이 없어도 문장이 성립될 수 있는 특수조사이다. 15항의 '-오'는 '가오, 먹으오'에서처럼 [오]로 발음되기도 하고, '하시오, 아니오'에서처럼 [요]로 발음되기도 하지만 후자의 발음은 앞 음절의 'ㅣ' 때문에 순행동화한 것으로 그 기저형이 '오'가 되고, 존칭을 나타내는 특수조사 '요'는 항상 '요'로 발음되는 것으로 그 기저형 자체가 '요'이다.

후자의 '-요'가 붙은 경우 서법은 변화하지 않는다. 다음과 같이 '가지?, 가나? 가는가?' 등의 의문문 뒤에 '요'가 결합하는 '가지-요? 가나-요? 가는가-요?'처럼 의문문이 되고, 본문의 예처럼 '읽어, 참으리' 등의 명령문이나 평서문에 '요'가 결합하면 '읽어-요, 참으리-요'처럼 명령문이나 평서문이 된다.

제18항 다음과 같은 용언들은 어미가 바뀔 경우, 그 어간이나 어미가 원칙에 벗어나면 벗어나는 대로 적는다.

4.5. 불규칙 활용어간

이 항의 '다음과 같은 용언들'이란 이 항에서 설명하고자 하는 9 가지 종류의 불규칙활용(혹은 변칙활용)을 지칭하는 것이다. 이러한 용언들은 '어미가 바뀔 경우'에 어간의 형태가 고정되지 않고 변화하는 모습을 보이기도 하고, 어미 자체가 변화한 모습으로 나타나기도 하는데, 그렇게 나타나는 경우를 '원칙에 벗어나면'이라고 표현한 것이다. 그리고 그러한 경우 '벗어나는 대로 적는다'라고 표현한 것은 소리나는 대로 적는다는 의미이다. 즉 기본형을 밝혀 적지 않고 소리나는 대로 표기한다는 것이다.

1. 어간의 끝 'ㄹ'이 줄어질 적

갈다:	가니	간	갑니다	가시다	가오
놀다:	노니	논	놉니다	노시다	노오
불다:	부니	분	붑니다	부시다	부오
둥글다:	둥그니	둥근	둥급니다	둥그시다	둥그오
어질다:	어지니	어진	어집니다	어지시다	어지오

[붙임] 다음과 같은 말에서도 'ㄹ'이 준 대로 적는다.

마지못하다   마지않다   (하)다마다

(하)자마자   (하)지 마라   (하)지 마(아)

4.5.1. 'ㄹ'의 불규칙

어간 끝 받침 'ㄹ'은 다음과 같은 어미와 결합할 경우에는 정상적으로 'ㄹ'이 발음된다.

(1) 갈-
(2) 놀- + 고, 게, 지, 도록, 으려면, 으면, 아서(어서)
(3) 길-

(1)′ → 길고, 길제, 길지, 길도록, 길려면, 길면, 길어서
(2)′ → 놀고, 놀게, 놀지, 놀도록, 놀려면, 놀면, 놀아서
(3)′ → 길고, 길제, 길지, 길도록, 길려면, 길면, 길어서

그런데, '으'가 선행하는 일련의 다른 어미들과 결합할 경우에는 'ㄹ'이 없는 형태로 발음하고 있는 것이다.

(1) 갈-
(2) 놀- + 으니, 은, 읍니다. 으시, 으오
(3) 길-

(1)′ → 가니, 간, 갑니다. 가시(다), 가오
(2)′ → 노니, 논, 놉니다., 노시(오), 노오
(3)′ → 기니, 긴, 깁니다. 기시(오)(?). 기오.

이러한 활용형을 보이는 'ㄹ'는 모두 발음되는 그대로를 표기에

반영하는 것이 이 규정이다. 'ㄹ'을 밝혀 적을 수도 있겠으나 그 경우 체언의 'ㄹ'과 'ㄷ' 불규칙의 'ㄹ'과 표기와 발음에서 혼란이 생길 수 있는 것이다. 즉 체언의 '물, 불+은 →[무른], 부른]'이나 'ㄷ' 불규칙 '묻-問)'의 활용형 '물은[무른] 사람이 누구냐?'와 혼란이 생길 수 있는 것이다. 그래서 표기와 발음의 일관적인 대응관계를 위해서 발음하는 대로 표기하는 것이다.

<붙임>은 현대국어에서의 일반적인 쓰임과 달리 통시적인 현상으로 굳어져 있는 것은 굳어진 대로 관용상 사용한다는 것이다. 즉 어간 끝 받침 'ㄹ'은 현대국어에서 'ㄷ, ㅈ' 앞에서 줄지 않는 게 원칙인데, 탈락 규칙이 있던 과거의 흔적이 현재도 사용될 경우 굳어져 쓰이는 형태소 사용한다는 것이다.

    (-다 말다) -다마다   (말지 못하다) 마지못하다
    (멀지 않아) 머지않아   (-자 말자) -자마자

등은 그러한 예들이다.
    (-지 말아) -지 마(아)   (-지 말아라) -지 마라

등은 명령문에서 말을 많이 생략한 것인데, 이들 역시 언중에서 많이 쓰이고 있으므로 인정한 것이다. 그런데 '마라'의 경우 문어체(文語體) 명령형이나 간접 인용법에서 '말라'로 대체되기도 한다. 가 사용된다.

---

2. 어간의 끝 'ㅅ'이 줄어질 적

긋다:	그어	그으니	그었다
낫다:	나아	나으니	나았다
잇다:	이어	이으니	이었다
짓다:	지어	지으니	지었다

4.5.2. 'ㅅ' 불규칙

어간 끝 받침 'ㅅ'이 어미의 모음 앞에서 줄어지는 경우, 준 대로 적는다. 어간 끝에 'ㅅ' 받침을 가진 용언 중, '긋다, 낫다, 붓다, 잇다, 잣다, 젓다, 짓다' 등이 이에 해당되는데, 이들은 자음으로 시작하는 어미가 올 경우 자음이 있음이 확인된다.

(1) 긋-

(2) 낫- + 고, 게, 는, 다, 더니, 지

(3) 붓-

(1)′ → 긋고, 긋게, 긋는, 긋다, 긋더니, 긋지

(2)′ → 낫고, 낫게, 낫는, 낫다, 낫더니, 낫지

(3)′ → 붓고, 붓게, 붓는. 붓다, 붓더니, 붓지.

반면에 모음으로 시작하는 어미가 올 경우 'ㅅ'은 그 흔적이 없어져 버린다.

(1) 긋-

(2) 낫- +으면, 으니, 어라(아라), 았다(었다)

(3) 붓-

(1)′ → 그으면, 그으니, 그어라, 그었다.

(2)′ → 나으면, 나으니, 나아라, 나았다.

(3)′ → 부으면, 부으니, 부어라. 부었다.

이들만 있을 경우 'ㅅ'으로 표기해 줄 수도 있으나 항상 'ㅅ'으로
실현되는 '벗다, 빗다, 빼앗다, 솟다, 씻다, 웃다' 등이 있기 때문에
그 구분을 위해 'ㅅ' 받침을 표기하지 않는 것이다.

(1) 빗-

(2) 솟- +고, 게, 는, 다, 더니, 지//으면, 으니, 어라

(3) 씻-

(1)′ → 빗고, 빗게, 빗는, 빗다, 빗더니, 빗지//빗으면, 빗으니, 빗어라

(2)′ → 솟고, 솟게, 솟는, 솟다, 솟더니, 솟지//솟으면, 솟으니, 솟아라

(3)′ → 씻고, 씻게, 씻는. 씻다, 씻더니, 씻지//씻으면, 씻으니, 씻어라

만약 이들을 동일하게 '긋으면, 긋으니, 긋어라/빗으면, 빗으니,
빗어라'로 표기할 경우 모음과 모음 사이에서 발음하는 'ㅅ'과 발
음하지 않는 'ㅅ'이 예측되지 않는 것이다. 그래서 표기에 따른 발
음의 혼란을 피하기 위해 'ㅅ' 불규칙의 경우 발음하는 대로 표기

하는 것이다.

---

3. 어간의 끝 'ㅎ'이 줄어질 적[4]

그렇다:	그러니	그럴	그러면	그러오
까맣다:	까마니	까말	까마면	까마오
동그랗다:	동그라니	동그랄	동그라면	동그라오
퍼렇다:	퍼러니	퍼럴	퍼러면	퍼러오
하얗다:	하야니	하얄	하야면	하야오

4.5.3. 'ㅎ' 불규칙

용언의 어간말에 존재하고 있는 'ㅎ'은 자음으로 시작하는 어미와 결합할 경우 자음과 결합하여 유기음화하는 공통된 모습을 보인다.('ㅅ'은 다른 설명이 필요하지만 여기에 포함해 둔다.)

(1) 좋-

(2) 싫--   + 고, 게, 다, 더니, 지, 소

(3) 그렇-

(1)′ → 조코, 조케, 조타, 조터니, 조치, 조쏘

---

4 고시본에서 보였던 용례 중 '그럽니다, 까맙니다, 동그랍니다, 퍼럽니다, 하얍니다'는 1994년 12월 16일에 열린 국어 심의회의 결정에 따라 삭제하기로 하였다. '표준어 규정' 제17항이 자음 뒤의 '- 습니다'를 표준으로 정함에 따라 '그렇습니다, 까맣습니다, 동그랗습니다, 퍼렇습니다, 하얗습니다'가 표준어가 되는 것과 상충하기 때문이다.

(2)′ → 실코, 실케, 실타, 실터니, 실치, 실쏘

(3)′ → 그러코, 그러케, 그러타, 그러터니, 그러치, 그러쏘

그러나 모음으로 시작하는 어미와 결합할 경우에는 전혀 다른 모습을 보이게 된다.

(1) 좋-

(2) 싫- + 으면, 으니, 어라(아라), 았다(었다)

(3) 그렇-

(1)′ → 조으면, 조으니, 조아라, 조았다.

(2)′ → 시르면, 시르니, 시러라, 시렀다.

(3)′ → 그러면, 그러니, 그래라. 그랬다.

'좋-, 싫-'의 경우에는 'ㅎ'만 탈락하는데 비해 '그렇-'의 경우에는 'ㅎ'이 탈락하고, 어미의 첫 모음까지 탈락하는 현상이 발생하는 것이다. 이러한 현상은 어간 끝에 'ㅎ' 받침을 가진 형용사 중 '좋다'를 제외한 모든 단어가 이에 해당되고,

노랗다 -

(노랗+ 네) 노라네   (노랗+ 은) 노란

(노랗+ 으니) 노라니   (노랗+ 아) 노래   (노랗+ 아지다) 노래지다

허옇다 –

(허옇+네) 허여네   (허옇+을) 허열

(허옇+으면) 허여면   (허옇+어) 허예   (허옇+어지다) 허예지다

'ㄶ'이나 'ㅀ' 등의 겹자음 가진 형용사 그리고 '넣다' 등의 동사는 제외된다.

않다 – (않+네) 않으네   (않+은) 않은

　　　 (않+으니) 않으니   (않+아) 않아

싫다 – (싫+으네) 싫으네   (싫+을) 싫을

　　　 (싫+으면) 싫으면   (싫+어) 싫어

넣다 – (넣+으네) 넣으네   (넣+을) 넣을

　　　 (넣+으면) 넣으면   (넣+어) 넣어

좋다 – (좋+으네) 좋으네   (좋+을) 좋을

　　　 (좋+으면) 좋으면   (좋+어) 좋어

이들을 구분하여 표기하기 위해 규정이 본 항인 것이다.

4. 어간의 끝 '우, 으'가 줄어질 적

푸다:	퍼	펐다	뜨다:	떠	떴다
끄다:	꺼	껐다	크다:	커	컸다
담그다:	담가	담갔다	고프다:	고파	고팠다
따르다:	따라	따랐다	바쁘다:	바빠	바빴다

4.5.4. 모음 '우, 으'의 탈락

어간의 말모음이 모음으로 시작하는 어미와 결합할 때 탈락해 버리는 일련의 예가 있다. 일반적으로 'ㅡ'로 끝나는 모음은 아래 8 과 9에 해당되는 단어들 외에는 모음으로 시작하는 어미 앞에서 탈 락하게 된다. 그리고 'ㅜ'로 끝나는 동사는 모음이 오면 w로 변화하 는 것이 일반적인데, '푸다'는 모음이 탈락하게 된다.

> 푸다   ― (푸+어) 퍼, (푸+어서) 퍼서, (푸+었다) 펐다
> 바쁘다 ― (바쁘+어) 바빠, (바쁘+어도) 바빠도,
>   (바쁘+었다) 바빴다

이들의 활용형은 특이한 현상을 보이는 것이기 때문에 다른 현 상을 보이는 것과 구별하기 위해 발음하는 대로 적는 것이다. 'ㅡ' 가 줄어지는 단어로는 '르'가 포함되지 않은 모든 단어가 이에 해당 된다. 'ㄲ다, 담그다, 뜨다, 잠그다, 트다, 가쁘다, 고프다, 기쁘다, 나쁘다, 미쁘다, 바쁘다, 슬프다, 아프다, 예쁘다, 크다' 등이 있다. '르'가 포함된 단어로는 '따르다. 치르다' 만이 이러한 유형이 된다.

> 따르다 ― (따르+아) 따라, (따라+았다) 따랐다
> 치르다 ― (치르+어) 치러, (치르+었다) 치렀다

---

5. 어간의 끝 'ㄷ'이 'ㄹ'로 바뀔 적

걷다[步]:   걸어   걸으니   걸었다
듣다[聽]:   들어   들으니   들었다
묻다[問]:   물어   물으니   물었다
싣다[載]:   실어   실으니   실었다

4.5.5. 'ㄷ' 불규칙

현대국어의 용언 어간말에 존재하고 있는 'ㄷ'은 두 가지 현상을 보여 주고 있다. 즉 자음으로 시작하는 어미와 결합할 경우에는 경음화 현상을 일으키면서 조음 위치 동화를 하는 공통된 모습을 보인다.(조음 위치 동화에 관한 사항은 생략한다.)

(1) 닫-
(2) 묻-- 　　 + 고, 게, 다, 더니, 지, 소

(1)′ → 닫꼬, 닫께, 닫따, 닫떠니, 닫찌, 닫쏘
(2)′ → 묻꼬, 묻께, 묻따, 묻떠니, 묻찌, 묻쏘 ㅣ

그러나 모음으로 시작하는 어미와 결합할 경우에는 전혀 다른 모습을 보이게 된다.

(1) 닫-
(2) 묻- +으면, 으니, 어라(아라), 았다(었다)

(1)′ → 다드면, 다드니, 다다라, 다닸다.

(2)′ → 무르면, 무르니, 무러라, 무렀다.

　　이러한 현상을 표기에 그대로 반영하여 표기와 발음의 일관성을 꾀하는 것이 본 항이 표기 목적이다.

　　용언 어간의 끝에 'ㄷ' 받침을 가진 용언 중, '걷다[步], 긷다, 깨닫다, 눋다, 닫다[走], 듣다, 묻다[問], 붇다, 싣다, 일컫다' 등은 불규칙 활용에 해당되고, '걷다[收, 撤], 닫다[閉], 돋다, 뜯다, 묻다[埋], 믿다, 받다, 벋다, 뻗다, 얻다, 곧다, 굳다' 등은 'ㄷ'이 'ㄹ'로 바뀌지 않는 규칙 용언(혹은 정칙 용언)에 해당된다.

---

6. 어간의 끝 'ㅂ' 이 'ㅜ'로 바뀔 적

집다:	기워	기우니	기웠다
굽다[炙]:	구워	구우니	구웠다
가깝다:	가까워	가까우니	가까웠다
괴롭다:	괴로워	괴로우니	괴로웠다
맵다:	매워	매우니	매웠다
무겁다:	무거워	무거우니	무거웠다
밉다:	미워	미우니	미웠다
쉽다:	쉬워	쉬우니	쉬웠다

　　다만, '돕-, 곱-'과 같은 단음절 어간에 어미 '-아'가 결합되어 '와'로 소리나는 것은 '-와'로 적는다.

돕다[助]: 도와 도와서 도와도 도왔다
곱다[麗]: 고와 고와서 고와도 고왔다

4.5.6. 'ㅂ' 불규칙

'현대국어의 용언 어간말에 존재하고 있는 'ㄷ, ㅎ'은 두 가지 현상을 보여 주고 있듯이 'ㅂ'으로 끝난 어간도 두 가지 모습을 보여 준다. 즉 자음으로 시작하는 어미와 결합할 경우에는 경음화 현상을 일으키면서 조음 위치 동화를 하는 공통된 모습을 보인다.(조음 위치 동화에 관한 사항은 생략한다.)

(1) 잡-
(2) 돕-- + 고, 게, 다, 더니, 지, 소

(1)′ → 잡꼬, 잡께, 잡따, 잡떠니, 잡찌, 잡쏘
(2)′ → 돕꼬, 돕께, 돕따, 돕떠니, 돕찌, 돕쏘 ㅣ

그러나 모음으로 시작하는 어미와 결합할 경우에는 전혀 다른 모습을 보이게 된다.

(1) 잡-
(2) 돕- +으면, 으니, 어라(아라), 았다(었다)

(1)′→ 자브면, 자브니, 자바라, 자밨다.
(2)′ → 도우면, 도우니, 도와라, 도왔다.

이러한 현상을 표기에 그대로 반영하여 표기와 발음의 일관성을 꾀하는 것이 본 항목의 목적이다. 즉 어간 끝 받침 'ㅂ'이 모음 앞에서 '우'로 바뀌는 경우에는 바뀐 대로 적고 바뀌지 않는 것은 본래의 모습대로 적는다.

어간 끝에 'ㅂ' 받침을 가진 용언 중, '굽다[炙], 깁다, 눕다, 줍다, 가깝다, 가볍다, 간지럽다, 괴롭다, 그립다, 노엽다, 더럽다, 덥다, 맵다, 메스껍다, 무겁다, 미덥다, 밉다, 사납다, 서럽다, 쉽다, 아니꼽다, 어둡다, 역겹다, 즐겁다, 지겹다, 차갑다, 춥다' 등과, 접미사 '-답다, -롭다, -스럽다'가 결합하여 된 단어들은 'ㅂ'이 '우'로 변화하는 유형에 해당되고, '(손-)꼽다[屈指], 뽑다, 씹다, 업다, 잡다, 접다, 집다, (손이) 곱다, 굽다[曲], 좁다' 등은 'ㅂ' 받침이 '우'로 바뀌지 않는 유형에 속한다.

여기서 주목해야 할 것은 앞 16항의 모음 조화와 관련된 사항이다. 16항에 의하면 어간 말 모음이 'ㅏ, ㅗ'인 경우 'ㅂ' 받침 뒤에서는 어미 '-아(았)'가 결합하여

(가깝+아) 가까와   가까워(가깝+아서) 가까와서
(아름답+아) 아름다와   (아름답+아서) 아름다와서
(괴롭+아) 괴로와도   괴로워(괴롭+아서) 괴로와서

등오로 표기하는 것이 정상이겠으나, 현실적인 발음에서는 다수가 음성모음과 결합한 것으로 발음하고 있기 때문에 현실적인 발음에 가깝게 표기하기 위해 음성모음과 결합한 것으로 하였다.

(가깝+아) 가까와>가까워   (가깝+아서) 가까와서 >가까워서

(아름답+아) 아름다워>아름다워

　　　　　(아름답+아서) 아름다와서 >아름다워서

(괴롭+아) 괴로와 >괴로워　　(괴롭+아서) 괴로와서 > 괴로워서

　단지 아래와 같이 모음이 'ㅗ'인 단음절 어간 뒤에서는 아직 '-아'와 결합한 '와'를 사용하고 있으므로 그 현실을 그대로 표기에 반영하였다.

　　돕다 – 도와, 도와라, 도와서, 도와도, 도와야, 도왔다
　　곱다 – 고와, 고와서, 고와도, 고와야, 고와야, 고왔다

---

7. '하다'의 활용에서 어미 '-아'가 '-여'로 바뀔 적
　　하다:　하여　　하여서　　하여도
　　　　　하여라　하였다

4.5.7. '여' 불규칙
　본 항부터는 어미의 변화와 관련된 것이다. 어간 '하-'는 부사형 어미로 '여'를 취하기 때문에 그 발음의 특수성을 표기에 반영하여 '여'로 적기로 한 것이다.

---

8. 어간의 끝음절 '르' 뒤에 오는 어미 '-어'가 '-러'로 바뀔 적

이르다[至]:	이르러	이르렀다
노르다:	노르러	노르렀다
누르다:	누르러	누르렀다
푸르다:	푸르러	푸르렀다

4.5.8. '러' 불규칙

전 항에 이어 어미의 양상이 예외적으로 나타나는 것이다. 어간의 끝 음절이 '르'로 나타나는 것은 세 가지 종류로 활용형이 갈라진다. 앞 4항의 '따르다, 치르다'처럼 정칙으로 나타나는 것이 있고, 본 항처럼 어미가 '러'인 것처럼 나타나는 것이 있는데 이러한 용언은 '이르다[至], 노르다, 누르다, 푸르다' 등의 네 가지이다. 이들의 발음을 표기에 그대로 반영한 것이다. '푸르다'를 예로 하여 그 활용형을 보이면 다음과 같다.

(푸르+어) 푸르러   (푸르+어서) 푸르러서

(푸르+었다) 푸르렀다   (푸르+어지다) 푸르러지다

---

9. 어간의 끝음절 '르'의 'ㅡ'가 줄고, 그 뒤에 오는 어미 '-아/-어'가 '-라/-러'로 바뀔 적

가르다: 갈라 갈랐다		부르다: 불러 불렀다	
거르다: 걸러 걸렀다		오르다: 올라 올랐다	
구르다: 굴러 굴렀다		이르다: 일러 일렀다	
벼르다: 별러 별렀다		지르다: 질러 질렀다	

4.5.9. '르' 불규칙

어간 끝 음절 '르' 뒤에 어미 '-어'가 결합할 때의 양상 중 4항과 8항에 이은 세 번째 유형이다. '아/어'가 결합할 때 어간 모음 'ㅡ'가 줄면서 'ㄹㄹ'이 나타난다. 이러한 발음 역시 다른 표기로 예상될 수 있는 것이 아니기 때문에 발음하는 대로 표기에 반영한다.

> 나르다 – (나르+어) 날라 (나르+어서) 날라서 (나르+었다) 날랐다
> 누르다 – (누르+어) 눌러 (누르+어도) 눌러도 (누르+었다) 눌렀다

이러한 유형의 어간들은 피동이나 사동을 나타내는 접미사 '-이'가 결합하는 경우에도 동일한 양상을 보인다. 어간 모음 'ㅡ'가 줄면서 'ㄹ'이 중복되어 'ㄹㄹ'로 나타난다. 이러한 발음 역시 표기에 그대로 반영한다.

> (누르+이다) 눌리다   (오르+이다) 올리다   (흐르+이다) 흘리다

이 밖에, 특이한 형태의 어미가 결합하는 어휘에는 '오다'가 있다. 이 동사는 명령형에서 '-너라'가 결합하여 '오너라'가 되는 것이다.

제3절 접미사가 붙어서 된 말

제19항 어간에 '-이'나 '-음/-ㅁ'이 붙어서 명사로 된 것과 '-이'나 '-히'가 붙어서 부사로 된 것은 그 어간의 원형을 밝히어 적는다.

1. '-이'가 붙어서 명사로 된 것

   길이 깊이   높이 다듬이 땀받이   달맞이
   먹이 미닫이 벌이 벼훑이 살림살이 쇠붙이

2. '-음/-ㅁ'이 붙어서 명사로 된 것

   걸음   묶음   믿음   얼음   엮음   울음
   웃음   졸음   죽음   앎   만듦

3. '-이'가 붙어서 부사로 된 것

   같이 굳이   길이 높이 많이 실없이
   좋이 짓궂이

4. '-히'가 붙어서 부사로 된 것

   밝히   익히   작히

다만, 어간에 '－이'나 '－음'이 붙어서 명사로 바
뀐 것이라도 그 어간의 뜻과 멀어진 것은 원형
을 밝히어 적지 아니한다.

굽도리 다리[髢]   목거리(목병) 무녀리
코끼리 거름(비료) 고름[膿]   노름(도박)

[붙임] 어간에 '－이'나 '－음' 이외의 모음으로
시작된 접미사가 붙어서 다른 품사로 바뀐 것
은 그 어간의 원형을 밝히어 적지 아니한다.

(1) 명사로 바뀐 것

귀머거리 까마귀 너머 뜨더귀   마감
마개   마중   무덤 비렁뱅이 쓰레기
올가미   주검

(2) 부사로 바뀐 것

거뭇거뭇 너무   도로   뜨덤뜨덤 바투
불긋불긋 비로소 오긋오긋 자주   차마

(3) 조사로 바뀌어 뜻이 달라진 것

나마   부터   조차

4.3. 접미파생어의 표기

어간에 접미사가 결합하여 파생어가 될 경우 접미사의 종류에
따라 어간의 원형을 밝히기도 하고, 밝히지 않기도 한다. 여기서는

이 문제를 다룬다.

4.3.1. 어원밝히기(1)

1과 2에서 언급되고 있는 명사화 접미사 '-이, -음'은 현대국어에서 비교적 널리 여러 용언 어간에 결합하여 명사를 파생시키는 생산력을 가지고 있으며, 또 본디 어간 형태소의 뜻이 그대로 유지되고 있으므로 기본형을 밝혀 즉 어원을 밝혀 표기한다.(국립국어원 해설집을 참고하여 예를 제시하면 다음과 같다.)

(굽+이) 굽이   (걸+이) 귀걸이   (밝+이) 귀밝이   (넓다) 넓이
(놀+이) 놀이   (더듬+이) 더듬이   (뚫다) 대뚫이   (받다) 물받이
(뿜다) 물뿜이   (앓다) 배앓이   (놀다) 뱃놀이   (맞다) 손님맞이
(잡다) 손잡이   (막다) 액막이   (닫다) 여닫이   (걸다) 옷걸이
(박다) 점박이   (살다) 하루살이   (돋다) 해돋이   (씻다) 호미씻이
(묻다) 휘묻이   (넓+이) 넓이
(붙+이) 겨레붙이, 쇠붙이, 일가붙이, 피붙이
(갈다) 갈음(-하다)   (볶다) 고기볶음
(그을다) 그을음 (모질다) 모질음   (살다) 삶   (섧다) 설움
(숨다) 숨음   (수줍다) 수줍음   (갚다) 앙갚음 (엮다) 엮음
(솟다) 용솟음   (일컫다) 일컬음   (놀다) 놀음   (막다) 막음
(걷+음) 걸음   (얼+음) 얼음

본 항의 3과 4에서 언급되고 있는 부사화 접미사 '-이, -히'도 현대국어에서 비교적 규칙적으로 그리고 널리 여러 어간에 결합하여

부사를 파생시키는 생산성이 인정될 수 있어 기본형을 밝혀 즉 어원을 밝혀 표기한다.

(곧다) 곧이(-듣다)   (없다) 덧없이   (옳다) 옳이

(적다) 적이   (밝다) 밝히   (익다) 익히   (작다) 작히

<다만>은 원형을 밝히느냐 밝히지 않느냐의 기준으로 '의미 유지'를 제시한 것이다. 생산성이 있는 명사화 접미사 '-이, -음'이 결합하였다 하더라도, 그 어간의 본뜻과 멀어진 것은 원형(原形)을 밝힐 필요가 없다고 판정하고 이러한 예들은 소리 나는 대로 적는다는 것을 밝힌 것이다. 예시어들 '굽도리, 다리[髢], 목거리(목병) 무녀리, 코끼리, 거름(비료), 고름[膿], 노름(도박)' 등은 '돌(다), 달(다), 걸(다), 열(다), 길(다), 놀(다)' 같은 본래 어간 형태소의 뜻과 무관하므로, '굽돌이, 달이, 목걸이, 문열이, 코길이(코낄이), 곯음, 놀음'처럼 기본형을 밝히지 않고 소리나는 대로 표기하는 것이다. 아래의 예들도 이러한 예에 준하는 것이다.

너비   도리깨   두루마리

목도리   빈털터리   턱거리(언턱거리, 종기)

여기서 주의할 사항은 표기상의 규약 때문에 발음을 동일한데 표기만 다른 어휘의 생성된다는 점이다. 예를 들면 '거름[肥料] : 걸음(걷+음), 노름[賭博] : 놀음(놀+음), 어름[物界] : 얼음(얼+음)' 등의 동음이의어의 다른 표기가 그 예들이다.

<붙임>은 소리나는 대로 표기하는 예들이다. 특정한 용언 어간에만 결합하는 파생접미사로 두루 쓰이는 생산성이나 규칙성을 인정할 수 없는 예들은 그 원형을 밝히지 않고 소리 나는 대로 적는다.(역시 국어원의 해설 자료를 중심으로 예를 제시한다.)

(1) 명사로 된 것

(꾸짖+웅) 꾸중   (남+어지) 나머지   (눋+웅지) 누룽지

(늙+으막) 늘그막   (돌+앙) 도랑   (돌+으래) 도르래

(동글+아미) 동그라미 (붉+엉이) 불겅이   (뻗+으렁) 뻐드렁니

(옭+아미) 올가미   (짚+앙이) 지팡이   (뚫+에) 코뚜레

(2) 부사로 된 것

(늘+우) 느루   (돋+우) 도두   (돌+오) 도로

(맞+우) 마주   (비뚤+오) 비뚜로   (밟+암) 발밤발밤

(잡+암) 자밤자밤   (줏+엄) 주섬주섬   (넘+어) 너머

(넘+우) 너무   (참+아) 차마

여기서 주의할 사항은 앞에서 본 바와 같은 동음이의어의 생성이다. '넘-'의 활용형 '넘어'와 파생 명사 '너머'는 구별해야 하고, 비슷하게 '참-'의 활용형 '참아'와 파생부사 '차마'는 구별해야 하는 점이다. 에문을 만들어 보면 다음과 같다.

산을 넘어 산 너머에 가서 차마 보지 못할 것을 보고 괴로움을 참아 왔다.

(3) 조사로 된 것

(남+아) 나마 (좇+아) 조차 (붙+어) 부터 (맞+아/어) 마저

동사 '남다, 붙다, 좇다, 맞다(?)'의 부사형 '남아, 붙어, 좇아, 마저'가 특수조사로 변화한 것인데, 의미 변화가 발생하였으므로 어원을 밝히지 않고 소리나는 대로 적는다.

제20항 명사 뒤에 '-이'가 붙어서 된 말은 그 명사의 원형을 밝히어 적는다.

1. 부사로 된 것

곳곳이   낱낱이   몫몫이   샅샅이
앞앞이   집집이

2. 명사로 된 것

곰배팔이   바둑이   삼발이   애꾸눈이
육손이   절뚝발이/절름발이

[붙임] '-이' 이외의 모음으로 시작된 접미사가 붙어서 된 말은 그 명사의 원형을 밝히어 적지 아니한다.

꼬락서니 끄트머리 모가치 바가지 바깥
사타구니 싸라기   이파리 지붕   지푸라기
짜개

4.3.2. 어원밝히기(2)

제20항은 앞항에 이어지는 것이다. 19항이 용언어간에 파생접미사가 붙는 경우라면, 본 항은 명사에 접미사가 결합하는 경우이다. 19항과 같이 '-이'가 결합하여 명사가 다른 품사로 바뀌거나, 명사라는 품사를 유지하면서 뜻만 달라지는 경우, '-이'가 공시적인 생산성을 가지고 있어 본래의 형태를 밝히는 것이 의미 파악에 효율적이기 때문에 명사의 본 모양을 밝히어 적는다. 본항의 1과 같이 명사가 중복되면서 '이'가 결합하여 부사화하는 예는 다음과 같다.

간간이　겹겹이　길길이　눈눈이　땀땀이　번번이　사람사람이
옆옆이　줄줄이　참참이　철철이　첩첩이　틈틈이　나날이
다달이　골골샅샅이　　구구절절이　　사사건건이

2와 같이 접미사가 결합했지만 품사는 명사로 그냥 유지되면서 뜻이 달라지지만, 본래의 뜻과 연관성을 가지고 있으므로 본래의 형을 밝혀 적는 예들은 다음과 같다.

각설이　검정이　고리눈이　네눈이　　딸깍발이　맹문이
생손이　왕눈이　외팔이　　우걱뿔이　통방울이　외톨이

<붙임>에서 명사 뒤에 '-이' 이외의 모음으로 시작된 접미사가 결합하여 된 단어의 경우는 본래 명사의 형태를 밝히어 적지 아니하기로 하였는데, 그 이유나 취지는 19항과 같다. 본항에서 나오는 예들의 형태소를 분석해 보면

꼬락서니→ 꼴+악서니   끄트머리→끝+으머리 모가치→몫아치

바가지→박+아지   바깥→밖+앝   사타구니→샅+아구니

싸라기→쌀+아기   이파리→잎+아리   지붕→집+웅

지푸라기→짚+우라기 짜개→짝+애

등과 같이 된다. 이와 유사한 형태로는 다음의 것을 추가할 수 있
다.(예는 국립국어원 해설집에서 따옴)

(골앙) 고랑   (굴엉) 구렁   (끝으러리) 끄트러기

(목아지) 모가지   (샅애) 사태-고기   (속아지) 소가지

(솥앵) 소댕   (올아기) 오라기   (털억) 터럭

여기서 주의해야 할 것은 '아치'와 '어치'의 구분이다. '아치'는
'몫'에만 결합하여 '모가치'로 사용되고 있어 유일성을 가지고 있으
므로 발음하는 대로 '모가치'라고 표기한다. 반면에 '어치'는 '값'과
결합하여 '값어치'를 만들 뿐만 아니라 '한 푼 어치, 두 푼 어치' 등
에 두루 사용되고 있고 또 그 성격이 명사적인 기능을 가지고 있기
때문에 '값어치'로 표기하고 [가버치]로 발음하는 것이다.

이와 유사한 것에 '벼슬아치'도 있다. 이 경우의 '-아치'(동냥
아치, 장사아치)는 접미사로 다루어지는 것이 일반적이지만 '값
어치' 등과 평행을 유지하기 위해 '벼슬아치'로 표기하고 있는
것이다. 본 규정을 적용하고 '아치'를 접미사로 본다면, '벼스라
치'로 적어야 할 것이다.

제21항 명사나 혹은 용언의 어간 뒤에 자음으로 시작된 접미사가 붙어서 된 말은 그 명사나 어간의 원형을 밝히어 적는다.

1. 명사 뒤에 자음으로 시작된 접미사가 붙어서 된 것

값지다	홑지다	넋두리
빛깔	옆댕이	잎사귀

2. 어간 뒤에 자음으로 시작된 접미사가 붙어서 된 것

낚시	늙정이	덮개
뜯게질	갉작갉작하다	갉작거리다
뜯적거리다	뜯적뜯적하다	굵다랗다
굵직하다	깊숙하다	넓적하다
높다랗다	늙수그레하다	얽죽얽죽하다

다만, 다음과 같은 말은 소리대로 적는다.

(1) 겹받침의 끝소리가 드러나지 아니하는 것

할짝거리다	널따랗다	널찍하다
말끔하다	말쑥하다	말짱하다
실쭉하다	실큼하다	얄따랗다
얄팍하다	짤따랗다	짤막하다
실컷		

**(2) 어원이 분명하지 아니하거나
본뜻에서 멀어진 것**

넙치   올무   골막하다   납작하다

4.3.3. 어원밝히기(3)

19항과 20항이 모음으로 시작하는 접미사가 결합하였을 경우의 어원밝히기라면 제21항은 자음으로 시작된 접미사가 결합하여 된 단어의 어원밝히기이다. 이들의 어간말 자음은 제 음가대로 발음되지 않지만 모두 본래의 의미가 살아 있기 때문에 의미 파악을 쉽게 하기 위해 명사나 용언 어간의 형태를 밝히어 적는다는 것이다. 이들 외에 대강의 예들을 제시하면 다음과 같다.(이 예들은 국립국어원 해설집에서 따온 것임.)

(값) 값지다   (꽃) 꽃답다   (끝) 끝내   (맛) 맛깔스럽다

(멋) 멋지다   (밑) 밑지다   (볕) 볕뉘   (부엌) 부엌데기

(빚) 빚이   (빛) 빛깔   (숯) 숯쟁이   (숲) 숲정이

(앞) 앞장(-서다)   (옆) 옆구리   (잎) 잎사귀   (흙) 흙질(-하다)

(긁) 긁적거리다, 긁죽거리다   (넓) 넓죽하다   (높) 높다랗다

(늙) 늙다리, 늙바탕, 늙수그레하다   (묽) 묽숙하다, 묽스그레하다

(얽) 얽적얽적하다   (엎) 엎지르다   (읊) 읊조리다

<다만>은 소리대로 적는 경우인데, 그 경우를 두 가지로 나누어 들고 있다. (1)은 겹받침의 끝소리가 발음에서 드러나지 않는 경우

이다. 여기서 제시되고 있는 예들의 본래 용언은 '핥다, 넓다, 맑다, 싫다, 짧다, 얇다' 등일 것인데 이들의 실제적인 발음이 '할짝거리다, 널따랗다, 널찍하다, 말끔하다, 말쑥하다, 말짱하다, 실쭉하다, 실큼하다, 얄따랗다, 얄팍하다, 짤따랗다, 짤막하다, 실컷'이 되어 뒷자음이 전혀 발음되지 않는 것이다. 이 경우 겹받침을 다 사용하면 발음의 혼동이 발생할 수 있으므로 발음되지 않는 것은 아예 표기에서 제외해 버리는 것이다. 따라서 '굵다랗다, 긁적거리다, 늙수그레하다'와 '넓적하다'처럼 'ㄹㄱ, ㄹㅂ'등으로 표기되어 있으면 'ㄱ, ㅂ'으로 발음하고, '할짝거리다, 말끔하다, 실쭉하다'처럼 적혀 있는 것은 다시 말해 어간의 형태 '핥-, 맑-, 싫-'을 밝히지 않는 것은 표기 그대로 발음하는 것이다. 뒤집어 표현하면 겹자음 중 뒷자음을 발음하면 어원을 밝혀 주고, 앞자음을 발음하면 발음하는 자음만 표기에 반영하는 것이다.

가상적인 예를 들어 '넓+적+다리'의 발음이 [넙쩍다리]이면 '넙적다리'로 표기하고 [널쩍다리]이면 '널쩍다리'로 표기하는 것이다.

(2)는, 어원이 분명하지 않거나 본뜻에서 멀어진 것은 소리 나는 대로 적는다는 것이다. '넙치'는 한자어 '광어(廣魚)'와 대응시켜 볼 때 '넓다'와 결부되는 것으로 생각되긴 하지만, 이전에 존재하던 '넙다, 너르다'의 '넙다'와 관련될 수 있어 소리 나는 대로 '넙치'로 적는다. 그리고 '올무'(새나 짐승을 잡는 올가미)나 '골막하다(그릇에 찰락말락하다)'도 '옭다, 곯다' 등과 어원을 관련지어 연관시키는 것이 쉽지 않으므로 어원을 밝히지 않고 소리나는 대로 표기하는 것이다.

제22항 용언의 어간에 다음과 같은 접미사
들이 붙어서 이루어진 말들은 그 어간을 밝
히어 적는다.

1. '-기-, -리-, -이-, -히-, -구-, -우-,
    -추-, -으키-, -이키-, -애-'가 붙는 것

   맡기다 옮기다 웃기다   쫓기다 뚫리다
   울리다 낚이다 쌓이다   핥이다 굳히다
   굽히다 넓히다 앉히다   얽히다 잡히다
   돋구다 솟구다 돋우다   갖추다 곧추다
   맞추다 일으키다 돌이키다 없애다

다만, '-이-, -히-, -우-'가 붙어서 된 말이라
도 본뜻에서 멀어진 것은 소리대로 적는다.

   도리다(칼로 ~)   드리다(용돈을 ~) 고치다
   바치다(세금을 ~) 부치다(편지를 ~) 거두다
   미루다   이루다

2. '-치-, -뜨리-, -트리-'가 붙는 것
   놓치다   덮치다   떠받치다   받치다
   밭치다   부딪치다 뻗치다   엎치다
   부딪뜨리다/부딪트리다 쏟뜨리다/쏟트리다
   젖뜨리다/젖트리다   찢뜨리다/찢트리다
   흩뜨리다/흩트리다

[붙임] '-업-, -읍-, -브-'가 붙어서 된 말은
소리대로 적는다.

미덥다   우습다   미쁘다

4.3.4. 어원밝히기(4)

이 항은 어간에 사동이나 피동 접미사 혹은 강세를 나타내는 접
미사가 결합할 경우 그 어원을 밝혀 적는다는 것이다. 사동이나 피
동 혹은 강세를 나타낸다는 것을 알기 위해서는 당연히 본래의 어
원을 알아야 하므로 어원을 밝히는 것은 당연한 일인데 본 항은 이
를 명시적으로 표현한 것이다.

<1>은 사동과 피동의 접미사가 결합한 예들이다. 사동이나 피동
을 나타내는 접미사가 현대국어에서 공시적으로 생산적이냐 하는
문제는 논란의 소지가 있으나 위의 제시어 중 한 예를 들면 '맡기다,
옮기다' 등은 '맡/기/다, 옮/기/다'로 형태소 분석이 될 수 있고, 각각
이 독립적인 의미를 가지고 있으므로 그 어원을 밝혀 주는 것이 의
미 파악에 효율적인 것이다. '먹다'의 예를 들면 사동의 형태는 '먹
이다'가 되고 피동의 형태는 '먹히다'가 되는데 이들의 어원을 밝히
지 않는다면 '머기다'는 '먹다'의 사동형이 되고, '머키다'는 '먹다'의
피동형이 되어 의미 파악에 상당한 어려움이 수반되는 것이다.

나머지의 사피동 접미사는 어근과의 결합에 상당한 제약이 따르
지만 의미파악의 원활성을 고려하여 그 어원을 밝혀 주는 것이다.

위에 제시되지 않은 것으로 주의할 것은 '녹다, 썩다'의 사동형이다. 사동 형태로 언중에서 '녹히다. 썩히다'가 흔히 사용되고 있으나 이들의 사동형은 '녹이다. 썩이다'로 표기하기로 되어 있다. 그리고 '돋다'의 경우 '돋우다'와 '돋구다' 등 2개의 사동형이 있는데, '돋우다'는 '위로 끌어 올려 도드라지거나 높아지게 하다.'의 뜻으로 "호롱불의 심지를 돋우다/동생은 발끝을 돋우어 창밖을 내다보았다." 등으로 사용되고, '돋구다'는 '안경의 도수 따위를 더 높게 하다.'의 뜻이다.('돋다' 등의 예는 표준국어대사전에서 옮겼음)

<다만>은 어근에 접미사 '-이, -히, -우' 등이 결합한 것으로 어원적인 분석이 가능하지만 이미 어근의 본뜻에서 멀어졌기 때문에, 어근과 접미사의 결합한 것으로 인식되지 않아 '어근+접미사'의 분석이 불가능하거나 불필요한 예들이다. 제시어 '도리다, 드리다, 고치다, 바치다, 부치다, 거두다, 미루다, 이루다' 등은 '돌[廻]+이+다, 들[入]+이+다, 곧[直]+히+다, 받[受]+히+다, 붙[附]+이+다, 걷[撤, 捲]+우+다, 밀[推]+우+다, 일[起]+우+다'로 어원적인 분석은 가능하지만, 그 뜻이 본래 어근의 의미와 멀어져 버렸기 때문에 어원을 밝힐 필요가 없어진 것이다. 그래서 이들은 소리나는 대로 적는다.

<2>는 강세의 의미를 가진 접미사가 결합한 경우다. 이들 역시 본래 어근의 형태를 밝혀 주어야 '강세의 대상'이 무엇인지 알 수 있기 때문에 그 어원을 밝혀 표기하는 것이다.

'-뜨리, -트리'는 언중들이 구분없이 두루 사용하고 있기 때문에 둘다 타당한 표기로 인정한다.

피동 접미사와 강세 접미사의 결합형이 발음이 동일하여 주의할 단어가 '부딪다'이다. 이 단어에 피동접미사 '-히-'가 결합하면 '부딪히다'가 되고 강세 접미사 '-치-'가 결합하면 '부딪치다'가 된다. 강세접미사가 결합한 형태에 다시 피동접미사가 결합하면, 이경우엔 '-이-'가 결합하게 되는데 그 형태는 '부딪치이다'가 된다. 이를 정리하면 다음과 같다.

> 부딪다(힘있게 마주 닿다, 또는 그리 되게 하다.)
> 부딪치다('부딪다'의 강세어.)
> 부딪히다('부딪다'의 피동사. 부딪음을 당하다의 뜻.)
> 부딪치이다('부딪치다'의 피동사. 부딪침을 당하다의 뜻.)

<붙임>은 동사에 형용사 파생접미사가 결합하여 형용사가 된 예들이다. 이들은 본래의 어기나 어근들을 밝힐 수 있으나 현대어에서 생산성을 가지지 못하거나, 혹은 원래의 어근이 소멸하여 어원을 밝힐 필요가 없거나, 또 다른 경우로 음운 변화를 일으켜 어근을 밝힐 수 없게 된 예들이다. '미덥다, 우습다, 미쁘다'는 '(믿다) 믿+업+다, (웃다) 웃+읍+다, (믿다) 믿+브+다, 슬프다(←슳+브+다)'로 어원적인 분석이 가능하지만 그 필요성이 없다고 판정하여 소리나는 대로 적는 것이다. 이와 같은 예에는 '나쁘다(←낮+브+다)'를 추가할 수 있다. '기쁘다(←깃ㅣ서+브+다), 바쁘다(←밫+브+다)' 등은 본래의 어근이 소멸해 버리고 그 자리를 '기뻐하-, 바빠하-' 등이 차지하였다. 그리고 '고프다(←곯+브+다),아프다(←앓+브+다)' 등은 'ㄹ' 탈락이라는 음운 변화를 일으켜 원말과 멀어져

버린 예가 된다.

제23항 '－하다'나 '－거리다'가 붙는 어근에
'－이'가 붙어서 명사가 된 것은 그 원형을
밝히어 적는다.(ㄱ을 취하고, ㄴ을 버림.)

ㄱ	ㄴ	ㄱ	ㄴ
깔쭉이	깔쭈기	살살이	살사리
꿀꿀이	꿀꾸리	쌕쌕이	쌕쌔기
눈깜짝이	눈깜짜기	오뚝이	오뚜기
더펄이	더퍼리	코납작이	코납자기
배불뚝이	배불뚜기	푸석이	푸서기
삐죽이	삐주기	홀쭉이	홀쭈기

[붙임] '－하다'나 '－거리다'가 붙을 수 없는 어근
에 '－이'나 또는 다른 모음으로 시작되는 접미
사가 붙어서 명사가 된 것은 그 원형을 밝히어
적지 아니한다.

개구리	귀뚜라미	기러기	깍두기
꽹과리	날라리	누더기	동그라미
두드러기	딱따구리	매미	부스러기
뻐꾸기	얼루기	칼싹두기	

4.3.5. 어원밝히기(5)

명사 어근을 밝히느냐 밝히지 않느냐의 기준으로 어느 정도 '널

리' 사용되느냐의 여부를 제사한 예들이다.

명사 어근에 접미사 '-하다'나 '-거리다'가 붙어 동사나 형용사로 파생될 수 있는 것은 파생접미사 '이'가 결합했을 경우에도 그 어원을 밝혀 준다는 것이다. 예를 들어 '깜짝'의 경우 '깜짝하다, 깜짝거리다, 깜짝이다' 등이 있으므로 여기에 '이'가 결합한 '깜짝이'도 어원을 밝혀 모두 같은 어원에서 파생한 것이라는 정보를 제공하고 아울려 형태를 고정시켜 그 의미파악을 쉽도록 하는 것이다.

이와 같은 예에는 다음의 것들이 추가될 수 있다.

(더펄거리다) 더펄이[輕率人]	(삐죽거리다) 삐죽이[易怒人]
(살살거리다) 살살이[奸人]	(푸석하다) 푸석이[脆物]
(깔쭉거리다) 깔쭉이[銀錢]	(홀쭉하다) 홀쭉이
(꿀꿀거리다) 꿀꿀이	(오뚝하다) 오뚝이

<붙임>은 위의 예들과 달리 '-하다'나 '-거리다'가 붙을 수 없는 어근은 '-이'나 또는 다른 모음으로 시작된 접미사가 결합하여 파생되었을 경우 그 어원을 밝혀 줄 실효성이 없다고 판단하여 그 어원을 밝히지 않는 것이다.

> **제24항** '-거리다'가 붙을 수 있는 시늉말 어근에 '-이다'가 붙어서 된 용언은 그 어근을 밝히어 적는다.
> (ㄱ을 취하고, ㄴ을 버림.)

ㄱ	ㄴ	ㄱ	ㄴ
깜짝이다	깜짜기다	속삭이다	속사기다
꾸벅이다	꾸버기다	숙덕이다	숙더기다
끄덕이다	끄더기다	울먹이다	울머기다
뒤척이다	뒤처기다	움직이다	움지기다
들먹이다	들머기다	지껄이다	지꺼리다
망설이다	망서리다	퍼덕이다	퍼더기다
번득이다	번드기다	허덕이다	허더기다
번쩍이다	번쩌기다	헐떡이다	헐떠기다

4.3.6. 어원밝히기(6)

앞의 항과 연관된 것이다. 예를 들어 '깜짝'이라는 시늉말에 '거리다'가 붙어 '깜짝거리다'도 사용되고, '이다'가 붙어 '깜짝이다.'도 있으므로 이들 말과 '깜짝'이라는 말의 연관성을 지어주기 위해 모두 어원을 밝히는 것이다.

이와 같은 예에는 다음의 것들을 추가할 수 있다.

(간질간질) 간질이다, 간질거리다. (깐족깐족) 깐족이다, 깐족거리다.
(꿈적꿈적) 꿈적이다, 꿈적거리다. (끈적끈적) 끈적이다, 끈적거리다
(끔적끔적) 끔적이다, 끔적거리다. (덜렁덜렁) 덜렁이다, 덜렁거리다.
(덥적덥적) 덥적이다, 덥적거리다. (뒤적뒤적) 뒤적이다, 뒤적거리다.
(들썩들썩) 들썩이다, 들썩거리다. (펄럭펄럭) 펄럭이다, 펄럭거리다.
(훌쩍훌쩍) 훌쩍이다, 훌쩍거리다.

제25항 '-하다'가 붙는 어근에 '-히'나 '-이'
가 붙어서 부사가 되거나, 부사에 '-이'가
붙어서 뜻을 더하는 경우에는 그 어근이나
부사의 원형을 밝히어 적는다.

1. '-하다'가 붙는 어근에 '-히'나 '-이'가 붙는 경우
　　급히　　꾸준히　　도저히　　딱히
　　어렴풋이　　깨끗이

[붙임] '-하다'가 붙지 않는 경우에는 소리대로
　　적는다.
　　갑자기　　반드시(꼭)　　슬며시

2. 부사에 '-이'가 붙어서 역시 부사가 되는 경우
　　곰곰이　　더욱이　　생긋이　　오뚝이
　　일찍이　　해죽이

4.3.7. 어원밝히기(7)

'-하다'가 붙는 어근이란, '급(急)하다, 꾸준하다, 도저(到底)하
다, 딱하다, 어렴풋하다, 깨끗하다'처럼 사용되는데, 이들의 어근
'급, 꾸준, 도저, 딱, 어렴풋, 깨끗' 등에 '-이, -히'가 붙어서 부사가
되었을 경우 그 발음이 '그피, 꾸주니, 도저이, 따키, 어렴푸시, 깨끄
시' 등으로 되는데, 이를 발음하는 대로 표기할 경우 접미사 '하다'

가 결합했을 경우와 발음은, '그파다, 꾸주나다, 도저하다, 따카다,
어렴푸타다, 깨ㄲ타다' 등으로 되어 이들이 동일한 어원에서 파생
되었다는 것을 의식하는 데 혼란이 생길 수 있으므로 어원을 밝혀
적는 것이다. 이러한 유형에는 다음의 것들이 포함된다.

(나란하다) 나란히   (넉넉하다) 넉넉히   (무던하다) 무던히
(속하다) 속히   (뚜렷하다) 뚜렷이   (버젓하다) 버젓이

어근에 규칙적으로 결합하는 부사화 접미사 '-이'나 '-히'는 명
사화 접미사 '-이'나 동사나 형용사를 파생시키는 접미사 '-하다',
'-이다' 등과 동일하게 그 어근의 어원을 밝혀 적는 것이다.

〈붙임〉은 '-하다'가 붙지 않는 경우는 용언 어간이나 어근으로
사용되는 일이 없어, 어원을 밝힐 실효성이 없고 또한 어근과 접미
사로 분석하는 것 자체가 쉽지 않은 일이기 때문에 어원을 밝히지
않고 소리 나는 대로 적는 것이다.

그래서 '-하다'가 붙지 않는 '반드시[필(必)]은 발음하는 대로 적
고, '-하다'가 결합할 수 있는 '반듯하다[正, 直]'는 '반듯이(반듯하
게)'로 둘이 구분되는 것이다.

〈2〉는 부사 '곰곰, 더욱, 생긋, 오뚝, 일찍, 해죽' 등에 '-이'가 결
합하여 그 발음이 '곰고미, 더우기, 생그시, 우뚜기, 일찌기, 해주기'
등으로 되는데 이들의 어원을 밝히지 않을 경우 원래의 부사와 연
관성을 인식하기 어렵기 때문에 그 어원을 밝히는 것이다. 이는 부

사화 접미사 '-이'가 현대국어에서 아주 생산적으로 나타나기 때문
이기도 하다.

제26항 '- 하다'나 '- 없다'가 붙어서 된 용언 은 그 '- 하다'나 '- 없다'를 밝히어 적는다.

1. '- 하다'가 붙어서 용언이 된 것

딱하다   숱하다   착하다   텁텁하다   푹하다

2. '- 없다'가 붙어서 용언이 된 것

부질없다   상없다   시름없다
열없다   하염없다

4.3.8. '-하다'나 '-없다'가 결합한 파생어

1. 현대어에서 '-하다'는 어근에 규칙적으로 널리 결합하는 접
   미사다. 그런데 '딱하다, 숱하다, 착하다, 텁텁하다, 푹하다'
   등을 그 발음하는 대로 '따카다, 수타다, 차카다, 텁터파다,
   푹카다' 등으로 적을 경우 접미사 '-하다'가 결합하는 것을
   인식하기 어렵기 때문에 어근과 접미사를 구분하여 인식하
   기 위해 어원을 밝혀 적는 것이다. 이러한 유형에는 다음의
   예들도 있다.

꽁하다   눅눅하다   단단하다   멍하다   뻔하다

성하다   욱하다   찜찜하다   칠칠하다   털털하다

2. 이 항도 위와 동일하다. 현대어에서 '없다'는 어근에 규칙적으로 널리 결합하는 형식이기 때문에 그 어원을 밝혀 적는 것이다. 이들의 발음 즉 '[부지럽따], [상업따], [시르멉따], [여럽따], [하여멉따]' 등으로 표기할 경우 이들을 어근과 '없다'가 결합한 것으로 인식하기 어렵기 때문에 어근과 '없다'를 분리하여 인식할 수 있게 하기 위하여 어원을 밝혀 적는 것이다.

제 4 절 합성어 및 접두사가 붙은 말

4.4. 합성어 및 접두파생어의 표기

합성이란 독립적으로 쓰이는 두 말이 결합하여 한 단어로 된 말이고, 접두사란 독립적으로 쓰이지 못하는 말이 어근과 결합하여 한 단어를 만드는 과정에서 어근의 앞에 붙는 말을 지칭한다. 합성어는 '꽃잎'처럼 명사와 명사가 결합하는 경우도 있고, '값없다'처럼 명사와 동사(형용사 포함)가 결합하는 경우도 있고, '낯잡다'처럼 동사와 동사가 결합하는 경우도 있다. 접두사란 '샛노랗다, 시꺼멓다' 등의 어근 '노랗다, 꺼멓다' 등의 앞에 붙어 있는 '시, 새' 등을 지칭하는 것이다. 이 절에서는 합성어 및 접두 파생어의 표기에 관한 부분을 다룬다.

제27항 둘 이상의 단어가 어울리거나 접두사가 붙어서 이루어진 말은 각각 그 원형을 밝히어 적는다.

국말이	꺾꽂이	꽃잎	끝장
물난리	밑천	부엌일	싫증
옷안	웃옷	젖몸살	첫아들
칼날	팥알	헛웃음	홀아비
홀몸	흙내		
값없다	겉늙다	굶주리다	낮잡다
맞먹다	받내다	벋놓다	빗나가다
빛나다	새파랗다	샛노랗다	시꺼멓다
싯누렇다	엇나가다	엎누르다	엿듣다
옻오르다	짓이기다	헛되다	

[붙임 1] 어원은 분명하나 소리만 특이하게 변한 것은 변한 대로 적는다.

　할아버지　　할아범

[붙임 2] 어원이 분명하지 아니한 것은 원형을 밝히어 적지 아니한다.

골병	골탕	끌탕	며칠
아재비	오라비	업신여기다	부리나케

[붙임 3] '이[齒, 蝨]'가 합성어나 이에 준하는
말에서 '니' 또는 '리'로 소리날 때에는 '니'로 적
는다.

간니	덧니	사랑니	송곳니
앞니	어금니	윗니	젖니
톱니	틀니	가랑니	머릿니

4.4.1. 합성어 및 접두파생어 표기의 기본 원칙

합성어 및 접두파생어는 기본적으로 그 어원을 밝혀적는다.

제27항에서 제시한 단어들은 합성어와 접두사가 결합한 것이 섞여 있는데, 이를 유형별로 분류하면 다음과 같다.

(1) 두 개의 실질 형태소가 결합한 것(합성어)

<명사+명사> 꽃잎 물난리 부엌일 옷안 젖몸살 칼날 팥알 흙내
끝장 밑천 싫증

<명사+동사> 값없다 겉늙다 국말이 빛나다 옻오르다

<동사+동사> 굶주리다 꺾꽂이 낮잡다 받내다 벋놓다 엎누르다

(2) 접두사가 결합한 것(접두파생어)

<접두어+명사> 웃옷 헛웃음 홑몸 홀아비

<접두어+동사> 맞먹다 빗나가다 새파랗다 샛노랗다 시꺼멓다
싯누렇다 엇나가다 엿듣다 짓이기다 헛되다

　(1)에서 제시한 몇몇 예들 예를 들면 '끝장, 밑천, 싫증' 등을 합성어로 볼 수 있느냐 하는 문제가 제기될 수 있는데, 현행 표기법에서는 합성어로 처리하여 표기하는 것이다.

　이 항의 의미는 둘 이상의 어근 내지는 단어가 결합하여 합성어를 이루거나, 어근에 접두사가 결합하여 새로운 단어인 파생어를 이룰 때, 그 사이에서 발음 변화가 일어나더라도 본래의 어원을 밝혀 적는다는 것이다. 예를 들어 명사와 명사가 결합한 [꼰닙](꽃잎), [물랄리](물난리), [부엉닐](부엌일), [오단](옷안), 명사와 동사가 결합한 [가볍따](값없다), [건늑따](겉늙다), [궁마리](국말이), 동사와 동사가 결합한 [굼주리다](굶주리다), [껵꼬지](꺾꽂이), 그리고 접두어가 결합한 [우돋](웃옷), [만먹따](맞먹다) 등을 그 발음하는 대로 표기할 경우 의미를 파악하는 데 대단한 어려움이 따를 수 있기 때문에 그 원래의 모양을 살려서 표기하는 것이다. 다시 말해 형태소의 어원 내지는 본래의 형태를 밝혀 적어서 그 뜻이 분명히 드러나도록 하는 것이다.

　접두사의 사용에 있어서 주의할 것은 '새-/시-, 샛-/싯-'의 구별인데 이들의 용례를 정리해 보면 다음과 같다.

　　(1-1) 새까맣다 새빨갛다 새파랗다
　　(1-2) 시꺼멓다 시뻘겋다 시퍼렇다
　　(2-1) 샛노랗다
　　(2-2) 싯누렇다
　　(3) 새하얗다/샛하얗다 시허옇다

위의 예에서 보는 것처럼 후행하는 모음이 양성모음 '아, 오' 등일 때에는 '새-, 샛-'이 결합하고, 음성모음 '어, 우' 등일 때에는 '시-, 싯-'이 결합한다. 그리고 된소리나 거센소리 앞에는 '새-/시-'를 붙이고, 비음 'ㄴ'으로 시작할 경우에는 '샛-/싯-'을 붙인다. 된소리나 거센소리를 시작되는 말 앞에 '시'와 '새'를 붙이는 것은 발음하는 대로 접두사를 표기한 것이고, 비음으로 시작하는 말 앞에 '샛-/싯-'를 표기하는 것은 그 발음이 [샌노라타], [신누러타]로 되기 때문인데, 이 경우 'ㅅ'을 쓰는 것은 앞에서 나온 제7항의 규정('ㄷ' 소리가 나는데 뚜렷한 이유를 모를 경우에는 'ㅅ'으로 표기한다는 규정) 때문이다. '하얗다'와 '허옇다'에 접두사가 결합할 경우에는 표준국어대사전에 (3)의 형태가 실려 있으므로 이대로 표기해 주면 된다.

<붙임1>의 '할아버지, 할아범'은 '한'과 '아버지, 아범'이 결합하였는데, 'ㄴ'이 'ㄹ'로 바뀐 형태다. '큰, 많은'이란 뜻을 표시하던 '한'이 '할'로 바뀐 것이다.

이 규정은, 어원은 분명하지만 소리 자체가 바뀌어 버렸기 때문에 바뀐 대로 적는다. 만약 '한-아버지 한-아범'처럼 그 어원을 밝혀 적으면 현실 발음인 '할아버지, 할아범'과 괴리가 생기는 것이다. '할머니'도 이와 관련된 표기라고 할 수 있다.

<붙임 2>의 예들은 어원이 불분명하여 소리나는 대로 표기하는 것이므로 사전적인 뜻을 익혀서 사용하면 된다.

'골병'의 의미는 '속 깊이 든 병, 심한 타격을 받은 손해'이고,

'골탕'의 의미는 '소의 등골이나 머릿골에 녹말을 묻히고 달걀을 씌워, 맑은장국이 끓을 때 넣어 익힌 국'이다.

'끌탕'의 의미는 '속을 끓이는 걱정'이다.

'아재비'는 '아저씨 「1」'의 낮춤말고,

'오라비'는 '오라버니'의 낮춤말이다.

'업신여기다'는 '교만한 마음으로 남을 내려다보거나 없는 것과 같이 생각하다.'는 의미이다.

'부리나케'는 '급하고 빠르게'라는 의미다.

이 조항에서 가장 문제가 될 수 있는 것이 '며칠'의 표기인데, 우선 헷갈릴 수 있는 것이 "오늘은 몇 년[면년] 몇 월[며뒬] '며칠'이냐"는 문장에서 '며칠'을 '몇 일'로 표기하기 쉬운 것이다. 그런데 '몇 일'로 표기할 경우 그 발음의 가능성은 '몇 월[며뒬]'과 같이 [며딜]이든가 아니면 '꽃잎[꼰닙]'처럼 [면닐]이 될 수밖에 없는 것이다. 실제적인 발음은 [며칠]이기 때문에 이 발음이 나오기 위해 '며칠'로 표기하는 것이다. '며칠'의 발음이 이렇게 된 것은 '며칠'의 의미와 관련이 있겠는데 이에 대한 역사적인 연구는 다른 자리로 미룬다.

한편, '섣부르다'(솜씨가 설고 어설프다.)도 이 규정에 따라 '서뿌르다'로 적자는 의견이 있었으나, '설다'(경험이 없어 서투르다.)와의 연관성이 인정되는 구조이므로, 제29항 규정을 적용하여 '(설부르다→)섣부르다'로 적기로 하였다.

<붙임 3>은 합성어 등에서 어근이나 실질 형태소는 본래의 어원을 밝히어 적는 것이 원칙이지만, '이[齒, 虱]'의 경우는 예외로 다룬 것이다. '이[齒]'는 옛말에서 '니'였으나, 두음법칙의 발생으로 인해 현대어에서는 '이'로 되어 있다. 따라서 [간니], [던니]처럼 발음되더라도 표기는 '간이, 덧이'처럼 하는 것이 현행 표기법의 정신에 맞는 것이다. 그런데, '송곳이, 앞이'의 경우 다음과 같은 실제적인 사용에서

> 뾰족한 송곳이 납작하게 닳도록
> 앞이 없는 사람

복합어로서 '이'의 종류를 의미하는 것인지, 아니면 '송곳, 앞'에 주격조사 '이'가 결합한 것인지 구분할 수 없는 경우가 생기는 것이다. 이러한 혼동을 피하기 위해 '이'만 예외로 두어서 '니'로 표기하는 것이다.

제28항   끝소리가 'ㄹ'인 말과 딴 말이 어울릴 적에 'ㄹ' 소리가 나지 아니하는 것은 아니 나는 대로 적는다.

다달이(달 – 달 – 이)	따님(딸 – 님)
마되(말 – 되)	마소(말 – 소)
무자위(물 – 자위)	바느질(바늘 – 질)
부나비(불 – 나비)	부삽(불 – 삽)

부손(불 – 손)   소나무(솔 – 나무)

싸전(쌀 – 전)   여닫이(열 – 닫이)

우짖다(울 – 짖다)   화살(활 – 살)

4.4.2. 'ㄹ'이 탈락하는 합성어의 표기

합성어 등에서 앞 단어의 받침 'ㄹ' 이 탈락하여 발음되지 않는 것은 소리나는 대로 적는다. 이러한 표기는 합성어나, 자음으로 시작된 접미사가 결합하여 된 파생어의 경우는 실질 형태소의 어원을 밝히어 적는다는 원칙에 벗어나는 규정이지만, 실제적인 발음의 혼란을 피하기 위해 소리나는 대로 적는 것이다.

국어의 역사에서 'ㄹ'은 'ㄴ, ㄷ, ㅅ, ㅈ, ㅿ' 앞에서 탈락하는 현상이 있었다. 이러한 규칙에 의해 탈락한 단어에는 위에 제시된 것 외에도 다음의 예들이 있다.

'ㄴ' 앞 : (날날이) 나날이 (물논) 무논 (불넘기) 부넘기(줄낚시)

　　　　주낚시(하늘님) 하느님

'ㅅ' 앞 : (물수리) 무수리

'ㄷ' 앞 : (밀닫이) 미닫이 (아들님) 아드님 (찰돌) 차돌[石英]

'ㅈ' 앞: (찰조) 차조 (찰지다) 차지다

그리고 한자 '불(不)'이 이어지는 초성 'ㄷ, ㅈ' 앞에서 '부'로 읽히는 단어가 더러 있다.

'ㄷ'앞 : 부단(不斷), 부당(不當), 부동(不同, 不凍, 不動),

　　　　부득이(不得已), 부등(不等)

'ㅈ'앞 :부적(不適), 부정(不正, 不貞, 不定), 부조리(不條理),

　　　　부주의(不注意)

　그런데 고유어의 'ㄴ, ㅅ, ㄷ, ㅈ' 앞에서 탈락하지 않는 'ㄹ'이 존재하고,

'ㄴ' 앞 : 떡갈나무 물난리 불놀이 칼날

'ㅅ' 앞 : 물수건 물새 글소리

'ㄷ' 앞 : 발등 물동이 술독

'ㅈ' 앞 : 술잔 물잔 물지게

한자어에서도 동일한 환경에서 'ㄹ'이 탈락하지 않는 예들이 존재하기 때문에

'ㄴ' 앞 : 의결난,

'ㅅ' 앞 : 불소치약,

'ㄷ' 앞 : 갈등, 발달

'ㅈ' 앞 : 물질, 발족, 설전음

표기와 발음의 일치를 위해 탈락하는 것은 탈락하는 대로 저고, 탈락하지 않는 것은 원형대로 표기하는 것이다.

제29항 끝소리가 'ㄹ'인 말과 딴 말이 어울릴 적에 'ㄹ' 소리가 'ㄷ' 소리로 나는 것은 'ㄷ' 으로 적는다.

반짇고리(바느질~)	사흗날(사흘~)
삼짇날(삼질~)	섣달(설~)
숟가락(술 ~)	이튿날(이틀 ~)
잗주름(잘~)	푿소(풀~)
섣부르다(설~)	잗다듬다(잘~)
잗다랗다(잘~)	

4.4.3. 'ㄹ'이 'ㄷ'으로 변한 합성어의 표기

단독으로 사용될 경우에는 'ㄹ'로 나타나는데, 복합어 등에서 'ㄷ'으로 발음되는 것은 현대어에서 그러한 교체 규칙을 설정할 수 없기 때문에 발음하는 대로 표기하는 것이다. 이러한 표기 역시 합성어나, 자음으로 시작된 접미사가 결합하여 된 파생어는 실질 형태소의 본 모양을 밝히어 적는다는 원칙에 벗어나는 규정이지만, 역사적 현상이므로 그대로 인정하는 것이다. 이와 유사한 단어들에는 다음의 것들이 있다.

(나흘날) 나흗날	(잘갈다) 잗갈다	(잘갈리다) 잗갈리다
(잘널다) 잗널다	(잘다랗다) 잗다랗다	(잘타다) 잗타다

제30항 사이시옷은 다음과 같은 경우에 받치어 적는다.

1. 순 우리말로 된 합성어로서 앞말이 모음으로 끝난 경우

   (1) 뒷말의 첫소리가 된소리로 나는 것

고랫재	귓밥	나룻배	나뭇가지	냇가
댓가지	뒷갈망	맷돌	머릿기름	모깃불
못자리	바닷가	뱃길	볏가리	부싯돌
선짓국	쳇조각	아랫집	우렁잇속	잇자국
잿더미	조갯살	찻집	쳇바퀴	킷값
핏대	햇볕	혓바늘		

   (2) 뒷말의 첫소리 ‘ㄴ, ㅁ’ 앞에서 ‘ㄴ’ 소리가 덧나는 것

멧나물	아랫니	텃마당	아랫마을	뒷머리
잇몸	깻묵	냇물	빗물	

   (3) 뒷말의 첫소리 모음 앞에서 ‘ㄴㄴ’ 소리가 덧나는 것

도리깻열	뒷윷	두렛일	뒷일
뒷입맛	베갯잇	욧잇	깻잎
나뭇잎	댓잎		

2. 순 우리말과 한자어로 된 합성어로서 앞말이 모
음으로 끝난 경우

(1) 뒷말의 첫소리가 된소리로 나는 것

귓병	머릿방	뱃병	봇둑	사잣밥
샛강	아랫방	자릿세	전셋집	찻잔
찻종	촛국	콧병	탯줄	텃세
핏기	햇수	횟가루	횟배

(2) 뒷말의 첫소리 'ㄴ, ㅁ' 앞에서 'ㄴ' 소리가
덧나는 것

겻날   제삿날 훗날   툇마루 양칫물

(3) 뒷말의 첫소리 모음 앞에서 'ㄴㄴ' 소리가
덧나는 것

가욋일   사삿일   예삿일   훗일

3. 두 음절로 된 다음 한자어

| 곳간(庫間) | 셋방(貰房) | 숫자(數字) |
| 찻간(車間) | 툇간(退間) | 횟수(回數) |

4.4.4. 사잇소리의 표기

우리말에서는 사잇소리가 광범위하게 발생하는데, 이는 경우에
따라 'ㅅ'으로 표기하기도 하고 표기하지 않기도 한다. 'ㅅ'을 표기
하는 경우를 나열하면 다음과 같다.

(1) 고유어끼리 결합한 합성어(및 이에 준하는 구조) 또는 고유어와 한자어가 결합한 합성어 중, 앞 단어의 끝모음 뒤가 폐쇄되는 구조로서,

  ① 뒤 단어의 첫소리 'ㄱ, ㄷ, ㅂ, ㅅ, ㅈ' 등이 된소리로 나는 것
  ② 폐쇄시키는 음([ㄷ])이 뒤의 'ㄴ, ㅁ'에 동화되어 [ㄴ]으로 발음되는 것
  ③ 뒤 단어의 첫소리로 [ㄴ]이 첨가되면서 폐쇄시키는 음([ㄷ])이 동화되어 [ㄴㄴ]으로 발음되는 것

(2) 두 글자(한자어 형태소)로 된 한자어 중, 앞 글자의 모음 뒤에서 뒤 글자의 첫소리가 된소리로 나는 6개 단어에 사이시옷을 붙여 적기로 한 것이다.

사이시옷 용법을 알기 쉽게 설명하면 다음과 같다.

  ① 개-구멍, 배-다리, 새-집[鳥巢], 머리-말[序言]

  ② 개-똥, 보리-쌀, 허리-띠, 개-펄, 배-탈, 허리-춤

  ③ 개-값, 내-가[川邊], 배-가죽[腹皮], 새(←사이)-길[間路], 귀-병(病), 기(旗)-대, 세(貰)-돈, 화(火)-김

  ④ 배-놀이[船遊], 코-날[鼻線], 비-물[雨水], 이-몸[齒齦], 무시(無市)-날, 보(洑)-물, 패(牌)-말

  ⑤ 깨-잎, 나무-잎, 뒤-윷, 허드레-일, 가외(加外)-일, 보(洑)-일

  ⑥ 고-간(庫間), 세-방(貰房), 수-자(數字), 차-간(車間), 퇴-간(退間), 회-수(回數)

에서, ①~⑤는 모두 합성어이며, ⑥은 이에 준하는 한자어다. 그런데

①의 경우는, 앞 단어의 끝이 폐쇄되는 구조가 아니므로, 사이시옷을 붙이지 않는다.

②의 경우는, 뒤 단어의 첫소리가 된소리나 거센소리이므로, 역시 사이시옷을 붙이지 않는다.

③의 경우는, 앞 단어의 끝이 폐쇄되면서 뒤 단어의 첫소리가 경음화하여 [갣 : 깝, 낻 : 까]로 발음되므로, 사이시옷을 붙이어 갯값, 냇가, 뱃가죽, 샛길 귓병, 깃대, 셋돈, 횟김 으로 적는다.

④의 경우는, 앞 단어의 끝이 폐쇄되면서 자음 동화 현상(ㄷ+ㄴ →ㄴ+ㄴ, ㄷ+ㅁ→ㄴ+ㅁ)이 일어나 [밴노리, 빈물]로 발음되므로, 사이시옷을 붙이어 '뱃놀이, 콧날, 빗물, 잇몸 무싯날, 봇물, 팻말'로 적는다. '팻말, 푯말'은, 한자어 '패(牌), 표(標)'에 '말(말뚝)'(옛말에서 'ㅎ' 곡용어)이 결합된 형태이므로, 2의 규정을 적용하여 '팻말, 푯말'로 적는 것이다.

⑤의 경우는, 앞 단어 끝이 폐쇄되면서 뒤 단어의 첫소리로 [ㄴ] 음이 첨가되고, 동시에 동화 현상이 일어나 [깬닙→깬닙, 나문닙→나문닙]으로 발음되므로, 사이시옷을 붙이어 '깻잎, 나뭇잎, 뒷윷, 허드렛일 가욋일, 봇일'로 적는다.

⑥의 경우는, 한자어에는 사이시옷을 붙이지 않는 것을 원칙으로 하되, 이 6개 단어만은 '곳간 , 셋방, 숫자, 찻간, 툇간, 횟수'로 적는다.

이 설명에 따르면, '내과(內科), 이과(理科), 총무과(總務課), 장

미과(薔薇科)' 등은 3에서 다루어진 6개 이외의 한자어이므로 사이
시옷을 붙이지 않으며, '나리-과(科), 말선두리-과(科)' 등은, '과'가
비교적 독립성이 약한 형태소이긴 하지만, 앞의 고유어와의 사이
에 경계가 인식되는 구조이므로, 2의 규정을 적용하여 '나릿과, 말
선두릿과'로 적는 것이다.

　한편, 2 (1)의 예시어 '찻잔, 찻종'에서의 '차'가 순 우리말이냐 하
는 의문이 있을 수 있겠으나, 예로부터 '茶' 자의 새김[訓]이 '차'였
으므로, 한자어 '다(茶)'와 구별한 것으로 해석된다.

제31항 두 말이 어울릴 적에 'ㅂ' 소리나 'ㅎ' 소리가 덧나는 것은 소리대로 적는다.

1. 'ㅂ' 소리가 덧나는 것

댑싸리(대ㅂ싸리)　멥쌀(메ㅂ쌀)　볍씨(벼ㅂ씨)
입때(이ㅂ때)　　　입쌀(이ㅂ쌀)　접때(저ㅂ때)
좁쌀(조ㅂ쌀)　　　햅쌀(해ㅂ쌀)

2. 'ㅎ' 소리가 덧나는 것

머리카락　　　살코기　　　수캐
(머리ㅎ가락)　(살ㅎ고기)　(수ㅎ개)

수컷(수ㅎ것)　수탉(수ㅎ닭)　안팎(안ㅎ밖)

암캐(암ㅎ개)　암컷(암ㅎ것)　암탉(암ㅎ닭)

4.4.5. 'ㅂ'이나 'ㅎ'이 덧나는 경우의 표기

제31항 (1)에서 제시되고 있는 '싸리[荊], 쌀[米], 씨[種], 때[時]' 등은 본래 단어의 첫머리가 'ㅂ' 음으로 시작하는 자음군을 가지고 있었다. 즉 중세국어의 문헌에 의하면 이들은 'ㅄ리, ㅄ르, ㅄ, ㅴ' 등이었다. 어두 자음군으로 조음되던 시절에 이들의 앞에 모음으로 끝나는 접사나 어근이 결합할 경우(예를 들면 '대+ㅄ리'의 경우), 두 자음 중 선행하는 'ㅂ'이 앞 음절의 말음이 되고 남은 'ㅅ, ㄷ' 등은 된소리가 된 것이다. 어두 자음군이 소멸한 현대국어의 시점에서 보면 'ㅂ'이 덧나는 것처럼 보이지만 실질적으로는 이전에 있던 자음이 그 흔적으로 남아 조음되는 것이다. 이런 단어로는 '냅뜨다(내+뜨다), 부릅뜨다(부르+뜨다), 칩떠보다(치+떠보다), 휩싸다(휘+싸다), 휩쓸다(휘+쓰르다)' 등도 있다. 어두에 'ㅂ'으로 시작하지 않는 단어와 결합하는 '내치다(내+치다), 부르짖다(부르+짖다), 부르쥐다(부르+쥐다), 치잡다(치+잡다), 휘두르다(휘+드르다), 휘감다(휘+감다), 휘두르다(휘+드르다)' 등에서는 'ㅂ'이 나타나지 않는다. 나타나는 경우와 나타나지 않는 경우를 현대국어에서 규칙으로 설명할 수 없기 때문에 다들 소리나는 대로 표기한다.

(2)항에서 제시되고 있는 말들은 옛날에 'ㅎ'을 종성으로 가지고 있던 단어들이다. 이들이 단독으로 사용될 경우에는 'ㅎ'이 나타나지 않고 조사와 어울릴 적에 나타나기 때문에 'ㅎ' 곡용어라고 부르기도 하였다. 15세기에 'ㅎ' 곡용이었던 단어들은 80여개가 되는데 그 중 복합어를 형성하여 그 흔적을 남기고 있는 예들을 이 항에서 제시한 것이다. 여기서 제시되고 있는 단어가 '머리[頭], 살[肌],

수[雄], 암[雌], 안[內]' 등인데 이들이 '머맇, 삻, 숳, ㅇㅏ ㅁㅎ, 않' 등이었을 때 복합어를 형성하여'머리카락(머맇+가락), 살코기(삻+고기), 수캐(숳+개), 수컷(숳+것), 수탉(숳+닭), 안팎(않+밖), 암캐(않+개), 암컷(않+것), 암탉(않+닭)' 등이 된 것이다. 이들 역시 이러한 단어 이외에서 사용되는 '머리, 살, 암수, 안' 등과 관련하여 규칙으로 설명할 수 없기 때문에 각각을 소리나는 대로 표기하는 것이다.

'암-'과 '수-'가 결합하여 이전의 'ㅎ'을 발음하고 있는 단어에는, 표준어 규정(제7항 다만)에서 다음의 예들을 추가하고 있다.

수캉아지, 수캐,   수컷,   수키와,   수탉,   수탕나귀
수톨쩌귀, 수퇘지, 수평아리, 암캉아지, 암캐,   암컷,
암키와,   암탉,   암탕나귀, 암톨쩌귀, 암퇘지, 암평아리

제5절 준 말

제32항 단어의 끝모음이 줄어지고 자음만 남은 것은 그 앞의 음절에 받침으로 적는다.[5]

(본말)	(준말)
기러기야	기럭아
어제그저께	엊그저께
어제저녁	엊저녁
가지고, 가지지	갖고, 갖지
디디고, 디디지	딛고, 딛지

4.5. 준말의 표기

4.5.1. 단어의 끝모음이 줄 경우

단어 또는 어간의 끝음절 모음이 줄어지고 자음만 남는 경우, 그 자음을 앞 음절의 받침으로 올려붙여 적는다. 곧, 실질 형태소가 줄어진 경우에는 줄어진 형태를 밝히어 적는 것이니, '어제그저께'에서 '어제'의 'ㅔ'가 준 형태는 '엊'으로, '가지고'에서 '가지'의 'ㅣ'가 준 형태는 '갖'으로 적는 것이다.

---

5 고시본에서 보였던 '온갖, 온가지' 중 '온가지'는 '표준어 규정' 제14항에서 비표준어로 처리하였으므로 삭제하였다.

그런데 줄어지는 음절의 첫소리 자음이 올라붙지 않고 받침소리가 올라붙는 형식도 있다.

바둑-장기→박장기 어긋-매끼다→엇매끼다 바깥-벽→밭벽 바깥-사돈→밭사돈 이 규정을 적용하면, '아기야'에서 '아기'의 'ㅣ'가 줄면 '악아'가 된다. 그러나 일반적으로 '아가, 이리 오너라.'처럼 표현하는 형식에서의 '아가'는 '아가야'에서의 '야'가 줄어진 형태로 설명될 수 있다.

제33항 체언과 조사가 어울려 줄어지는 경우에는 준 대로 적는다.

(본말)	(준말)
그것은	그건
그것이	그게
그것으로	그걸로
나는	난
나를	날
너는	넌
너를	널
무엇을	뭣을/무얼/뭘
무엇이	뭣이/무에

4.5.2. 체언과 조사가 줄 경우

체언과 조사가 결합할 때 어떤 음이 줄어지거나 음절의 수가 줄어지는 것은, 이러한 양상을 보이는 체언과 조사가 한정되어 있고 그 줄어드는 양태가 현대국어의 규칙으로 설명할 수 없는 것이기 때문에, 본래의 형태대로 발음하는 것은 기본형을 밝혀 적고, 줄어서 소리나는 것은 소리나는 대로 표기한다.

이러한 모양을 보이는 유형은 대체로 다음과 같다.

(1) 지시형용사 '이, 그, 저'와 관련있는 것

(그 애→개)   그 애는→걔는→걘, 그 애를→걔를→걜

(이 애→얘)   이 애는→얘는→얜, 이 애를→얘를→얠

(저 애→쟤)   저 애는→쟤는→쟨, 저 애를→쟤를→쟬

그리로→글로, 이리로→일로, 저리로→절로, 조리로→졸로

그것으로→그걸로, 이것으로→이걸로, 저것으로→저걸로

'그 애는'의 경우 '그 애는'으로 표기할 수도 있고, '걔는' 혹은 '걘'으로 표기할 수도 있다.

(2) 지시대명사 '이것, 그것, 저것'과 관련있는 것.

그것+이 → 그게   저것+이 → 저게   이것+이 → 이게

그것+을 → 그걸   저것+을 → 저걸   이것+을 → 이걸

그것+으로→ 그거로/그걸로   저것+으로→ 저거로/저걸로

이것+으로→이거로/이걸로

이 경우 역시 '그것으로, 그거로, 그걸로' 등의 표기가 다 가능하다.

   (3) 의문대명사 '무엇'과 관련있는 것

   무엇+이 → 뭣이/무에   무엇+을 → 무얼

   무엇+으로 → 무어로/무얼로

이들 역시 본래의 형태와 준 형태 모두가 가능한 표기이다.

   (4) 인칭대명사 '나, 너, 저'와 관련있는 것

   나+는 → 난   나+를 → 날

   너+는 → 넌   너+를 → 널

   저+는 → 전   저+를 → 절

이들이 줄어드는 양상을 대체로 체언의 말 모음이 줄거나 체언의 말 'ㅅ'이 줄거나 조사의 앞부분 '으'가 줄면서 생기는 현상이다.

제34항 모음 'ㅏ, ㅓ'로 끝난 어간에 '-아/-어, -았-/-었-'이 어울릴 적에는 준 대로 적는다.

(본말)	(준말)	(본말)	(준말)
가아	가	가았다	갔다
나아	나	나았다	났다

타아	타	타았다	탔다
서어	서	서었다	섰다
켜어	켜	켜었다	켰다
펴어	펴	펴었다	폈다

[붙임 1] '애, 에' 뒤에 '-어, -었-'이 어울려
  줄 적에는 준 대로 적는다.

(본말)	(준말)	(본말)	(준말)
개어	개	개었다	갰다
내어	내	내었다	냈다
베어	베	베었다	벴다
세어	세	세었다	셌다

[붙임 2] '하여'가 한 음절로 줄어서 '해'로 될 적에
  는 준 대로 적는다.

(본말)	(준말)	(본말)	(준말)
하여	해	하였다	했다
더하여	더해	더하였다	더했다
흔하여	흔해	흔하였다	흔했다

4.5.3. 모음 '-아/어'에 모음 '아/어'가 결합하는 경우

동일한 모음이 중복될 때 하나의 모음이 줄어드는 경우의 표기를

규정한 것이다. 즉 모음 'ㅏ, ㅓ'로 끝나는 어간에 어미 '-아/-어'가 붙어 같은 모음이 연이어지게 될 때에는 '아/어'가 줄어지게 된다. '-았/-었'이 붙는 형식에서는 '아/어'가 줄어지고 'ㅆ'만 남게 된다. 본 항의 규정은 '어울릴 적에는 준 대로 적는다'로 되어 있으므로 본래의 모양 '가아'는 표기하지 않고 '가'로만 표기하는 것이다.

가+아 → 가   가+아서 →가서   가+아도 →가도
가+았다 → 갔다
서+아 → 서   서+아서 → 서서   서+아도 → 서도
서+었다 → 섰다
나가+아 → 나가   나가+아서 → 나가서
나가+아도 → 나가도   나가+았다 → 나갔다
건너어→건너   건너어서→건너서   건너어도→건너도
건너었다→건넜다

다만, 'ㅅ' 불규칙 용언의 어간에서 'ㅅ'이 줄어져 어간의 '아/어'와 어미의 '아/어'가 만날 경우에는 '아/어'가 줄어지지 않는다. 이 경우에는 줄어지지 않는 형태대로 표기한다.

(낫다) 나아(낫+아)   나아서(낫+아서)   나아도(낫+아도)
나았다(낫+았다)
(젓다) 저어(젓+어)   저어서(젓+어서)   저어도(젓+어도)
저었다(젓+었다)

그래서 이들이 들어간 문장 '노을 너무 저어 상처가 나서 약을 타 바른 후 다 나았다'로 표기된다.

제시어 '켜, 펴' 등은 이중모음 '여'를 가지고 있는 단어인데, 이중 모음 '여'는 활음(혹은 반모음)과 '어'의 결합이므로 '어'와 동일한 모습을 보인다

<붙임 1>은 어간 끝모음 'ㅐ, ㅔ' 뒤에 '-어, -었'이 붙을 때에도 '아/어' 뒤에 붙은 것과 같이 '어'가 줄어지기도 하고 줄지 않기도 하는데 이의 표기를 규정한 것이다.

매+어 → 매	매+어라 →→ 매라	매+었다 → 맸다
떼+어 → 떼	떼+어라 → 떼라	떼+었다 → 뗐다

이 경우에는 본래 형태대로 표기할 수도 있고, 준 대로 표기할 수도 있다. 즉 '매어'로 표기할 수도 있고 '매'로 표기할 수도 있다. 규정에 '줄 적에는'으로 되어 있기 때문이다.

한편, 어간 모음 'ㅏ' 뒤에 피사동 접미사 '-이'가 결합하여 'ㅐ'로 줄어지는 경우에는, '어'가 줄어지지 않는다.

(짜+이+) 짜+이+어도 → 째어도		짜+이+었다 → 째었다
(파+이+) 파+이+어도 → 패어도		파+이+었다 → 패었다.

피사동접미사 '이'가 앞어간의 모음 'ㅏ'와 결합하여 '애'가 된 후

어미의 '어'와 결합할 경우에는 어미의 '어'가 줄지 않아, '째었다, 패었다'로 표기해야 하고 실질적인 발음에서는 반모음이 첨가되는 현상을 보이게 된다.

째었다 [째였다]   패였다[패였다]

그런데 여기서 주의할 것은 축약에 의해서 만들어진 '애'와 본래의 '애'가 다른 양상을 보인다는 점이다.

'패다'의 경우, 첫째 동사 '파-'(구멍을 파다)에 피동접미사 '이'가 결합한 경우 '파+이'인 경우 ①과 본래의 동사 '패-'(사람을 피멍이 들도록 패다)의 경우 '패-+'인 ②인 경우는 서로 다른 양상을 보인다.

① (파+이+) 파+이+어도 → 패어도   파+이+었다 → 패었다.
② (패+)   패+어도 → 패도   패+었다 → 팼다

'째다'의 경우도 동일한다.

① (짜+이+) 짜+이+어도 → 째어도   째+이+었다 → 째었다.
② (째+)   째+어도 → 째도   째+었다 → 쨌다

<붙임 2>는 특이한 활용형을 보이는 '하다'에 대한 규정이다. '하-'는 이른바 '여' 불규칙 용언으로 '-아'가 결합하면 '하여'로 된다. 이

것이 줄어진 형태는 '해'로 되는데 이렇게 발음되는 과정은 현대국
어에서 규칙으로 설명할 수 없으므로 모두 소리나는 대로 적는다.

하여 → 해　하여라 → 해라　하여서 → 해서　하였다 → 했다

제35항 모음 'ㅗ, ㅜ'로 끝난 어간에 '-아/-어, -았-/-었-'이 어울려 'ㅘ/ㅝ, ㅘㅆ/ㅝㅆ'으로 될 적에는 준 대로 적는다.

(본말)	(준말)	(본말)	(준말)
꼬아	꽈	꼬았다	꽜다
보아	봐	보았다	봤다
쏘아	쏴	쏘았다	쐈다
두어	둬	두었다	뒀다
쑤어	쒀	쑤었다	쒔다
주어	줘	주었다	줬다

[붙임 1] '놓아'가 '놔'로 줄 적에는 준 대로 적는다.

[붙임 2] 'ㅚ' 뒤에 '-어, -었-'이 어울려 'ㅙ, ㅙㅆ'으로 될 적에도 준 대로 적는다.

(본말)	(준말)	(본말)	(준말)
괴어	괘	괴었다	괬다
되어	돼	되었다	됐다

뇌어	봬	뇌었다	뵀다
쇠어	쇄	쇠었다	쇘다
쐬어	쐐	쐬었다	쐤다

4.5.4. 모음 '-ㅗ/ㅜ'에 모음 'ㅏ/ㅓ'가 결합하는 경우

어간 말모음 'ㅗ, ㅜ'가 어미의 두음 '-아/어'를 만나 원순성 활음으로 변하면서 음절 수가 줄어드는 현상에 대한 표기이다. 이것은 일어날 수도 있고 일어나지 않을 수도 있으므로, 본말과 준말을 모두 표기에서 인정한 것이다. 그래서 줄지 않을 경우에는 '오아'나 '우어'로 적고 줄 경우에는 'ㅘ/ㅝ'로 적는다.

보+아 → 보아/봐   보+아도 → 보아도/봐도

보+았다 → 보았다/봤다

추+어 → 추어/춰   추+어서 → 추어서/춰서

추+었다 → 추었다/췄다

여기서 주의할 것은 '오다'와 '푸다'이다. 앞의 제18항 4에서 다루어진 '푸다'는 활용할 때 '우'가 탈락하는 불규칙 용언이므로 '푸+어'는 '퍼'로 표기하고 활음화하지 않는다. 그리고 '오다'의 경우는 '오+아'의 경우 '오아'로는 표기하지 않고 '와'로 표기한다.

<붙임 1>은 'ㅎ' 규칙 용언 중 특이한 형식을 인정한 것이다. 'ㅎ'을 종성으로 가지고 있는 어간들은 불규칙과 규칙으로 구분되는데

'그렇-, 이렇-' 등은 불규칙 활용으로 '그런, 이런, 그래서, 이래서' 등이 되고, 정칙 용언들은 '좋으니, 좋아서, 넣으니, 넣었다' 등이 된다. 그런데 '놓-'의 활용형은 다음과 같아서

놓+아 → 놓아[노아]/놔[놔] 놓+아서 → 놓아서[노아서]/놔서[놔서]

이를 표기에 그대로 반영해 주는 것이다.

<붙임 2>는 어간말 모음 'ㅚ' 뒤에 '-어'가 붙을 경우의 표기이다. 현대국어에서 'ㅙ'와 'ㅙ'의 발음이 구분되지 않지만 문자의 모양에서 'ㅚ'는 두 글자가 겹친 것이고 'ㅙ'는 세 개의 글자가 겹친 것이므로 'ㅚ+어'의 표기는 'ㅙ'로 하는 것이다.

되+어 → 돼   되+어서 → 돼서   되+어야 → 돼야
되+었다 → 됐다
죄+어 → 좨   죄+어서 → 좨서   죄+어야 → 좨야
죄+었다 → 좼다
쬐+어 → 쫴   쬐+어서 → 쫴서   쬐+어야 → 쫴야
쬐+었다 → 쬈다

여기서 주의할 것은 자음으로 시작하지 않는 '외다'이다. 이 단어는 '어'와 결합하여 '외+어 → 왜, 외+어도 → 왜도, 외+었다 → 왰다' 등이 되지 않으므로 '외어, 외어도, 외었다' 등으로 표기해야 한다.

제36항 'ㅣ' 뒤에 '–어'가 와서 'ㅕ'로 줄 적에는 준 대로 적는다.

(본말)	(준말)	(본말)	(준말)
가지어	가져	가지었다	가졌다
견디어	견뎌	견디었다	견뎠다
다니어	다녀	다니었다	다녔다
막히어	막혀	막히었다	막혔다
버티어	버텨	버티었다	버텼다
치이어	치여	치이었다	치였다

4.5.5. 모음 'ㅣ'에 모음 'ㅓ'가 결합하는 경우

앞의 항이 '오/우' 등이 원순성 활음을 형성하는 경우라면, 이 항은 전설성 활음을 형성하여 음절이 줄어드는 경우이다. 즉 모음 '이'가 활음 y가 되면서 한 음절이 줄고 이중모음이 만들어지는 경우이다. 이들은 '줄 적에는'으로 표현되어 있으므로 둘 다를 인정하는 경우이다. '가지+어'는 '가지어'로 표기해도 되고 '가져'로 표기해도 된다. 이러한 현상은 접미사 '–이, –히, –기, –리, –으키, –이키' 뒤에 '–어'가 붙은 경우도 동일하다.

녹+이+어 → 녹이어/녹여   업+히+어 → 입히어/업혀

굶+기+어 → 굶기어/굶겨   날+리+어야 → 날리어야/날려야

일+으키+어 → 일으키어/일으켜

돌+이키+어 → 돌이키어/돌이켜

제37항 'ㅏ, ㅕ, ㅗ, ㅜ, ㅡ'로 끝난 어간에 '-
이-'가 와서 각각 'ㅐ, ㅖ, ㅚ, ㅟ, ㅢ'로 줄
적에는 준 대로 적는다.

(본말)	(준말)	(본말)	(준말)
싸이다	쌔다	누이다	뉘다
펴이다	폐다	뜨이다	띄다
보이다	뵈다	쓰이다	씌다

4.5.6. 모음 'ㅣ'가 결합하는 경우

앞 36항이 '이'가 뒤에 오는 모음과 결합하여 이중모음을 형성하
는 것이라면, 이 항은 선행하는 모음과 결합하여 단모음 내지는 이
중모음을 형성하는 경우이다. 즉 어간 끝모음 'ㅏ, ㅕ, ㅗ, ㅜ, ㅡ'
와 후행하는 '-이'가 결합하여 'ㅐ, ㅖ, ㅚ, ㅟ, ㅢ'로 줄어지는 것은
'ㅐ, ㅖ, ㅚ, ㅟ, ㅢ'로 적는다는 것이다. 이도 물론 '줄 적에는'으로
표현되어 있으므로 준 형식과 본래 형식을 모두 인정하는 것이다.
제시어 외에 다음의 예들도 여기에 포함된다.

까이다[被孵] → 까이다/깨다   켜이다[被鋸] → 켜이다/켸다
쏘이다 → 쏘이다/쐬다   꾸이다[現夢] → 꾸이다/뀌다
트이다 → 트이다/틔다

또, '아이, 사이' 등의 명사나 형용사화 접미사 '-스럽(다)'에 부사
화 접미사 '-이'가 결합한 만들어진 '스러이'가 '-스레'로 줄어지는

경우도 이와 유사하다.

> 아이 → 아이/애   사이 → 사이/새
>
> 새삼스러이 → 새삼스레   천연스러이→천연스레

　한편, '놓이다'가 '뇌다'로 줄어지는 경우도 '뇌다'로 적어, '놓이다'와 '뇌다'가 둘다 허용된다. 물론 이들은 양쪽의 발음을 다 수용하여 그대로 표기에 반영하는 것이다.

제38항 'ㅏ, ㅗ, ㅜ, ㅡ' 뒤에 '-이어'가 어울려 줄어질 적에는 준 대로 적는다.

(본말)	(준말)		(본말)	(준말)	
싸이어	쌔어	싸여	뜨이어	띄어	
보이어	뵈어	보여	쓰이어	씌어	쓰여
쏘이어	쐬어	쏘여	트이어	틔어	트여
누이어	뉘어	누여			

4.5.7. 모음에 '이어'가 결합하는 경우

　'이'의 앞과 뒤에 모음이 올 경우 '이'는 선행하는 모음과 결합할 수도 있고 후행하는 모음과 결합할 수도 있는데, 두 가지 경우를 다 인정한 것이다. 예를 들어 '아+이+어'의 연결이 있을 경우 '이'가 앞의 모음과 결합하여 '애어'가 되는 것도 인정하고 뒤의 모음

과 결합하여 '하여'가 되는 것도 인정한 것이다. 이 항도 '줄 적에는'으로 표현되어 있으므로 '싸+ 이+ 어'의 경우 '싸이어, 쌔어, 싸여' 등 세 가지의 발음이 허용되는 셈이다. 이러한 예들에는 다음의 것들이 추가될 수 있다.

까+ 이+ 어 → 까이어/깨어/까여　꼬+ 이+ 어 → 꼬이어/꾀어/꼬여

누+ 이+ 어 → 누이어/뉘어/누여　쓰+ 이+ 어 → 쓰이어/씌어/쓰여

트+ 이+ 어 → 트이어/틔어/트여

뜨+ 이+ 어 → 뜨이어/띄어/뜨여(눈이)

여기서 주의할 단어는 '(눈을) 뜨다'와 '(사이가) 뜨다'이다. 이들의 피동형은 '뜨이다'로 동일하지만 그 활용 양상을 달리한다. '(눈이) 뜨이어 (잘 보인다)'는 '뜨이어, 띄어, 뜨여'가 되지만, '(사이를) 뜨이어 (쓴다)'는 '띄어'로만 줄어드는 것이다.

특기할 사항은 '놓-'의 피동형이다. 이는 '놓이다'가 되는데 이 형태에 '어'가 결합한 것은 '놓이어, 놓여'가 되고, '놓이다'의 준말 '뇌다'에 '어'가 결합한 것은 '뇌어'로 적는다는 점이다.

그리고 피동형 '이'와 '우'가 두 개 겹쳐 있는 경우에 '이'는 선행하는 어간에만 결합할 수 있다.

뜨+ 이우+ 다 → 띄우다　　　쓰+ 이우+ 다 → 씌우다

트+ 이우+ 다 → 틔우다

제39항 어미 '-지' 뒤에 '않-'이 어울려 '-잖
-'이 될 적과 '-하지' 뒤에 '않-'이 어울려
'-찮-'이 될 적에는 준 대로 적는다.

(본말)	(준말)	(본말)	(준말)
그렇지 않은	그렇잖은	만만하지 않다	만만찮다
적지 않은	적잖은	변변하지 않다	변변찮다

4.5.8. '잖', '찮'으로 주는 경우

앞에 나온 제36항의 규정을 적용하면, '-지 않-'이나 '-치 않-'이 어울려 줄 적에는 이중모음이 형성되어 '쟎, 챦'이 된다. 그러나 표준발음법에 의하면 'ㅈ'이나 'ㅊ' 뒤에서는 'ㅑ, ㅕ ㅛ ㅠ' 등의 발음이 'ㅏ, ㅓ, ㅗ, ㅜ' 등이 되므로 현실적인 발음대로 표기하는 것이다. 이러한 예에는 다음의 것들이 추가될 수 있다.

(깔밋하지 않다→)깔밋잖다	(깨끗하지 않다→)깨끗잖다
(남부럽지 않다→)남부럽잖다	(의젓하지 않다→)의젓잖다
(대단하지 않다→)대단찮다	(만만하지 않다→)만만찮다
(시원하지 않다→)시원찮다	(무심하지 않다→)무심찮다
(편안하지 않다→)편안찮다	(두렵지 않다→)두렵잖다
(많지 않다→)많잖다	(예사롭지 않다→)예사롭잖다
(의롭지 않다→)의롭잖다	(성실하지 않다→)성실찮다
(심심하지 않다→)심심찮다	(평범하지 않다→)평범찮다
(허술하지 않다→)허술찮다	

줄어진 형태에 다시 '-지 않-'이 결합하여 줄어지는 것은 위 예들에 준하여 표기한다.

(귀찮지 않다→)귀찮잖다　　　　(점잖지 않다→)점잖잖다

이 예들은 모두 '줄 적에는'에 해당되므로, 본래의 형태로 표기해도 되고, 준 대로 표기해도 된다.

제40항　어간의 끝음절 '하'의 'ㅏ'가 줄고 'ㅎ'이 다음 음절의 첫소리와 어울려 거센소리로 될 적에는 거센소리로 적는다.

(본말)	(준말)	(본말)	(준말)
간편하게	간편케	다정하다	다정타
연구하도록	연구토록	정결하다	정결타
가하다	가타	흔하다	흔타

[붙임 1]　'ㅎ'이 어간의 끝소리로 굳어진 것은 받침으로 적는다.

않다	않고	않지	않든지
그렇다	그렇고	그렇지	그렇든지
아무렇다	아무렇고	아무렇지	아무렇든지
어떻다	어떻고	어떻지	어떻든지
이렇다	이렇고	이렇지	이렇든지
저렇다	저렇고	저렇지	저렇든지

[붙임 2] 어간의 끝음절 '하'가 아주 줄 적에는 준
    대로 적는다.

(본말)	(준말)
거북하지	거북지
생각하건대	생각건대
생각하다 못해	생각다 못해
깨끗하지 않다	깨끗지 않다
넉넉하지 않다	넉넉지 않다
못하지 않다	못지않다
섭섭하지 않다	섭섭지 않다
익숙하지 않다	익숙지 않다

[붙임 3] 다음과 같은 부사는 소리대로 적는다.

결단코	결코	기필코	무심코
아무튼	요컨대	정녕코	필연코
하마터면		하여튼	한사코

4.5.9. 접사 '하-'가 줄어드는 경우

한국어에서 접미사 '-하다'는 아주 높은 생산성을 가지고 있어서
거의 모든 명사 어근에 결합하여 동사를 파생시키고, 부사와 결합
하여 동사를 파생시키기도 한다. 그런데 파생된 후에는 다양한 양
상을 보이게 된다. 첫째는 파생된 본래의 형태대로 사용되는 것이
고(예: '거북하다, 아니하다. 거북하다' 등), 둘째는 모음 'ㅏ'가 탈락
하고 남은 'ㅎ'이 어미와 결합하여 거센소리를 만들기도 하고(예:

'간편케' 등), 셋째는 어간의 일부를 형성하기도 하고(예: '않-' 등),
넷째 '하' 자체가 탈락해 버리기도 한다.(예: '거북지' 등)

이렇게 모음 'ㅏ'의 탈락하는 현상이나 접사 '하-'의 탈락하는 현
상 등은 현대국어에서 규칙적으로 설명할 수 있는 것이 아니기 때
문에 모두 발음하는 대로 표기한다. 그런데 이러한 발음은 대체적
인 경향이 있다. 모음의 뒤와 'ㄴ, ㅁ, ㅇ' 등 비음, 'ㄹ' 유음 등 울림
소리뒤에는 어미와 결합하여 거센소리로 발음되고, 'ㄱ, ㄷ, ㅂ, ㅅ'
등 안울림소리 뒤에서는 '하'가 통째로 빠져서 후행하는 어미가 된
소리로 조음된다. 그리고 지시형용사로 파생된 경우에는 어간의
형태가 재구조화된다. 40항의 본 내용은 '아' 탈락 후 남은 'ㅎ'이
어미의 초성과 거센소리를 형성하는 경우이고, <붙임 1>과 <붙임
2>는 각각의 경우를 기술한 것이다.

본항의 내용과 관련된 다음의 예들을 더 추가할 수 있다.

    가(可)하다 → 가타   부(否)하다 → 부타   무능하다→무능타

    부지런하다 → 부지런타 아니하다 → 아니타   감탄하게→감탄케

    달성하게→달성케   실망하게→실망케   당(當)하지→당치

    무심하지→무심치   허송하지→허송치   분발하도록→분발토록

    실천하도록→실천토록   추진하도록→추진토록

    결근하고자→결근코자   달성하고자→달성코자

    사임하고자→사임코자   청하건대→청컨대

    회상하건대→회상컨대

<붙임 1>은 어간의 재구조화가 일어난 경우이다. '하'에서 준 'ㅎ'이 어간의 끝소리로 굳어진 예이다. 이들은 대체로 지시 형용사 (指示形容詞) '이러하다, 그러하다, 저러하다, 어떠하다, 아무러하 다' 등이 줄어서 '이렇다, 그렇다, 저렇다, 어떻다, 아무렇다'가 되 고, '아니하다'가 줄어서 '않다'로 된 것이다.

<붙임 2>는 어간의 끝음절 '하'가 통째로 줄어진 형태인데, 이런 현상은 받침이 안울림소리일 때 발생한다.

갑갑하지 않다 → 갑갑지 않다   깨끗하지 않다 → 깨끗지 않다
넉넉하지 않다 → 넉넉지 않다   답답하지 않다 → 답답지 않다
못하지 않다 → 못지 않다   생각하다 못하여→생각다 못해
생각하건대 → 생각건대   익숙하지 못하다→익숙지 못하다

<붙임 3>은 부사로 전성된 것들인데 이들의 어원을 밝힐 필요성 을 밝힐 필요가 없어서 발음되는 대로 표기하는 것이다. 앞의 제19 항에서 'ㅣ'로 파생된 부사가 아닐 경우 어원을 밝히지 않는 것과 동일한 것이다.

거센소리 표기와 관련하여 주의할 것 중의 하나가 '도록'과 '토 록'의 구분이다. '도록'은 "앞의 내용이 뒤에서 가리키는 사태의 목 적이나 결과, 방식, 정도 따위가 됨을 나타내는 연결 어미"이고, '토 록'은 "앞말이 나타내는 정도나 수량에 다 차기까지라는 뜻을 나타 내는 보조사"로서 몇몇의 명사하고만 결합한다. '이토록, 그토록,

저토록, 열흘토록, 종일토록, 영원토록, 평생토록' 등은 원래의 형태가 '토록'이기 때문에 당연히 소리 나는 대로 적는다.(표준국어대사전에서 사용되는 예를 옮겨 보면 다음과 같다.)

〈도록〉 연결어미

¶나무가 잘 자라도록 거름을 주었다./손님이 편히 주무시도록 조용히 하여야 한다./아이들이 길을 안전하게 건널 수 있도록 보살펴야 한다./철수는 눈만 뜨면 신이 다 닳도록 돌아다녀요./학생들은 밤이 새도록까지 토론을 계속하였다.

〈토록〉 보조사

¶그는 평생토록 신념을 잃지 않고 살았다./중국에는 사람이 그토록 많은가?/그들은 종일토록 일하였다./우리는 영원토록 함께하기로 했다.

4장 표준 발음법

* 제정 경위

표준어는 국립국어원에서 편찬한 표준국어대사전에 의하면, "한 나라에서 공용어로 쓰는 규범으로서의 언어. 의사소통의 불편을 덜 기 위하여 전 국민이 공통적으로 쓸 공용어의 자격을 부여받은 말" 로 정의되며, 우리나라의 표준말에 대해서는 "교양 있는 사람들이 두루 쓰는 현대 서울말로 정함을 원칙으로 한다."로 기술되고 있다.[1]

이 말은 공용어, 문화어 등과 내포의 많은 부분을 공유하면서 공 유하지 않은 일부분을 가지게 되는데, 정의를 어떻게 내리든, 표준

---

1 이러한 개념 규정에는 여러 가지 문제점들이 있다. 다수의 공용어가 있을 경우 모든 국민들이 다수의 공용어를 다 알아야 하는 것처럼 오해될 수 있는 정의이 기 때문이다.

어는 자연 언어를 바탕으로 인위적인 요소가 가미된 한 나라의 대표적이면서 이상적인 언어을 지칭한다고 할 수 있을 것이다. 우리나라에서 사용하고 있는 현행의 표준어 규정은 1988년 1월 19일 문교부 고시 제88-2호로 고시되었고, 1년간의 홍보와 준비 기간을 거쳐 1989년 3월 1일부터 시행되고 있다.

우리나라에서 표준어와 관련된 문제가 대두된 것은, 한글표기법의 문제와 마찬가지로 개화기 이후 신교육제도가 도입되면서 공식적인 교육기관이 설립되고, 여기에서 정식으로 국어교육을 시행하면서부터이다. 개화기에 시작된 국어, 국문에 관한 문제는 제대로 결실을 맺지 못하고, 일제침탈기로 넘어가게 되는데, 표준어에 관한 최초의 언급 역시 조선총독부에서 1912년 4월 제정, 발표한 '보통학교용 언문철자법'의 서언 셋째 항에서 "경성어를 표준으로 함"이 된다. 이러한 표현은 이후에 발표되는 맞춤법과 관련된 규정에 동일하게 이어진다. 즉 1921년의 '보통학교용 언문철자법대요' 제1항에서 "용어는 현대의 경성어를 표준어로 함"과 같은 기술이나, 1930년 2월 제정, 발표한 '언문철자법' 제2항에서 "용어는 현대 경성어로 표준함"이라는 규정으로 이어지는 것이다.

표준어 사정에 관한 구체적인 원칙이 제대로 정립되는 것은 1933년 10월 29일 제정 공포된 '한글마춤법 통일안'의 '총론'에 규정된 "표준말은 대체로 현대 중류 사회에서 쓰는 서울말로 한다"는 항목이라고 할 수 있을 것이다. 이것은 표준어가 갖추어야 할 시대적인 요건(과거에 존재했다가 사라진 말이 아니라 현재 사용되고 있는 말)과 지리적인 요건(서울에서 사용되고 있는 말) 그리고 사회계층적인 요건(중류 계층의 사람들이 쓰는 말)을 언급한 것으로, 이로써 표준말을 구체적으로 정립할 수 있는 원칙이 수립되었다고 할 수 있는 것이다.

표준어를 사정하여 이를 교육하고 정리하는 것은 언어의 변화속에서도 한 언어의 정체성을 정립하여 유지하기 위해서 필요한 작업인데, 우리나라에서는 한글마춤법 통일안에서 구체적인 원칙이 수립된 후인 1936년 10월에 조선어학회의 이름으로 "사정한 조선어 표준말 모음"이 발간되었다. 당시 우리말을 독립운동의 일환으로 연구하고 보존하기를 원했던 학자들의 모임인 조선어학회에서는 표준말을 정비하기 위해 '조선어표준어사정위원회'를 두고 1935년 1월부터 1936년 10월까지 73명의 사정 위원이, 수 차례의 회의를 거쳐 9,547개 어휘를 사정하게 되는데, 그 결과 표준어 6,231개, 약어 135개, 비표준어 3,082개, 한자어 100개로 구성된 '사정한 조선어 표준말 모음'을 발표하게 되는 것이다.

1936년에 간행된 이 '사정한 조선어 표준말 모음'은, 일반 어휘사전이나 백과사전이 아닌, 우리나라 최초의 '표준어 어휘집'(혹은 자료집)으로, 1988년의 문교부 고시 '표준어 규정'이 나오기까지 50여 년간 우리나라 표준어의 기준이 되었다고 할 수 있다.

그런데, 이 '사정한 조선어 표준말 모음'은 어디까지나 민간기구에서 임의적으로 사정한 것이었기 때문에, 국가 표준어로서의 위신이나 권위에는 문제가 제기될 수 있는 소지를 가지고 있었고, 표준말을 최초 사정한 후 약 반세기가 흘러 표준어를 재사정을 필요성이 대두되었고, 그뿐만 아니라 '사정한 조선어 표준말 모음'에 빠져 있는 부분 예를 들어 구체적으로 표준발음이 어떻게 되느냐 하는 부분을 보완할 필요가 있어 1988년에 "표준어 규정"이 제정하게 된 것이다. 1988년의 "표준어 규정"은 민간 학회가 아니라, 국가 기관인 국립국어연구원(현 국립국어원)에서 주관하여 표준말을 심의 제정함으로써, 표준말 정책을 국가적 차원에서 시행하게 되는 것이다.

* 체제 및 특징

1988년 정부령으로 고시된 현행 "표준어 규정"은 크게 제1부 표준어 사정 원칙과 제2부 표준 발음법의 두 부분으로 구성되어 있는데, 그 특징을 몇 가지 나열하면 다음과 같다.

첫째, 복수 표준어를 상당수 인정하여, 지리적으로 방언의 다양성과 시대적으로 역사적인 변화상을 고루 담을 수 있도록 하였다.

둘째, 표준발음법을 제시하여 우리말이 가지고 있는 교착성과 우리글의 표기법 때문에 생길 수 있는 구어와 문어의 괴리감을 최소화하기 위하여 노력하였다.

셋째, 이러한 과정에는 현실어 및 현실 발음을 존중하되 국어의 전통성과 합리성을 고려하여 상호간에 조화와 균형을 이룰 수 있도록 노력하였다.

표준어 규정을 제목만 제시하면 다음과 같다.

제1부 표준어 사정 원칙
  제1장 총칙
  제2장 발음 변화에 따른 표준어 규정

제1장 총 칙

제1항 표준 발음법은 표준어의 실제 발음을 따르되, 국어의 전통성과 합리성을 고려하여 정함을 원칙으로 한다.

1. 총칙

총칙의 제1항은 표준 발음법의 기본 원칙을 천명한 것이다. '발음법'은 '발음의 방식 내지는 방법'의 의미를 이해하면 될 것이다. 그리고 전통성이란 역사적인 맥락 속에서 과거와 단절이 되지 않게 언어의 지속성을 유지한다는 개념이고, 합리성이란 언어의 제반 법칙과 제약을 위반하지 않는다는 개념이 될 것이다.

'표준어의 실제 발음에 따라' 표준 발음법을 정한다는 것은 표준어의 규정과 직접 관련되는 것으로 서로 상관성을 가진다. 즉 표준어 사정 원칙 제1장 제1항에서 "표준어는 교양 있는 사람들이 두루 쓰는 현대 서울말로 정함을 원칙으로 한다."라고 규정하고 있다. 이에 따르면 '교양 있는 사람들이 두루 쓰는 현대 서울말의 발음'이 '표준어의 실제 발음'이 되고, 이것이 또한 '표준 발음'이 되는 것이고, '표준발음법'은 이것의 발음 법칙을 찾아 문자로 기록해 놓은 것이다.

제2장   자음과 모음

제2항 표준어의 자음은 다음 19개로 한다.

ㄱ	ㄲ	ㄴ	ㄷ	ㄸ	ㄹ	ㅁ
ㅂ	ㅃ	ㅅ	ㅆ	ㅇ	ㅈ	ㅉ
ㅊ	ㅋ	ㅌ	ㅍ	ㅎ		

---

2. 자음과 모음

2.1. 자음의 종류와 숫자

　세2항은 우리말을 표기하기 위해 현재 우리가 사용하고 있는 문자 즉 한글 자모 중 자음의 종류와 순서를 천명한 것이다. 여기에 나타나는 자음의 종류를 조음하는 위치와 방식에 따라 분류하면 다음과 같다. 현대한국어 자음의 조음위치는 아랫입술과 윗입술, 혀끝과 윗잇몸, 혀의 앞부분과 센입천장, 혀의 뒷부분과 여린입천장 그리고 목청 등 5부분으로 구분된다. 자음의 조음 방식은 성문의 폐쇄 정도에 따라 예사소리, 된소리, 거센소리로 나누어지고, 비강의 폐쇄 여부에 따라 비강음과 구강음으로 나뉜다. 그리고 구강음은 파열음, 마찰음, 파찰음, 유음 등으로 구분된다. 이를 표로 나타내면 다음과 같다

구분		입술 소리	윗잇몸 소리	센입천장 소리	여린입천장 소리	목청 소리
예사 소리	파열음	ㅂ	ㄷ		ㄱ	ㅎ
	마찰음		ㅅ			
	파찰음			ㅈ		
거센 소리	파열음	ㅍ	ㅌ		ㅋ	
	마찰음					
	파찰음			ㅊ		
된소리	파열음	ㅃ	ㄸ		ㄲ	
	마찰음		ㅆ			
	파찰음			ㅉ		
비음		ㅁ	ㄴ		ㅇ	
유음			ㄹ			

제3항 표준어의 모음은 다음 21개로 한다.

ㅏ　ㅐ　ㅑ　ㅒ　ㅓ　ㅔ　ㅕ

ㅖ　ㅗ　ㅘ　ㅙ　ㅚ　ㅛ　ㅜ

ㅝ　ㅞ　ㅟ　ㅠ　ㅡ　ㅢ　ㅣ

2.2. 모음의 종류와 순서

제3항은 우리말을 표기하기 위해 현재 우리가 사용하고 있는 문자 즉 한글 자모 중 모음의 종류와 순서를 천명한 것이다. 이를 단모음, 이중모음 등으로 구분하면 다음과 같다.

단모음(10개) :　　　　　ㅏ ㅐ ㅓ ㅔ ㅗ ㅚ ㅜ ㅟ ㅡ ㅣ

y 계 이중모음(6개) :　　ㅑ ㅒ ㅕ ㅖ ㅛ ㅠ

w 계 이중모음(4개) :　ㅘ ㅝ ㅙ ㅞ

기타 이중모음(1개) :　ㅢ

제4항 'ㅏ ㅐ ㅓ ㅔ ㅗ ㅚ ㅜ ㅟ ㅡ ㅣ'는 단모음(單母音)으로 발음한다.

[붙임] 'ㅚ, ㅟ'는 이중 모음으로 발음할 수 있다.

2.3. 단모음의 종류

제3항에서 제시된 표준어의 모음들 중에서 단모음의 종류를 제시한 것이다. 현대 한국어의 단모음 체계는 급격하게 변화하는 도중에 있고, 또한 방언과 세대에 따라 단모음의 수가 다르기 때문에, 그 체계에 대하여 여러 주장들이 있어 왔는데 여기서는 모든 것을 포괄하기 위해 최대의 모음체계를 제시한 것이다.

지구상의 모든 언어와 마찬가지로 한국어의 모음도 입술과 혀의 작용으로 만들어지고 구분된다. 입술은 둥근 모양을 하거나 펴진 모양을 하거나 둘 중 하나가 된다. 펴진 모양을 하면서 조음하는 모음을 평순모음이라 하고 둥근 모양을 하면서 조음하는 모음을 원순모음이라 한다. 혀는 입안에서 움직일 때 앞뒤로 움직이거나 위아래로 움직이거나 둘 중 하나가 된다. 위아래로 움직이는 상태에 따라 고모음, 중모음, 저모음으로 구분하고, 앞뒤에 위치에 따라 전설모음과 후설모음으로 구분한다. 이에 따라 한국어의 최대 10 모음체계도를 그려 보면 다음과 같이 된다.

	전 설 모 음		후 설 모 음	
	평 순	원 순	평 순	원 순
고모음	ㅣ	ㅟ	ㅡ	ㅜ
중모음	ㅔ	ㅚ	ㅓ	ㅗ
저모음	ㅐ		ㅏ	

위에 제시한 모음 체계도는 모음의 조음되는 위치와 방식을 가시적으로 보여주는 것이다. 즉 [ㅏ]는 혀의 위치가 뒤인 후설모음이고, 개구도가 큰 저모음이면서, 동시에 입술이 펴진 평순 모음이라는 것을 보여 주는 것이다. 그리고 같은 평순저모음이면서 전설모음인 'ㅐ'는 혀의 위치, 원순성, 개구도 중 원순성과 개구도는 동일하면서 혀의 위치만 앞쪽인 모음이라는 것을 보여주는 것이다. 'ㅟ'는 입술을 둥글게 하고(원순모음) 입은 조금 벌리고(고모음) 혀의 위치는 앞쪽으로 하여(전설모음) 조음하는데, 발음의 시작에서 끝까지 입술이나 혀를 움직이지 말고 조음하는 모음(단모음)이라는 의미이다.

<붙임>에서 '외, 위'는 기본적으로 단모음이지만 이중모음으로 조음하는 것을 허용하고 있다. 즉 입술을 둥글게 하면서 동시에 혀의 위치를 앞에 두고, 개구도를 중간('ㅔ'의 높이)이나 높은('ㅣ'의 높이)로 조음하여 단모음으로 발음하는 것이 원칙이지만, 현대국어에서 이들을 이중모음으로 조음하는 사람들이 많기 때문에 입술을

둥글게 했다가 'ㅔ, ㅣ'를 내는 이중 모음으로 발음하는([wi], [we]로 발음) 것도 허용하는 규정이다. 그리하여 현대국어의 'ㅚ'는 'ㅞ'와 같은 발음이 되고, 'ㅔ'와 'ㅐ'가 구분이 되지 않는 젊은층의 모음체 계에서는 'ㅚ, ㅞ, ㅙ' 등 세 글자의 발음이 동일하게 된다.

제5항 'ㅑ ㅒ ㅕ ㅖ ㅘ ㅙ ㅛ ㅝ ㅞ ㅠ ㅢ'는 이중 모음으로 발음한다.

다만 1. 용언의 활용형에 나타나는 '져, 쪄, 쳐'는 [저, 쩌, 처]로 발음한다.

가지어 → 가져[가저]　　찌어 → 쪄[쩌]
다치어 → 다쳐[다처]

다만 2. '예, 례' 이외의 'ㅖ'는 [ㅔ]로도 발음한다.

계집[계 : 집/게 : 집]
계시다[계 : 시다/게 : 시다]
시계[시계/시게](時計)
연계[연계/연게](連繫)
몌별[몌별/메별](袂別)
개폐[개폐/개페](開閉)
혜택[혜 : 택/헤 : 택](惠澤)
지혜[지혜/지헤](智慧)

다만 3. 자음을 첫소리로 가지고 있는 음절의 'ㅢ'는 [ㅣ]로 발음한다.

널리리 큼　　무늬　떠어쓰기 씌어

틔어　　희어　　희떱다 희망　　유희

다만 4. 단어의 첫음절 이외의 '의'는 [ㅣ]로, 조사 '의'는 [ㅔ]로 발음함도 허용한다.

주의[주의/주이]　　협의[혀븨/혀비]

우리의[우리의/우리에]

강의의[강ː의의/강ː이에]

2.4. 이중모음의 종류

제5항은 현재 사용되고 있는 한국어 이중 모음의 목록을 제시한 것이다. 이중모음은 활음(혹은 경과음, 반모음)과 단모음이 시간적인 순서를 두고 조음되는 것인데 음절의 중심을 이루는 핵모음의 앞에 활음이 오는 이중모음을 상향적 이중모음이라 하고, 음절핵의 뒤에 활음이 오면 하향적 이중모음이라고 한다. 현대한국어에서는 상향성 이중모음만 인정한다. 그리고 이중모음을 구성하는 활음에는 혀끝을 경구개에 접근시켜 조음하는 y와 입술을 둥글게 하여 조음하는 w 등 두 가지가 있다.

한국어에서 y계 이중모음은 아래의 표에서 진하게 칠해진 모음들과 결합하여 6개가 만들어진다.

	전설모음		후설모음	
	평순	원순	평순	원순
고모음	ㅣ	ㅟ	ㅡ	ㅜ
중모음	ㅔ	ㅚ	ㅓ	ㅗ
저모음	ㅐ		ㅏ	

$$ㅑ = y + ㅏ \qquad ㅒ = y + ㅐ \qquad ㅕ = y + ㅓ$$

$$ㅖ = y + ㅔ \qquad ㅛ = y + ㅗ \qquad ㅠ = y + ㅜ$$

한편 w계 이중모음은 아래의 표에서 진하게 칠해진 모음들과 결합하여 4개가 만들어진다.

	전설모음		후설모음	
	평순	원순	평순	원순
고모음	ㅣ	ㅟ	ㅡ	ㅜ
중모음	ㅔ	ㅚ	ㅓ	ㅗ
저모음	ㅐ		ㅏ	

$$ㅘ = w + ㅏ \qquad ㅝ = w + ㅓ$$

$$ㅙ = w + ㅐ \qquad ㅞ = w + ㅔ$$

그리고 '—'는 'ㅣ'를 선행시켜 이중모음을 형성한다.

$$ㅢ = ㅡ + ㅣ$$

이들 이중모음은, 단모음과 달리, 자음과 결합하여 발화의 단위
인 음절을 구성하는 데 있어서 제약을 많이 가지게 된다. <다만>
은 그에 대한 설명들이다.

<다만1>은 전설성 활음을 가지고 있는 이중모음이 경구개 자음
'ㅈ, ㅊ, ㅉ'과 결합할 때 가지는 발음 현상이다. 경구개 자음은 전
설성 활음과 조음되는 위치가 동일하기 때문에 경과음 y가 인식되
지 않는 현상이 발생하게 된다.

　　　지 + 어 → 져[저]　　찌 + 어 → 쪄[쩌]　　치 + 어 → 쳐[처]

　　　다지+어 → 다져[다저]　　살찌+어 → 살쪄[살쩌]

　　　다치+어 → 다쳐[다처]

이러한 현상은 강세접미사 '-치'가 결합한 것이나, 'ㄷ'이나 'ㅌ'
으로 끝난 어간에 피사동 접미사 '이, 히'가 결합된 형식에서도 동
일하게 발생한다.

　　　받+치+어 → 받쳐[받처]　　　　돋+치+어 → 돋쳐[돋처]

　　　굳+히+어 → 구쳐[구처]　　　　붙+이+어 → 부쳐[부처]

　　　닫+히+어 → 다쳐[다처]　　　　잊+히+어 → 이쳐[이처]

* 이 현상을 외국인에게 교육할 경우에는 조심할 필요가 있다.
이들 소리가 같이 들리는 것은 파찰음에 경구개음 하나밖에 없는
한국어 화자들이다. 파찰음에 치조음만 있는 언어를 사용하는 사
람이나 치조음과 경구개음 둘 다 있는 언어를 사용하는 화자들에
게 [쳐]와 [처]는 다른 소리로 인식된다.

　〈다만2〉는 이중모음 '예'의 발음을 다룬 것이다. '예'와 '례'의 경우에는 이중모음으로 조음하고, 다른 자음이 초성의 위치에 있을 경우에는 경과음 y를 탈락시킨 'ㅔ'로 조음하고 있기 때문에 이를 발음법에 반영한 것이다.(한글 맞춤법 제8항 참조.)

　　계산[계산], [게산]　통계[통계], [통게]　계절[계절], [게절]
　　사계[사계], [사게]　폐단[폐단], [페단]　폐병[폐병], [페병]
　　폐지[폐지], [페지]　존폐[존폐], [존폐]　혜안[혜안], [헤안]
　　지혜[지혜], [지헤]　혜택[혜택], [헤택]　은혜[은혜], [은헤]

　〈다만3〉은 이중모음 '의'의 발음을 규정한 것이다. 이중모음 '의'는 초성에 자음이 있거나 제1음절 위치가 아닐 경우에는 제 음가대로 조음되지 못하기 때문에 현실 발음을 존중하여 발음법을 정한 것이다. 'ㅢ'는 어두의 위치에서만 제 음가대로 조음되고 초성이 있을 경우에는 'ㅣ'로 발음된다.

　　의사[의사]　　의논[의논]
　　희망[히망]　　희희낙락[히히낙낙]　　유희[유히]　　강희[강히]

　〈다만4해설〉 앞에 나온 〈다만3〉의 보충 규정으로 그 내용이 '허용한다'로 되어 있다. 그래서 '의'가 있는 음절의 발음은 다음과 같이 된다.
　'주의'의 발음은 [주의]로 하는 것이 원칙이되 [주이]도 허용된다. '우리의'의 발음은 [우리의]가 원칙이되 [우리에]가 허용된다.

그러면 '협의'의 발음은 어떻게 될 것인가? 이 조항에 의하면 [혀비]가 원칙이되 [혀비]가 될 것이다. 그러나 앞의 <다만3>에 의하면 [혀비]는 허용되지 않는 것이다. * 조항 사이의 충돌이 있는 것이다. 이 조항에서 제시하고 있는 '강의의'의 발음도 심각해진다. '강의'의 발음이 [강의]와 [강이]의 발음이 가능하고 조사 '의'의 발음은 [의]와 [에]가 가능하므로 이들을 조합하면 [강의의], [강의에], [강이의], [강이에] 등 4가지의 발음이 가능한 것이다.

제3장 음의 길이

제6항 모음의 장단을 구별하여 발음하되, 단어의 첫음절에서만 긴소리가 나타나는 것을 원칙으로 한다.

(1) 눈보라[눈 : 보라]   말씨[말 : 씨]
   밤나무[밤 : 나무]   많다[만 : 타]
   멀리[멀 : 리]   벌리다[벌 : 리다]
(2) 첫눈[천눈]   참말[참말]
   쌍동밤[쌍동밤]   수많이[수 : 마니]
   눈멀다[눈멀다]   떠벌리다[떠벌리다]

다만, 합성어의 경우에는 둘째 음절 이하에서도 분명한 긴소리를 인정한다.

   반신반의[반 : 신 바 : 늬/반 : 신 바 : 니]
   재삼재사[재 : 삼 재 : 사]

[붙임] 용언의 단음절 어간에 어미 '-아/-어'가
결합되어 한 음절로 축약되는 경우에도 긴소리
로 발음한다.

보아 → 봐[봐 :]　　기어 → 겨[겨 :]
되어 → 돼[돼 :]　　두어 → 둬[둬 :]
하여 → 해[해 :]

다만, '오아 → 와, 지어 → 져, 찌어 → 쪄, 치어 →
쳐' 등은 긴소리로 발음하지 않는다.

제7항 긴소리를 가진 음절이라도, 다음과 같은 경
우에는 짧게 발음한다.

1. 단음절인 용언 어간에 모음으로 시작된 어미가
결합되는 경우
감다[감 : 따] – 감으니[가므니]
밟다[밥 : 따] – 밟으면[발브면]
신다[신 : 따] – 신어[시너]
알다[알 : 다] – 알아[아라]

다만, 다음과 같은 경우에는 예외적이다.
끌다[끌 : 다] – 끌어[끄 : 러]
떫다[떨 : 따] – 떫은[떨 : 븐]
벌다[벌 : 다] – 벌어[버 : 러]
썰다[썰 : 다] – 썰어[써 : 러]
없다[업 : 따] – 없으니[업 : 쓰니]

2. 용언 어간에 피동, 사동의 접미사가 결합되는
경우

감다[감 : 따] – 감기다[감기다]
꼬다[꼬 : 다] – 꼬이다[꼬이다]
밟다[밥 : 따] – 밟히다[발피다]

다만, 다음과 같은 경우에는 예외적이다.

끌리다[끌 : 리다]   벌리다[벌 : 리다]
없애다[업 : 쌔다]

[붙임] 다음과 같은 복합어2에서는 본디의 길이
에 관계없이 짧게 발음한다.

밀 – 물   썰 – 물   쏜 – 살 – 같이3
작은 – 아버지

---

3. 음의 길이

※ 표준어의 음장과 동남방언의 성조 등은 현대국어에서 심하게
변동하고 있다. 이의 변별력은 조만간 상실한 것으로 판단되
어 설명을 생략한다.

---

2 학교 문법 용어에 따른다면 이 '복합어'는 '합성어'가 된다.
3 이를 '쏜살같 – 이'로 분석한다고 생각할 수 있으나, 고시본대로 둔다.

4. 받침의 발음

한국어의 음절말에서 조음기관을 막은 상태로 조음한다. 그래서 음절말 위치에는 하나의 자음만을 조음될 수 있다. 그리고 평음만이 조음될 수 있다. 그래서 된소리, 거센소리, 마찰음 등이 음절말에서 조음될 수 없고, 겹자음이 올 경우 자음군 간소화 현상이 생기기도 한다.

제4장   받침의 발음

제8항   받침소리로는 'ㄱ, ㄴ, ㄷ, ㄹ, ㅁ, ㅂ, ㅇ'의 7 개 자음만 발음한다.

4.1. 받침소리의 종류

실질적으로 말하는 단위인 음절의 종성 위치에서 발화되는 받침으로는 'ㄱ, ㄴ, ㄷ, ㄹ, ㅁ, ㅂ, ㅇ' 등만 발음될 수 있다. 실질적으로 종성 'ㄷ'으로 조음되는 경우 'ㅅ'으로 표기를 많이 하고 있지만, 발음 위주로 그 목록을 제시한 것이다. 또한 'ㅅ, ㅈ' 등이 '웃소, 젖소'에서는 종성의 'ㅅ'이 조음될 수 있고, '옷자락, 젖줄' 등에서는 'ㅈ'소리가 종성으로 조음될 수도 있지만 의미 변별적인 기능을 가지는 것이 아니기 때문에 예시하지 않았다.

제9항 받침 'ㄲ, ㅋ', 'ㅅ, ㅆ, ㅈ, ㅊ, ㅌ', 'ㅍ'
은 어말 또는 자음 앞에서 각각 대표음 [ㄱ,
ㄷ, ㅂ]으로 발음한다.

닦다[닥따]	키읔[키윽]	키읔과[키윽꽈]
옷[옫]	웃다[욷ː따]	있다[읻따]
젖[젇]	빚다[빋따]	꽃[꼳]
쫓다[쫃따]	솥[솓]	뱉다[밷ː따])
앞[압]	덮다[덥따]	

4.2. 받침에서의 평음화

이 조항의 '어말 또는 자음 앞'이란 음절말의 위치를 말하는 것이
다. 음절말에서 'ㄲ, ㅋ'은 [ㄱ]으로, 'ㅅ, ㅆ, ㅉ, ㅊ, ㅌ'은 [ㄷ]으
로, 'ㅍ'은 [ㅂ]으로 조음된다는 것을 밝힌 것이다. 즉 마찰음, 파찰
음, 거센소리, 된소리 등은 국어의 종성위치에서 조음되지 못하는
것을 제시한 것이다.

박[박]	밖[박]	부엌[부억]	꺾다[꺽따]
듣+고[듣꼬]	밭[받]	맡+다[맏따]	
낫[낟]	낫+도[낟또]	있+었+다[이썯따]	
낮[낟]	낮+도[낟또]	낯[낟]	낯다[낟따]
집[집]	짚[집]	짚다[집따]	

4장 표준 발음법 **201**

제10항 겹받침 'ㄳ', 'ㄵ', 'ㄼ, ㄽ, ㄾ', 'ㅄ'은
어말 또는 자음 앞에서 각각 [ㄱ, ㄴ, ㄹ,
ㅂ]으로 발음한다.

넋[넉]   넋과[넉꽈]   앉다[안따]
여덟[여덜] 넓다[널따]   외곬[외골]
핥다[할따] 값[갑]   없다[업 : 따]

다만, '밟-'은 자음 앞에서 [밥]으로 발음하고, '넓
-'은 다음과 같은 경우에 [넙]으로 발음한다.

(1) 밟다[밥 : 따]   밟소[밥 : 쏘]
    밟지[밥 : 찌]   밟는[밥 : 는→밤 : 는]
    밟게[밥 : 께]   밟고[밥 : 꼬]
(2) 넓-죽하다[넙쭈카다]
    넓-둥글다[넙뚱글다]

4.3. 받침에서의 자음군 간소화(1)

국어 음절의 초성 위치에는 하나의 자음만 올 수 있고, 음절의 종
성 위치에도 하나의 자음만 올 수 있다. 그래서 선행하는 모음과 후
행하는 모음의 사이에는 두 개의 자음만이 올 수 있다.

국어에는 종성에 겹자음을 가지고 있는 체언과 용언이 있다. 이
들이 자음으로 시작하는 어미나 조사와 결합할 경우에는 모음과
모음 사이에 세 개의 자음이 오는 모양이 형성된다. 이 경우 어간말
의 두 자음 중 하나가 탈락하게 되는데 그 때의 발음 현상을 설명

202 한국어의 표기와 발음

한 것이다.

현대국어의 어간말 겹자음에는 ① 'ㄱ'이 선행하는 'ㄱㅅ' ② 'ㄴ'
이 선행하는 'ㄵ, ㄶ' ③ 'ㄹ'이 선행하는 'ㄺ, ㄻ, ㄼ, ㄽ, ㄹㅌ, ㅀ'
④ 'ㅂ'이 선행하는 'ㅄ' 등이 있다. 이러한 겹자음으로 끝나는 어간
과 자음으로 시작하는 어미나 조사가 만나면 선행하는 어간의 겹
자음 중 앞의 것의 탈락하는 경우도 있고 뒤의 것이 탈락하는 경우
도 있는데 본 항은 앞의 것이 발음되는 경우들이다.

① 'ㄱㅅ'이 'ㄱ'이 되는 예

　　몫[목]　　몫도[목또]　　　　몫까지[목까지]

② 'ㄵ'이 'ㄴ'이 되는 예

　　앉다[안따]　　　앉지[안찌]　　　앉고[안꼬]

　　얹다[언따]　　　얹지[언찌]　　　얹고[언꼬]

③ 'ㄼ, ㄽ, ㄾ'이 'ㄹ'이 되는 예

　　얇다[얄따]　　　얇지[얄찌]　　　얇고[얄꼬]

　　곬[골]　　　　　곬만[골만]

　　훑다[훌따]　　　훑지[훌찌]　　　훑고[훌꼬]

　　핥다[할따]　　　핥지[할찌]　　　핥고[할꼬]

④ 'ㅄ'이 'ㅂ'이 되는 예

　　값[갑]　　　　　값만[감만]　　　값도[갑또]

　　없다[업따]　　　없는[엄는]　　　없고[업꼬]

〈다만〉은 'ㄼ' 중 'ㄹ'로 조음되지 않고 'ㅂ'으로 조음되는 예외적
인 것을 다룬 것이다. '밟다'와 '넓다'가 그 예들인데 이들이 예외적

으로 'ㅂ'으로 실현되는 이유는 역사적인 것에서 그 원인을 찾을 수 있다. 즉 '밟다'가 '밥다'로 실현되는 것은 '발다'와의 의미 구분을 위해서이고, '넓죽하다'가 [넙쭈카다]로 실현되는 것은 '넓다'의 옛 말 '넙다'와 복합어를 구성했기 때문인 것으로 이해할 수 있다. 둘 다 현행의 표기에 의한 자음군 간소화 현상에는 예외적인 것이다.

⑤ 'ㄼ'이 'ㅂ'으로 실현되는 예

밟다[밥따]　　　　밟지[밥찌]　　　　밟게[밥께]

밟는[밤는]

넓둥글다[넙뚱글다]

넓적하다[넙쩌카다]

넓죽하다[넙쭈카다]

제11항 겹받침 'ㄺ, ㄻ, ㄿ'은 어말 또는 자음 앞에서 각각 [ㄱ, ㅁ, ㅂ]으로 발음한다.

　　닭[닥]　　　　흙과[흑꽈]　　　　맑다[막따]

　　늙지[늑찌]　　　삶[삼ː]　　　　젊다[점ː따]

　　읊고[읍꼬]　　　읊다[읍따]

다만, 용언의 어간 말음 'ㄺ'은 'ㄱ' 앞에서 [ㄹ]로 발음한다.

　　맑게[말께]　　　묽고[물꼬]　　　얽거나[얼꺼나]

4.4. 받침에서의 자음군 간소화(2)

앞의 10항과 달리 국어의 어간말 겹자음 중 뒷자음이 조음되는 경우이다. 여기에는 세 개의 겹자음 즉 'ㄺ, ㄻ, ㄿ' 등이 해당되는 데, 이들은 앞의 'ㄹ'이 탈락하고 뒤의 자음이 남아 각각 [ㄱ, ㅁ, ㅂ]으로 발음되는 것이다.

⑥ 'ㄺ'이 'ㄱ'이 되는 예

칡[칙]	칡도[칙또]	칡까지[칙까지]
읽지[익찌]	읽다[익따]	읽습니다[익씀니다]

⑦ 'ㄻ'이 'ㅁ'이 되는 예

앎[암 :]	앎도[암 : 도]	앎과[암 : 과]
닮지[담 : 찌]	닮다[담 : 따]	닮고[담 : 꼬]

⑧ 'ㄹㅍ'이 'ㅂ'이 되는 예

읊다[읍따]	읊지[읍찌]	읊고[읍꼬]

여기서 주의할 것은 'ㄺ'의 발음이다. 위의 예(칡[칙], 칡도[칙또], 칡까지[칙까지])에서 보듯 체언이 곡용할 경우에는 어말 혹은 자음앞에서 항상 'ㄱ'으로 조음하지만, 용언의 활용일 경우 'ㄱ'으로 시작하는 어미 앞에서 'ㄹ'로 조음하는 것이다. 이러한 예에는 명사형을 만들어주는 '-기'나 '개' 앞에서도 동일한다.

⑨ 'ㄺ'이 'ㄹ'로 조음되는 예

읽고[일꼬]	읽게[일께]	읽거나[일꺼나]
읽기[일끼]		
늙게[늘께]	늙고[늘꼬]	늙거나[늘이거나]
늙기[늘끼]		
굵게[굴께]	굵고[굴꼬]	굵거나[굴이거나]
굵기[굴끼]		
긁게[글께]	긁고[글꼬]	긁거나[글이거나]
긁게[글게]		

요컨대 'ㄺ'의 발음은 기본적으로 'ㄱ'이 되고, 용언 활용시에만 예외적인 현상이 생기는 것인데, 'ㄺ' 말음을 가진 복합어의 발음에서 'ㄱ'으로 간소화하는 이 원칙이 지켜지면 'ㄺ'을 표기해 주고, 'ㄹ'로 발음되는 경우에는 아예 'ㄹ'로 표기한다.

① 'ㄱ'으로 발음하고, 어원대로 'ㄺ' 표기하는 예

(갉다) 갉작갉작하다[각짝각짜카다]
　　　 갉작거리다　　　갉작대다
(굵다) 굵다랗다[국다라타]　굵직하다　굵직굵직
(긁다) 긁적거리다[극쩍거리다]　　긁적대다　긁죽거리다
(늙다) 늙수그레하다[늑쑤그레하다]　　늙정이　늙다리
　　　 늙직하다
(얽다) 얽둑얽둑[억뚜걱뚝]　얽죽얽죽[억쭈걱쭉]
　　　 얽섞이다[억써끼다]

② '르'로 발음하고 '르'로 표기하는 예

　　{맑다} 말갛다　　말끔하다　　말똥하다　　말쑥하다　　말짱하다

제12항 받침 'ㅎ'의 발음은 다음과 같다.

1. 'ㅎ(ㄶ, ㅀ)' 뒤에 'ㄱ, ㄷ, ㅈ'이 결합되는 경우에는, 뒤 음절 첫소리와 합쳐서 [ㅋ, ㅌ, ㅊ]으로 발음한다.

　　놓고[노코]　　좋던[조 : 턴]
　　쌓지[싸치]　　많고[만 : 코]
　　않던[안턴]　　닳지[달치]

[붙임 1] 받침 'ㄱ(ㄺ), ㄷ, ㅂ(ㄼ), ㅈ(ㄵ)'이 뒤 음절 첫소리 'ㅎ'과 결합되는 경우에도, 역시 두 음을 합쳐서 [ㅋ, ㅌ, ㅍ, ㅊ]으로 발음한다.

　　각하[가카]　　　먹히다[머키다]
　　밝히다[발키다]　　맏형[마텽]
　　좁히다[조피다]　　넓히다[널피다]
　　꽂히다[꼬치다]　　앉히다[안치다]

[붙임 2] 규정에 따라 'ㄷ'으로 발음되는 'ㅅ, ㅈ, ㅊ, ㅌ'의 경우에도 이에 준한다.

　　옷 한 벌[오탄벌]　　　낮 한때[나탄때]
　　꽃 한 송이[꼬탄송이]　　숱하다[수타다]

2. 'ㅎ(ㄶ, ㅀ)' 뒤에 'ㅅ'이 결합되는 경우에는, 'ㅅ'을 [ㅆ]으로 발음한다.

닿소[다쏘] 많소[만 : 쏘]
싫소[실쏘]

3. 'ㅎ' 뒤에 'ㄴ'이 결합되는 경우에는, [ㄴ]으로 발음한다.

놓는[논는] 쌓네[싼네]

[붙임] 'ㄶ, ㅀ' 뒤에 'ㄴ'이 결합되는 경우에는, 'ㅎ'을 발음하지 않는다.

않네[안네] 않는[안는]
뚫네[뚤네→뚤레] 뚫는[뚤는→뚤른]

* '뚫네[뚤네→뚤레], 뚫는[뚤는→뚤른]'에 대해서는 제20항 참조.

4. 'ㅎ(ㄶ, ㅀ)' 뒤에 모음으로 시작된 어미나 접미사가 결합되는 경우에는, 'ㅎ'을 발음하지 않는다.

낳은[나은] 놓아[노아] 쌓이다[싸이다]
많아[마 : 나] 않은[아는] 닳아[다라]
어도[시러도]

4.5. 받침 'ㅎ'의 발음

'ㅎ'은 상황에 따라 아주 다양하게 발음된다. 국어에서 'ㅎ'이 제음가대로 조음되는 것은 '하얗다, 홍길동'처럼 어두의 위치에 올 때이다. 이외의 위치에서는 축약 현상을 일으키거나 동화 현상을 일으키거나 탈락 현상을 일으킨다. (1)과 (2)는 축약 현상을, (3)은 동화 현상을, (4)는 탈락 현상을 설명한 것이다.

<1>은 축약 현상을 다룬 것인데, 받침 'ㅎ'(단독 받침 'ㅎ'과 겹받침 'ㄶ, ㅀ' 포함)이 폐쇄음이나 파찰음의 평음(ㄱ, ㄷ, ㅂ, ㅈ 등)과 만나면, 둘이 축약하여 거센소리가 되는 현상에 대한 설명이다.

① 'ㅎ+ㄱ→ㅋ'이 되는 예

   놓고[노코]　　　　많고[만코]　　　　앓고[알코]

② 'ㅎ+ㄷ→ㅌ'이 되는 예

   놓던[노턴]　　　　많던[만턴]　　　　앓던[알턴]

③ 'ㅎ+ㅈ→ㅊ'이 되는 예

   놓지[노치]　　　　많지[만치]　　　　앓지[알치]

'ㅎ'이 선행하여 거센소리가 되는 이러한 현상은 현대국어에서 용언의 활용에만 해당된다. 받침 'ㅎ'은 현대어에서 용언 어간에만 쓰이기 때문이다. 이전의 한국어에는 종성에 'ㅎ'이 체언이 있었던

데 이 흔적은 합성어 등에 흔적으로 남아 있다.(예 : 살코기, 암캐, 수캐 등)

　<붙임 1>은 'ㅎ'의 축약 현상 중 평음이 선행하고 'ㅎ'이 후행하는 경우를 제시한 것이다. 이러한 예에는 한자어나 합성어 또는 파생어 형성 등의 경우에 적용된다.

　　① 'ㄱ+ㅎ'이 'ㅋ'이 되는 예
　　　국화[구콰]　　　죽하다[주카다]　　막히다[마키다]
　　　읽히다[일키다]
　　② 'ㄷ+ㅎ'이 'ㅌ'이 되는 예
　　　맏형[마텽]　　　숱하다[수타다]　　굳하다[구타다]
　　③ 'ㅈ+ㅎ'이 'ㅊ'이 되는 예
　　　꽂히다[꼬치다]　　잊히다[이치다]　　앉히다[안치다]
　　　엱히다[언치다]
　　④ 'ㅂ+ㅎ'이 'ㅍ'이 되는 예
　　　잡화상[자퐈상]　　밥하다[바파다]　　좁히다[조피다]
　　　밟히다[발피다]

　<붙임 2>는 둘 이상의 단어이지만 실질적인 발화에서 한 단위가 되는 것들('음운론적인 단어'라고도 함)에서 'ㅎ' 축약 현상이 나는 것을 제시한 것이다.
　체언 어간이 'ㅅ, ㅈ, ㅊ' 등으로 끝나면 이들은 독립적으로 쓰일 경우 'ㄷ'으로 발음하게 된다. 제시된 '옷, 낮, 꽃' 등은 [옫],

[낟], [꼳] 등으로 발음하게 되는 것이다. 그런데 이들이 구를 이룰 경우 독립적으로 발음할 수도 있지만, 하나의 구를 하나의 단어처럼 연이어서 발음할 수도 있는 것이다. 이럴 경우 받침의 대표소리가 연음되어 거센소리가 된다. 즉 둘 또는 그 이상의 단어를 각각 발음할 수도 있지만, 하나의 단어인 것처럼 발음할 수도 있는 것이다. 예시된 '옷 한 벌'은 [온 한 벌]로 발음할 수도 있고 [오탄벌]로 발음할 수도 있다. '꽃 한 송이'의 경우 [꼳 한 송이]로 발음할 수도 있고 [꼬탄송이]로 발음할 수도 있다. 이와 유사한 예를 덧보태면 다음과 같다.

나쁜 짓 한 놈[나쁜지탄놈]　뭇 형벌[무텽벌]　덧홈대[더톰대]
옷함[오탐]　　　　　　　　온갖 힘[온가팀]　온갖 흉[온가튱]
몇 할[며탈]　　　　　　　　꽃 향기[꼬탕기]

이 항에서는 'ㅅ, ㅈ, ㅊ' 등이 변화한 'ㄷ'에 대해서만 언급했지만, 'ㄱ'이나 'ㅂ'도 동일한 현상을 보인다.

밥 한 사발[바판사발]　　　국 한 대접[구칸대접]
잎 하나[이파나]　　　　　　동녘 호수[동녀코수]

<2>는 축약 현상의 하나로 'ㅎ'이 마찰음 'ㅅ'과 결합할 경우에는 'ㅆ'이 되는 경우를 제시한 것이다. 이것은 마찰음이 가진 특이한 조음 방식 때문에 발생하는 것인데 'ㅎ'이 선행하고 'ㅅ'이 후행할 때 발생한다.

좋소[조쏘~존쏘~좃쏘] 좋습니다[조씀니다~존씀니다~좃씀니다]

넣소[너쏘~넌쏘~넛쏘] 넣습니다[너씀니다~넌씀니다~넛씀니다]

끊소[끈쏘] 끊습니다[끈씀니다] 끊사오니[끈싸오니]

앓소[알쏘] 앓습니다[알씀니다] 앓사오니[알싸오니]

<3>은 'ㅎ'의 비음으로 동화하는 현상을 설명한 것이다. 'ㅎ' 역시 'ㄹ'을 제외한 다른 자음과 마찬가지로 'ㄴ'으로 시작된 어미 '-는(다), -네, -나' 등의 앞에서 [ㄴ]으로 동화한다. 이 현상은 동사 어간이 단자음 'ㅎ'을 가지고 있을 경우이다.

놓네[논네] 놓나[논나] 놓는[논는]

넣네[넌네] 넣나[넌나] 넣는[넌는]

좋네[존네] 좋나[존나]

그렇네[그런네] 그렇나[그런나]

규정의 <붙임>은 'ㅎ'의 탈락 현상 중 자음군 간소화 현상에 의해 'ㅎ'이 탈락하는 경우를 제시한 것이다. 'ㄶ, ㅀ' 뒤에 'ㄴ'으로 시작된 어미가 결합되는 경우에는 앞 음절의 모음과 뒷음절의 모음 사이에 세 개의 자음 'ㄶㄴ'이 놓이게 되므로 이 중 'ㅎ'을 발음하지 않고 'ㄴ'으로 발음한다. 다만 'ㅀ' 뒤에서는 'ㄴ'이 [ㄹ]로 동화하여 [ㄹㄹ]로 발음된다.(표준 발음법 제20항 참조.)

끊네[끈네] 끊나[끈나] 끊는[끈는]

앓네[안네] 앓나[안나] 앓는[안는]

끓네[끌레]   끓나[끌라]   끓는[끌른]
싫네[실레]   싫나[실라]

<4>는 'ㅎ'의 탈락 현상 중 유성음과 유성음 사이에서 'ㅎ'이 탈락하는 현상에 대한 기술이다. 모음과 모음 사이, 비음과 모음 사이 그리고 유음과 모음 사이에서 'ㅎ'은 조음되지 못하고 탈락한다. 즉 받침 'ㅎ, ㄶ, ㅀ'의 'ㅎ'이 모음으로 시작된 어미나 접미사와 결합될 때에는 그 'ㅎ'은 발음하지 않는다는 규정이다.

① 모음과 모음 사이에서 탈락하는 'ㅎ'
    좋아[조아]   쌓아[싸아]   넣은[너은]
    찧으니까[찌으니까] 쌓이다[싸이다]   놓이다[노이다]

② 'ㄴ'과 모음 사이에서 탈락하는 'ㅎ'
    끊어[끄너]   많아[마나]   많은[마는]
    않으니까[아느니까] 끊이다[끄니다]

③ 'ㄹ'과 모음 사이에서 탈락하는 'ㅎ'
    옳아[오라]   싫어[시러]   끓으니까[끄러니까]
    곯으니까[끄르니까] 끓이니까[끄리니까]

4.6. 연음 현상

모음과 모음 사이에 자음이 하나 있을 경우 그 자음은 뒤음절의 초성으로 조음되는 것이 일반적이다. 표준발음법 제13항에서 16항까지는 이 현상을 다루고 있다.

제13항 홑받침이나 쌍받침이 모음으로 시작된 조사나 어미, 접미사와 결합되는 경우에는, 제 음가대로 뒤 음절 첫소리로 옮겨 발음한다.

깎아[까까]　옷이[오시]　있어[이써]
낮이[나지]　꽃아[꼬자]　꽃을[꼬츨]
쫓아[쪼차]　밭에[바테]　앞으로[아프로]
덮이다[더피다]

가. 연음현상 일반

제13항은 한국어의 대표적인 연음 현상을 제시한 것이다. 모음과 모음 사이에 자음이 하나 있을 경우에 그 자음은 초성의 위치를 선호하기 때문에, 형태소 구조에서 종성에 있던 자음은 실제 음절 단위의 발음에서는 초성으로 조음될 수밖에 없는 것이다.

제14항 겹받침이 모음으로 시작된 조사나 어
미, 접미사와 결합되는 경우에는, 뒤엣것만
을 뒤 음절 첫소리로 옮겨 발음한다.(이 경
우, 'ㅅ'은 된소리로 발음함.)

넋이[넉씨]　　앉아[안자]　　닭을[달글]
젊어[절머]　　곬이[골씨]　　핥아[할타]
읊어[을퍼]　　값을[갑쓸]　　없어[업 : 써]

나. 겹받침의 연음

모음과 모음 사이에 두 개의 자음이 놓일 경우 선행하는 자음은
앞 음절의 종성의 위치에서, 후행하는 자음은 뒤음절의 초성에서
조음되는 것을 기술한 것이다.

제15항 받침 뒤에 모음 'ㅏ, ㅓ, ㅗ, ㅜ, ㅟ'들
로 시작되는 실질 형태소가 연결되는 경우
에는, 대표음으로 바꾸어서 뒤 음절 첫소리
로 옮겨 발음한다.

밭 아래[바다래]　　늪 앞[느밥]
젖어미[저더미]　　맛없다[마덥따]
겉옷[거돋]　　　　헛웃음[허두슴]
꽃 위[꼬뒤]

다만, '맛있다, 멋있다'는 [마싣따], [머싣따]로도
발음할 수 있다.

[붙임] 겹받침의 경우에는, 그 중 하나만을 옮겨
발음한다.

넋없다[너겁따]   닭 앞에[다가페]
값어치[가버치]   값있는[가빈는]

다. 받침 법칙에 이어지는 연음 현상

국어의 복합어나 한 단어처럼 발음되는 구에서, 연음 법칙은 받침법칙이 적용된 뒤에 적용된다는 것을 보여 주는 것이다. 그래서 받침 'ㅌ'은 'ㄷ'이 연음되고, 'ㅍ'은 'ㅂ'으로 연음되고, 'ㅋ'은 'ㄱ'으로 연음된다.

이 현상에서 특이한 것은 '맛있다, 멋있다'가 다른 현상과 같다면 [만닏따~마딛따], [먼닏따~머딛다]로 될 것인데 예외적으로 [마신따], [머신따]로 흔히 발음하고 있기 때문에 이를 허용한 것이다. 받침법칙과 관계없이 연음법칙을 적용하는 것이 되는데, 이러한 발음을 허용하는 것은 실제로 그렇게 발음하는 언중이 많기 때문이다. 이러한 현상은 '멋이 있다, 맛이 있다'의 구가 하나의 음운론적 단위가 되면서 그 발음이 [머신따], [마신따]로 되고, 이 발음이 복합어인 '맛있다, 멋있다'에 확대된 것으로 추정된다.

제16항 한글 자모의 이름은 그 받침소리를
연음하되, 'ㄷ, ㅈ, ㅊ, ㅋ, ㅌ, ㅍ, ㅎ'의 경
우에는 특별히 다음과 같이 발음한다.

디귿이[디그시]	디귿을[디그슬]
디귿에[디그세]	
지읒이[지으시]	지읒을[지으슬]
지읒에[지으세]	
치읓이[치으시]	치읓을[치으슬]
치읓에[치으세]	
키읔이[키으기]	키읔을[키으글]
키읔에[키으게]	
티읕이[티으시]	티읕을[티으슬]
티읕에[티으세]	
피읖이[피으비]	피읖을[피으블]
피읖에[피으베]	
히읗이[히으시]	히읗을[히으슬]
히읗에[히으세]	

라. 자모이름의 연음 현상

한글 자모의 이름과 그것에 대한 발음 규정이다. 한글 자모 중 자음의 이름은, 두 음절로 이루어지고, 첫음절의 첫소리와 둘째 음절의 끝소리는 그 자모의 음가를 나타내기 위한 방식으로 명명되었다. 그러므로 이것의 발음 역시 피읖이[피으피], 피읖에[피으페]' 등과 같이 발음하는 것이 정상이다. 그러나 실제적인 발음에서는 [피으비], [피으베] 등과 발음하고 있기 때문에 그것을 규정에 반영한 것이다.

그런데, 'ㅈ, ㅊ, ㅌ' 등이 마찰음으로 조음되거나('꽃이[꼬시], 빛이[비시], 밭은[바슨] 등), 거센소리가 평음으로 조음되는(무릎을[무르블], 부엌에[부어게]' 등) 현상을 표준 발음으로 인정하지 않은 점에서 보면 이 규정은 예외적인 것이 된다.

따라서 한글 자모의 이름에 대한 발음은 다른 어휘의 발음과 다른 규칙을 가지게 된다. 이러한 현실과 한글맞춤법 정신을 어떻게 조화롭게 할 것인가 하는 문제는 숙제로 남는다.

제5장 음의 동화

제17항 받침 'ㄷ, ㅌ(ㄾ)'이 조사나 접미사의 모음 'ㅣ'와 결합되는 경우에는, [ㅈ, ㅊ]으로 바꾸어서 뒤 음절 첫소리로 옮겨 발음한다.

곧이듣다[고지듣따]	굳이[구지]
미닫이[미다지]	땀받이[땀바지]
밭이[바치]	벼훑이[벼훌치]

[붙임] 'ㄷ' 뒤에 접미사 '히'가 결합되어 '티'를 이루는 것은 [치]로 발음한다.

굳히다[구치다]	닫히다[다치다]
묻히다[무치다]	

5. 음의 동화

5.1. 구개음화

구개음화란 구개음이 아닌 것을 특정한 환경에서 구개음으로 바뀌는 것을 말한다. 구개음화 현상은 지구상의 여러 언어에서 볼 수 있는 현상인데 그 종류는 언어에 따라 다르다. 예를 들어 영어나 중국어에서는 'ㄱ'이 'ㅈ'으로 바뀌는 'ㄱ' 구개음화 현상이 발달되어 있다. 언어에 따라서는 'ㅎ' 구개음화, 'ㄹ' 구개음화 현상 등이 발견된다. 한국어에서는 'ㄱ' 구개음화, 'ㅎ' 구개음화, 'ㄷ' 구개음화 등이 발생했지만 표준어에서는 'ㄷ' 구개음화만 인정하고 있다.

한국어에서 발생하는 'ㄷ' 구개음화는 "받침 'ㄷ, ㅌ(ㄾ)'이 조사나 접미사의 모음 'ㅣ'와 결합하는 경우"와 "'ㄷ' 뒤에 접미사 'ㅎ'가 결합하여 'ㅌ'를 이루는" 두 가지 경우에 구개음으로 변화하는 것을 인정한 것이다. 이 조항에서의 조사란 주격조사 'ㅣ'와 공동격조사 '이랑'을 지칭하는 것이고, 'ㅣ'로 시작하는 접미사는 명사화접미사, 부사화접미사, 피사동접미사 등으로 나누어 볼 수 있다. 각각의 예는 다음과 같다.

> ① 격조사와 결합한 경우
>
>   밭+이[바치]   밭+이랑[바치랑]
>
> ② 계사 혹은 존재사 '-이다'와 결합하는 경우
>
>   밭+이다[바치다]   밭+입니다[바침니다]
>
> ③ 명사 파생접미사 'ㅣ'와 결합한 경우
>
>   미닫+이[미다지]   여닫+이[여다지]   벼훑+이[벼훌치]
>
> ④ 부사 파생접미사 'ㅣ'와 결합한 경우
>
>   굳+이[구지]   같+이[가치]
>
> ⑤ 피사동접미사 '히'와 결합한 경우
>
>   굳+히+다[구치다] 갇+히=다[가치다] 돋+히+다[도치다]

한편 이와 같은 환경이 아닌 다음의 경우에는 구개음화가 발생하지 않는다.

　⑥ 형태소 내부인 경우에는 구개음화 안됨

　　디디다[디디다]　　견디다[견디다]　　느티나무[느티나무]

　　불티[불티]

　⑦ 합성어를 형성하는 경우에는 구개음화 안됨

　　밭+이랑[반니랑]　　홑+이불[혼니불]　끝+일[끈닐]

　　낮+일[난닐]　　꽃+잎[꼰닙]

　　제18항　받침 'ㄱ(ㄲ, ㅋ, ㄳ, ㄺ), ㄷ(ㅅ, ㅆ,
　　ㅈ, ㅊ, ㅌ, ㅎ), ㅂ(ㅍ, ㄼ, ㄿ, ㅄ)'은 'ㄴ,
　　ㅁ' 앞에서 [ㅇ, ㄴ, ㅁ]으로 발음한다.

　　　먹는[멍는]　　　국물[궁물]　　　깎는[깡는]
　　　키읔만[키웅만]　몫몫이[몽목씨]　긁는[긍는]
　　　흙만[흥만]　　　닫는[단는]
　　　짓는[진ː는]　　　옷맵시[온맵씨]
　　　있는[인는]　　　맞는[만는]
　　　젖멍울[전멍울]　쫓는[쫀는]
　　　꽃망울[꼰망울]　붙는[분는]　　놓는[논는]
　　　잡는[잠는]　　　밥물[밤물]　　앞마당[암마당]
　　　밟는[밤ː는]　　　읊는[음는]　　없는[엄ː는]
　　　값매다[감매다]

[붙임] 두 단어를 이어서 한 마디로 발음하는 경
우에도 이와 같다.

책 넣는다[챙넌는다]   흙 말리다[흥말리다]
옷 맞추다[온마추다]   밥 먹는다[밤멍는다]
값 매기다[감매기다]

5.2. 비음동화

비음 앞에 오는 모든 자음(유음 제외)은 비음으로 변화하게 되는
데, 이 현상을 비음동화라 한다. 즉 'ㄱ'은 'ㅁ, ㄴ' 앞에서 'ㅇ'으로
변화하고, 'ㅂ'은 'ㅁ'으로, 'ㄷ'은 'ㄴ'으로 변화하는 현상이다. 이때
의 'ㄱ'은 'ㄱ, ㅋ, ㄲ, ㄱㅅ, ㄹㄱ' 등이 변화한 'ㄱ'이고, 'ㅂ'은 'ㅂ,
ㅍ, ㅄ, ㄹㅂ' 등이 변화한 'ㅂ'이고, 'ㄷ'은 'ㄷ, ㅌ, ㅅ, ㅆ, ㅈ, ㅊ, ㅎ'
등이 변화한 'ㄷ'이다.

이러한 현상은 구가 복합어처럼 하나의 단위로 조음될 때에도
발생하게 된다. 이러한 현상이 발생하는 구에서 선행하는 것은 명
사이고 체언어간말 자음은 용언어간말 자음보다 다양하지 못하므
로 위와 같이 다양하게 발생하지는 않는다. 이때의 'ㄱ'은 'ㄱ, ㅋ,
ㄱㅅ, ㄹㄱ' 등이 변화한 'ㄱ'이고, 'ㅂ'은 'ㅂ, ㅍ, ㅄ' 등이 변화한 'ㅂ'
이고, 'ㄷ'은 'ㅌ, ㅅ, ㅈ, ㅊ' 등이 변화한 'ㄷ'이다.

(ㄱ) 목 마르다[몽마르다]   부엌 만들다[부엉만들다]
    못 나누다[몽나누다]   흙 나르다[홍나르다]

(ㅂ) 입 놀리다[임놀리다]　　단풍잎 노래[단풍님노래]

값 내리다[감내리다]

(ㄷ) 밭 내놓다[반내노타]　　옷 말리다[온말리다]

젖 마르다[전마르다]　　종이꽃 만들기[종이꼰만들기]

제19항　받침 'ㅁ, ㅇ' 뒤에 연결되는 'ㄹ'은 [ㄴ]으로 발음한다.

담력[담 : 녁]　침략[침냑]　강릉[강능]
항로[항 : 노]　대통령[대 : 통녕]

[붙임]　받침 'ㄱ, ㅂ' 뒤에 연결되는 'ㄹ'도 [ㄴ]으로 발음한다.[4]

막론[막논 → 망논]　백리[백니 → 뱅니]
협력[협녁 → 혐녁]　십리[십니 → 심니]

5.3. 'ㄹ' 비음화

국어의 'ㄹ'이 발음되는 특이한 현상 중 하나가 비음화이다. 국어의 'ㄹ'은 다른 자음의 뒤에서는 조음되지 못하는 성질을 가지고 있다. 그래서 앞에 자음이 올 경우에는 비슷한 조음 위치의 비음 'ㄴ'으로 바뀌게 된다. 앞에 'ㄹ'이 올 경우에만 'ㄹ'은 조음될 수 있다.

---

4 예시어 중 '백리', '십리'를 '백 리', '십 리'처럼 띄어 쓸 수 있겠으나, 현용 사전에서 이들을 하나의 단어로 처리한 것도 있으므로, 고시본대로 두기로 한다.

제20항 'ㄴ'은 'ㄹ'의 앞이나 뒤에서 [ㄹ]로 발음한다.

  (1) 난로[날 : 로]   신라[실라]
     천리[철리]   광한루[광 : 할루]
     대관령[대 : 괄령]

  (2) 칼날[칼랄]   물난리[물랄리]
     줄넘기[줄럼끼]   할는지[할른지]

[붙임] 첫소리 'ㄴ'이 'ㅀ', 'ㄾ' 뒤에 연결되는 경우에도 이에 준한다.

    닳는[달른]   뚫는[뚤른]   핥네[할레]

다만, 다음과 같은 단어들은 'ㄹ'을 [ㄴ]으로 발음한다.

    의견란[의 : 견난]   임진란[임 : 진난]
    생산량[생산냥]   결단력[결딴녁]
    공권력[공꿘녁]   동원령[동 : 원녕]
    상견례[상견녜]   횡단로[횡단노]
    이원론[이 : 원논]   입원료[이붼뇨]
    구근류[구근뉴]

5.4. 'ㄴ' 유음화 및 예외

국어의 'ㄴ'과 'ㄹ'이 연결된 'ㄴㄹ'은 'ㄹㄹ'로 변화하게 된다. 여기에 반대되는 현상은 제20항의 〈다만〉에서 제시된다.

이 현상을 자음의 연결 종류에 따라 다시 설명하면 다음과 같다. 'ㄴ'과 'ㄹ'의 연결에서 ① 'ㄹㄹ'로 조음되거나 ② 'ㄴㄴ'으로 조음된다. 'ㄹ'과 'ㄴ'의 연결에서는 ③ 'ㄹㄹ'로 조음되거나 ④ 'ㄹ'이 탈락하고 'ㄴ'으로 조음된다. 각각의 예를 위에서 옮기면 다음과 같다.

   ① 'ㄴㄹ'이 'ㄹㄹ'로 되는 예
    난로[날 : 로]   신라[실라]   천리[철리]
    광한루[광 : 할루] 대관령[대 : 괄령]

   ② 'ㄴㄹ'이 'ㄴㄴ'으로 되는 예
    의견란[의 : 견난] 임진란[임 : 진난] 생산량[생산냥]
    결단력[결딴녁]   공권력[공꿘녁]   동원령[동 : 원녕]

②의 단어들과 ①의 단어들을 비교해 보면 ①의 단어들은 모두 의존형태소들이고 ②의 단어들은 자립형에 의존형태소가 결합한 것이다. 자립형태소는 그 형태(혹은 발음)를 접사와 결합하더라도 고정적으로 유지하고 후행하는 'ㄹ'을 변화시킨 것이다.

   ③ 'ㄹㄴ'의 연결이 'ㄹㄹ'로 되는 예
    칼날[칼랄] 물난리[물랄리] 줄넘기[줄럼끼] 할는지[할른지]

[붙임]에 의하면 'ㄹㅎㄴ'의 연결에서 'ㅎ'이 탈락한 후 만나는
'ㄹㄴ'도 'ㄹㄹ'이 된다.

  닳는[달른]   뚫는[뚤른]   핥네[할레]

이러한 현상은 구가 하나의 단어처럼 조음되는 경우('ㄹ' 말음 단
어와 'ㄴ'으로 시작되는 단어가 결합할 경우)에도 적용된다.

  죽일 놈 살릴 놈[주길롬살릴롬]   밤을 낮같이[바를라가치]
  잊을 날[이즐랄]   길을 내고[기를래고]

  ④ 'ㄹㄴ'의 연결이 'ㄴ'로 된 예
    (이들은 역사적으로 굳어져 있는 것들이다.)
    소나무(솔+나무)   따님(딸+님)   하느님(하늘+님)
    부나비(불+나비)

④의 예와 같은 현상은 현대국어의 용언 활용에서 찾아 볼 수 있
다. 이른바 'ㄹ' 불규칙 활용어간들이 'ㄴ'으로 시작하는 어미 앞에
서 'ㄹ'이 탈락하는 현상이다.

  아는(알+는) 아나(알+나)   아네(알+네)

본 항의 동화현상과 관련하여 주의할 사항은 '권력'과 '공권력'의
발음과 관련된 현상이다. '권력'은 의존형태소끼리 결합한 ①과 같

은 현상이므로 [궐력]이 된다. 반면 '공권력'은 직접성분 분석은 자립형 '공권'에 접사 '력'이 결합한 ②의 구조이므로 [공꿘녁]이 되는 것이다.

제21항 위에서 지적한 이외의 자음 동화는 인정하지 않는다.

감기[감ː기](×[강ː기])
옷감[옫깜](×[옥깜]) 있고[읻꼬](×[익꼬])
꽃길[꼳낄](×[꼭낄])
젖먹이[전머기](×[점머기])
문법[문뻡](×[뭄뻡]) 꽃밭[꼳빧](×[꼽빧])

5.5. 표준발음이 아닌 조음위치 동화

현대국어의 동화 현상은 두 가지 종류로 크게 나눌 수 있다. 조음 방식의 동화와 조음 위치의 동화가 그것이다. 지금까지 앞의 항에서 설명해 온 것은 조음 방식의 동화에 관한 것이다. 이러한 동화 외에 자음의 조음하는 위치의 동화가 현대국어에서 발생하고 있는데 표준 발음에서는 제외하고 있는 것이다. 인정하지 않는 이유는 그 현상이 필수적으로 발생하지 않고 사람이나 지역에 따라 수의적으로 발생하기 때문이다. 표준발음으로 인정되지는 않지만 현대 한국어에서 광범위하게 발생하는 현상이므로 알아 두기로 한다.

현대국어 자음의 조음 위치는 크게 네 가지로 볼 수 있다. 'ㄱ' 계열의 자음이 조음되느 위치, 'ㅈ' 계열의 자음이 조음되는 위치, 'ㄷ' 계열의 자음이 조음되는 위치, 'ㅂ' 계열의 자음이 조음되는 위치 등이 그것이다. 'ㄱ'의 앞에서는 모든 자음이 'ㄱ'의 위치로 동화하기도 하고, 'ㅂ'의 앞에서는 'ㄷ, ㅈ' 계열의 자음이 'ㅂ'으로 동화하기도 한다. 그리고 'ㄷ, ㅈ' 등은 서로 후행하는 자음의 위치로 동화하기도 한다.각각의 예들 들면 다음과 같다.

　① 'ㅂ,ㄷ,ㅈ'계열이 'ㄱ'계열로 동화하는 예

　　밥그릇[박끄른~바끄른~밥끄른]

　　옷걸이[옥꺼리~오꺼리~온꺼리]

　　젖가슴[적까슴~저까슴~전까슴]　맏골[막꼴~마꼴~맏꼴]

　　전기[전기~정기]　　　　　　　　함께[항께~함께]

　② 'ㄷ,ㅈ'계열이 'ㅂ'계열로 동화하는 예

　　돋보기[돕뽀기~돈뽀기~도뽀기]　꽃밭[꼽빤~꼳빤~꼬빤]

　　옷바늘[옵빠늘~온빠늘~오빠늘]　신문[심문~신문]

　　신발[심발~신발]　　　　　　　꽃망울[꼼망울~꼰망울]

　　젖무덤[점무덤~전무덤]

　③ 'ㄷ, ㅈ' 등이 동화하는 예

　　웃도[운또~우또]　　젖도[전또~저또]　　듣도[듣또~드또]

　　웃소[웃쏘~우쏘~운쏘]　　젖소[젓쏘~저쏘~전쏘]

　　듣소[듯쏘~드쏘~듣쏘]　　웃지[웇찌~우찌~운찌]

　　젖지[젖찌~저찌~전찌]　　듣지[듲찌~드찌~듣찌]

제22항 다음과 같은 용언의 어미는 [어]로 발음함을 원칙으로 하되, [여]로 발음함도 허용한다.

되어[되어/되여]   피어[피어/피여]

[붙임] '이오, 아니오'도 이에 준하여 [이요, 아니요]로 발음함을 허용한다.

5.6. 활음의 첨가

모음과 모음이 결합하는 경우 즉 모음으로 끝난 용언 어간에 모음으로 시작된 어미가 결합될 때에는 그 사이에 활음(반모음)이 삽입될 수 있다는 규정이다. '되+어→되어'는 [되어]로 발음함이 원칙이지만, 모음이 연이어 조음되는 것을 피하기 위하여 활음(반모음)을 첨가하여 [되여]로 발음하는 것이 일반적인데, 표준 발음에서는 이를 현실적으로 허용한다는 규정이다.

제6장   경음화

제23항   받침 'ㄱ(ㄲ, ㅋ, ㄳ, ㄺ), ㄷ(ㅅ, ㅆ, ㅈ, ㅊ, ㅌ), ㅂ(ㅍ, ㄼ, ㄿ,ㅄ)' 뒤에 연결되는 'ㄱ, ㄷ, ㅂ, ㅅ, ㅈ'은 된소리로 발음한다.

국밥[국빱]　　깎다[깍따]　　넋받이[넉빠지]

삯돈[삭똔]　　닭장[닥짱]　　칡범[칙뻠]

뻗대다[뻗때다]　옷고름[옫꼬름]

있던[읻떤]　　꽂고[꼳꼬]　꽃다발[꼳따발]

낯설다[낟썰다]　밭갈이[받까리]

솥전[솓쩐]　　곱돌[곱똘]　　덮개[덥깨]

옆집[엽찝]　　넓죽하다[넙쭈카다]

읊조리다[읍쪼리다]　값지다[갑찌다]

6. 경음화

6.1. 폐쇄음 뒤의 경음화

현대국어에서는 폐쇄음 뒤에 오는 평음은 무조건 된소리로 조음된다. 즉 [ㄱ, ㄷ, ㅂ]으로 발음되는 받침 'ㄲ, ㅋ, ㄳ, ㄺ, ㅅ, ㅆ, ㅈ, ㅊ, ㅌ, ㅍ, ㄼ, ㄿ, ㅄ' 뒤에서 평음 'ㄱ, ㄷ, ㅂ, ㅅ, ㅈ'은 된소리인 [ㄲ, ㄸ, ㅃ, ㅆ, ㅉ]으로 각각 발음되는 것이다.

> **제24항** 어간 받침 'ㄴ(ㄵ), ㅁ(ㄻ)' 뒤에 결합되는 어미의 첫소리 'ㄱ, ㄷ, ㅅ, ㅈ'은 된소리로 발음한다..

신고[신 : 꼬]　　껴안다[껴안따]

않고[안꼬]　　　없다[업따]

삼고[삼 : 꼬]　　더듬지[더듬찌]

닮고[담 : 꼬]　　젊지[점 : 찌]

다만, 피동, 사동의 접미사 '-기-'는 된소리로 발
음하지 않는다.

안기다　　감기다　　굶기다　　옮기다

6.2. 'ㄵ, ㄼ'뒤의 경음화

현대 국어의 용언 어간이 활용할 때 생기는 특이한 경음 현상이
있다. 즉 비음으로 끝난 용언 어간일 경우 후행하는 평음을 된소리
로 조음하게 하되(신고[신 : 꼬]삼고[삼 : 꼬] 등), 파생접미사의
초성은 된소리로 조음하지 않는(안기다, 감기다 등) 것이다.

제25항　어간 받침 'ㄼ, ㄾ' 뒤에 결합되는 어
미의 첫소리 'ㄱ, ㄷ, ㅅ, ㅈ'은 된소리로 발
음한다.

넓게[널게]　　핥다[할따]　　훑소[훌쏘]

떫지[떨 : 찌]

6.3. 'ㄼ, ㄾ'뒤의 경음화

[ㄹ]로 발음되지만, 본래 겹받침 'ㄼ, ㄾ'이었던 'ㄹ'의 뒤에 오는 자음도 된소리로 발음한다. 이러한 현상 역시 용언에만 한정되는 것이다. 예를 들어, 체언의 경우에는 '여덟도[여덜도], 여덟보다[여덜보다]'처럼 된소리로 발음하지 않는다.

제26항 한자어에서, 'ㄹ' 받침 뒤에 연결되는 'ㄷ, ㅅ, ㅈ'은 된소리로 발음한다.

갈등[갈뜽]	발동[발똥]
절도[절또]	말살[말쌀]
불소[불쏘](弗素)	일시[일씨]
갈증[갈쯩]	물질[물찔]
발전[발쩐]	몰상식[몰쌍식]
불세출[불쎄출]	

다만, 같은 한자가 겹쳐진 단어의 경우에는 된소리로 발음하지 않는다.

허허실실[허허실실](虛虛實實)
절절-하다[절절하다](切切-)

6.4. 종성 'ㄹ'뒤의 경음화

자음과 자음이 연결되어 음운 현상이 발생할 경우 한자어와 고유어가 대동소이하다. 그런데 선행하는 받침이 'ㄹ'일 경우 한자어와 고유어가 전혀 다른 양상을 보인다. 제26항의 예처럼 'ㄷ, ㅅ, ㅈ' 등일 경우 한자어에서는 된소리로 조음되고, 'ㄱ, ㅂ' 등일 경우에는 된소리로 조음되지 않는다.(예 : 결국, 돌발 등)

제27항 관형사형 '-(으)ㄹ' 뒤에 연결되는 'ㄱ, ㄷ, ㅂ, ㅅ, ㅈ'은 된소리로 발음한다.

할 것을[할꺼슬]	갈 데가[갈떼가]
할 바를[할빠를]	할 수는[할쑤는]
할 적에[할쩌게]	갈 곳[갈꼳]
할 도리[할또리]	만날 사람[만날싸람]

다만, 끊어서 말할 적에는 예사소리로 발음한다.

[붙임] '-(으)ㄹ'로 시작되는 어미의 경우에도 이에 준한다.

할걸[할껄]	할밖에[할빠께]
할세라[할쎄라]	할수록[할쑤록]
할지라도[할찌라도]	할지언정[할찌언정]
할진대[할찐대]	

6.5. 관형형 'ㄹ'뒤의 경음화

관형형 어미는 본래 '여린 히읗'을 가지고 있는 'ㄹㆆ'이었다. 그래서 이 뒤에 오는 평음은 관형형과 연이어 조음될 경우 된소리로 조음되었다. 이 현상은 15세기에서부터 현재까지 변함없이 지속되고 있는 것이다. 이러한 현상을 반영하여 '-(으)ㄹ까, -(으)ㄹ꼬, -(으)ㄹ쏘냐' 등은 아예 된소리로 표기하고 있다.

제28항 표기상으로는 사이시옷이 없더라도, 관형격 기능을 지니는 사이시옷이 있어야 할(휴지가 성립되는) 합성어의 경우에는, 뒤 단어의 첫소리 'ㄱ, ㄷ, ㅂ, ㅅ, ㅈ'을 된소리로 발음한다.

문 – 고리[문꼬리]	눈 – 동자[눈똥자]
신 – 바람[신빠람]	산 – 새[산쌔]
손 – 재주[손째주]	길 – 가[길까]
물 – 동이[물똥이]	발 – 바닥[발빠닥]
굴 – 속[굴 : 쏙]	술 – 잔[술짠]
바람 – 결[바람껼]	그믐 – 달[그믐딸]
아침 – 밥[아침빱]	잠 – 자리[잠짜리]
강 – 가[강까]	초승 – 달[초승딸]
등 – 불[등뿔]	창 – 살[창쌀]
강 – 줄기[강쭐기]	

6.6. 합성어 내부의 경음화

사잇소리의 표기와 사잇소리의 존재에 대한 이해가 필요한 부분이다. 사잇소리가 존재할 경우 항상 표기하는 것이 아니기 때문에 사잇소리의 표기가 없더라도 사잇소리의 존재에 대해서는 주의해

야 한다는 것을 예시한 것이다. 예를 들어 '길가'의 경우 사잇소리
의 표기는 하지 않지만 사잇소리가 발생하는 것이다.

제7장   음의 첨가

제29항 합성어 및 파생어에서, 앞 단어나 접
  두사의 끝이 자음이고 뒤 단어나 접미사의
  첫음절이 '이, 야, 여, 요, 유'인 경우에는,
  'ㄴ' 음을 첨가하여 [니, 냐, 녀, 뇨, 뉴]로 발
  음한다.

솜 – 이불[솜 ː 니불]   홑 – 이불[혼니불]

막 – 일[망닐]   삯 – 일[상닐]

맨 – 입[맨닙]   꽃 – 잎[꼰닙]

내복 – 약[내 ː 봉냑]   한 – 여름[한녀름]

남존 – 여비[남존녀비]   신 – 여성[신녀성]

색 – 연필[생년필]   직행 – 열차[지캥녈차]

늑막 – 염[능망념]   콩 – 엿[콩녇]

담 – 요[담 ː 뇨]   눈 – 요기[눈뇨기]

영업 – 용[영엄뇽]   식용 – 유[시굥뉴]

국민 – 윤리[궁민뉼리] 밤 – 윷[밤 ː 뉻]

다만, 다음과 같은 말들은 'ㄴ' 음을 첨가하여 발음
  하되, 표기대로 발음할 수 있다.

이죽 – 이죽[이중니죽/이주기죽]
야금 – 야금[야금냐금/야그먀금]
검열[검 : 녈/거 : 멸]
욜랑 – 욜랑[욜랑뇰랑/욜랑욜랑]
금융[금늉/그뮹]

[붙임 1] 'ㄹ' 받침 뒤에 첨가되는 'ㄴ' 음은 [ㄹ]
로 발음한다.

들 – 일[들 : 릴]   솔 – 잎[솔립]
설 – 익다[설릭따]   물 – 약[물략]
불 – 여우[불려우]   서울 – 역[서울력]
물 – 엿[물렫]   휘발 – 유[휘발류]
유들 – 유들[유들류들]

[붙임 2] 두 단어를 이어서 한 마디로 발음하는 경
우에도 이에 준한다.5

한 일[한닐]   옷 입다[온닙따]   서른여섯ㅣ
3 연대[삼년대]   먹은 엿[머근녇]
할 일[할릴]   잘 입다[잘립따]   스물여섯ㅣ
1 연대[일련대]   먹을 엿[머글렫]

---

5 예시어 중 '서른여섯[서른녀섣]', '스물여섯[스물려섣]'을 한 단어로 보느냐 두
  단어로 보느냐에 대하여 논란의 여지가 있으나, 여기에서는 고시본에서 제시한
  대로 두기로 한다.

> 다만, 다음과 같은 단어에서는 'ㄴ(ㄹ)' 음을 첨가
> 하여 발음하지 않는다.
>
> 6·25[유기오]   3·1절[사밀쩔]
> 송별-연[송 : 벼련]   등-용문[등용문]⑥

7. 음의 첨가

7.1. 'ㄴ'의 첨가

복합어 등에서는 'ㄴ' 첨가 현상이 발생한다. 이 현상은 뒤에 오는 어휘가 'ㅣ'나 활음 j로 시작하는 이중모음(야, 여, 요, 유 등)인 경우에 한한다. 아래 예의 ①에서 보듯 뒷단어가 'ㅣ'로 시작할 경우에는 'ㄴ' 첨가 현상이 발생하지만, ②에서 보듯 다른 모음으로 시작할 경우에는 'ㄴ' 첨가 현상이 발생하지 않는다.

① 솜-이불[솜 : 니불] 홑-이불[혼니불] 막-일[망닐]
② 솜-옷[소 : 몯]   홑-옷[호돋]   막-옷[마곧]

<다만>에 나오는 것은 단어의 구성이 특이하여 'ㄴ' 첨가 현상이 발생할 수도 있고, 발생하지 않을 수도 있다는 것을 보여 주고 있다.

---

6 고시본에서 '등용-문[등용문]'으로 보인 것을 위와 같이 바로잡았다.

<붙임1>은 'ㄴ'이 첨가됨으로써 'ㄹㄴ'의 연결이 생기고 이것이 'ㄹㄹ'로 변화하는 것에 대한 설명이다.

<붙임2>는 구를 한 단어처럼 발음할 때 'ㄴ' 첨가 현상이 발생할 수 있다는 것을 보여 주고, 이어지는 <다만>에서는 'ㄴ' 첨가 현상이 발생하지 않는 예외를 보여주는 것이다.

제30항 사이시옷이 붙은 단어는 다음과 같이 발음한다.

1. 'ㄱ, ㄷ, ㅂ, ㅅ, ㅈ'으로 시작하는 단어 앞에 사이시옷이 올 때는 이들 자음만을 된소리로 발음하는 것을 원칙으로 하되, 사이시옷을 [ㄷ]으로 발음하는 것도 허용한다.

   냇가[내 : 까/낻 : 까]
   샛길[새 : 낄/샏 : 낄]
   빨랫돌[빨래똘/빨랟똘]
   콧등[코뜽/콛뜽]   깃발[기빨/긷빨]
   대팻밥[대 : 패빱/대 : 팯빱]
   햇살[해쌀/핻쌀]   뱃속[배쏙/밷쏙]
   뱃전[배쩐/밷쩐]
   고갯짓[고개찓/고갣찓]

---

2. 사이시옷 뒤에 'ㄴ, ㅁ'이 결합되는 경우에는 [ㄴ]으로 발음한다.

콧날[콛날→콘날]
아랫니[아랟니→아랜니]
툇마루[퇻 : 마루→퇸 : 마루]
뱃머리[밷머리→밴머리]

3. 사이시옷 뒤에 '이' 음이 결합되는 경우에는 [ㄴㄴ]으로 발음한다.

베갯잇[베갣닏→베갠닏]
깻잎[깯닙→깬닙]
나뭇잎[나묻닙→나문닙]
도리깻열[도리깯녈→도리깬녈]
뒷윷[뒫 : 뉻→뒨 : 뉻]

7.2. 사이시옷 발음

사이시옷이 표기된 경우 음운론적 환경에 따라 다양하게 발음된다. 사이시옷이라고 해서 특별히 발음되는 것이 아니고, 일반적인 자음 'ㅅ'과 같이 발음되는 것이므로 특별히 문제될 것은 없다.

사이시옷은 사잇소리의 표기이기 때문에 앞으로 이 규정은 사잇소리의 발생과 발음에 대한 것으로 보완되어야 할 것이다.

제3부

심화 과제

한국어의 표기와 발음

5장 사잇소리의 공시론과 통시론

1. 서론

외국어를 후천적으로 배울 때 처음 시작하는 것이 그 나라의 언어를 기록하는 문자와 더불어 음성 언어를 익히는 것이다.

한국어의 표기와 발음에 차이가 있어 배워서 사용하기 어려운 것 중에 대표적인 것이 평음으로 표기된 것을 된소리로 조음하는 현상이다. 한글맞춤법의 규정 중에 된소리의 표기에 관한 제5항의 "다만, 'ㄱ, ㅂ' 받침 뒤에서 나는 된소리는, 같은 음절이나 비슷한 음절이 겹쳐 나는 경우가 아니면 된소리로 적지 아니한다."라고 하고, 그 예로 '국수, 깍두기, 딱지, 색시, 싹둑(~싹둑), 법석, 갑자기, 몹시' 등을 제시하고 있는 것은 한 개 형태소 내부에 있어서도, 'ㄱ, ㅂ' 받침 뒤는 경음화의 규칙은 정상적인 한국인이라면 이들은 예외없이 된소리로 조음하기 때문에, 즉 한국인의 발음에서는 이들은 충분히 예견될 수 있는 상황이기 때문에 된소리로 적지 아니하고 평음으로 표기하고 있는 것이다.

그런데, '정상적인 한국인의 발음'에서는 충분히 예견될 수 있다 하더라도 이러한 현상은 언어의 보편적인 현상이 아니기 때문에 한국어를 처음 배우는 상황에서는 대단히 어려운 문제가 된다. 즉 된소리를 평음과 구분하여 변별적인 기능을 수행할 수있게 조음하는 것도 어렵지만, 이들이 된소리가 나는 경우와 나지 않는 경우를 구분하기란 쉬운 일이 아닌 것이다. 더구나 된소리와 평음은 국어에서 음운론적 변별력을 가지고 있기 때문에 '그 개는 [물기]를 좋아한다.'와 '그 개는 [물끼]를 좋아한다.'는 전혀 다른 의미가 되고, '그 사람의 [병쩍](病的) 이력을 아느냐'와 '그 사람의 [병적](兵籍) 이력을 아느냐'는 전혀 다른 질문이 되는 것이다.

이처럼 한국어에서는 된소리의 조음과 평음의 조음이 의미상의 분화에 중요한 역할을 하게 되는 것이다. 이 글은 된소리가 조음되는 경우 중 사잇소리가 발생하는 경우에 한정하여 논의해 보기로 한다.

2. 사잇소리의 발생

독립적으로 사용되던 단어가 결합하여 하나의 단어(합성명사)가 될 때 본래의 두 단어 사이에 없던 소리가 발생하는 경우가 있다. 이를 한국어의 음운을 다루는 학자들이나 일반인들은 '사잇소리가 발생한다'라고 설명한다.

2.1. 고유어의 경우

2.1.1. 두 단어의 결합 — 합성어에서만 발생

단일어일 경우에는 사잇소리가 발생하지 않고, 합성명사일 경우에 한해서 발생한다는 사실은 같은 소리의 연결이면서 사잇소리가 발생하기도 하고 발생하지 않기도 하는 다음의 예에서 확인할 수 있다.

> 단일어 : 잠자리[잠자리]<곤충 이름>
> 복합어 : 잠+자리[잠짜리]<잠을 자는 자리>

독립적으로 사용될 수 있는 두 단어가 결합하여 복합어를 형성할 경우에만 발생하고, 체언이 곡용할 경우나 용언이 활용하는 경우 그리고 파생어를 형성하는 경우에도 사잇소리는 발생하지 않는다.

▶ 곡용에서는 발생하지 않음

체언이 곡용하는 경우에는 사잇소리가 발생하지 않는다. 조사나 후치사 중 평음으로 시작하는 '도, 조차, 부터'를 예로 들면 다음과 같다.

> (예) 아기+도→[아기도], 아기+부터→[아기부터],
>
> 아기+조차→[아기조차]
>
> 무+도→[무도], 무+부터→[무부터], 무+조차→[무조차]

살+도→[살도], 살+부터→[살부터], 살+조차→[살조차]

감+도→[감도], 감+부터→[감부터], 감+조차→[감조차]

안+도→[안도], 안+부터→[안부터], 안+조차→[안조차]

▶ 활용에서는 발생하지 않음

활용에서도 사잇소리는 발생하지 않는다. 평음으로 시작하는 선어말어미 '-겠-'이나 어말어미 '-고, -다, -지'를 예로 들면 다음과 같다.

(예) 가+고→[가고] 가+다→[가다] 가+지→[가지]

주+고→[주고] 주+다→[주다] 주+지→[주지]

살+고→[살고] 살+다→[살다] 살+지→[살지]

활용에서 예외적으로 보이는 것이 'ㄴ, ㅁ' 등으로 끝난 용언 어간들이다.

(예) 삼+고→[삼꼬] 삼+다→[삼따] 삼+지→[삼찌]

안+고→[안꼬] 안+다→[안따] 안+지→[안찌]

이들은 활용할 때 후행하는 평음을 된소리로 조음하게 하는데 이들외에 '감-, 숨-' 등이나 '신-' 등 'ㄴ'이나 'ㅁ'으로 끝난 용언 어간은 예외없이 동일한 현상으로 보인다. 이것은 음운론적으로 어떻게 처리할 것인가 하는 문제는 이 방면의 전문적인 논의로 미루어두고 그 현상만 지적하기로 한다.

▶ **파생어에서도 발생하지 않음**

피동접미사 '-기', 명사파생접미사 '-기', '-보' 등이 결합할 경우에에도 사잇소리는 발생하지 않는다.

(예)

(-기) 안+기+다→[안기다]   감+기+다→[감기다]

(-기) 울+기→[울기]   살+기→[살기]

하+기→[하기]   사+기→[사기]

(-보) 울+보→[울보] 잠+보→[잠보]

'ㄴ'이나 'ㅁ'으로 끝난 용언 어간에 '-기'가 결합하여 명사형이 될 때 된소리 현상이 발생하는 것은 용언이 활용하는 경우와 동일하다.

(예) 안+기→[안끼]   삼+기→[삼끼]

▶ **명사형에서도 발생하지 않음**

명사형 '-기'가 결합할 경우에 된소리 현상이 발생하지 않는 것은 파생명사가 형성될 경우와 동일하다.

(예) 살+기→[살기]   울+기→[울기]

오+기→[오기]   가+기→[가기]

지금까지 사잇소리의 발생은 합성명사일 경우에 한한다는 것을 논의하기 위해 합성명사가 아닌 경우를 살펴 보았다. 그런데, 합성 명사라고 하여 사잇소리가 항상 발생하는 것은 아니라는 사실은, 즉 단어의 관계에 따라 사잇소리가 발생하기도 하고, 발생하지 않 기도 한다는 사실은 다음의 예에서 확인할 수 있다.

불+고기 → 불고기[불고기] <불로 구운 고기>
물+고기 → 물고기[물꼬기] <물에 사는 고기>

2.1.2. 관형적 속격 구성에서만 발생
독립된 두 단어가 연결되어 한 단어가 될 때 두 단어의 관계가 내 부적으로 동일한 것은 아니다. '손'과 '발'이 결합되어 '손발'이 되는 경우와 '손'과 '등'이 결합되어 '손등'이 되는 경우 두 단어의 관계는 동일하지 않은 것이다. '손발'의 경우는 두 단어가 대등한 위치에서 결합(병렬 구성)한 반면, '손등'의 경우는 앞의 단어가 뒤의 단어를 수식해 주는 관계(관형 구성)가 되는 것이다. 이처럼 두 단어가 대 등한 위치로 결합할 경우에는 사잇소리가 발생하지 않는다.(이에 대한 구체적인 예는 뒤에서 설명함)

사잇소리가 발생하는 경우는 앞의 것이 뒤의 것을 수식해 주는 관형적 구성일 때만 발생하는데, 이 경우는 대략 다음의 세 가지로 분류할 수 있다.

▶ 소유주나 기원일 때 발생

[모음 뒤] 내+가→[낻까]   나무+가지→[나묻까지]

손+등→ [손뚱]

['ㄹ' 뒤] 길+가→[길까]   솔+방울→[솔빵울]

밀+가루→[밀까루]

['ㅁ' 뒤] 담+벼락→[담뼈락]

['ㄴ' 뒤] 손+등→[손뚱]   손+바닥→[손빠닥]

['ㅇ' 뒤] 땅+값→[땅깝]   강+바닥→[강빠닥]

강+기슭→[강끼슥]

이러한 예들은 현대국어에서 속격 조사 '-의'를 붙여 구로 만들어
볼 수 있는 것들이다. 즉 '내의 가' 길의 가', '담의 벼락', '손의 등', '
강의 바닥'처럼 속격 조사 '-의'가 결합할 수 있는 구조인 것이다.

이러한 속격 관계는 이에 한정되지 않는다. 선행하는 단어가 시
간이나 장소를 나타낼 때 혹은 목적이나 용도를 나타낼 때에도 기
원적으로 속격 관계였다.(이에 대해서는 후술함)

▶ 시간이나 장소를 나타내는 경우에 발생]

선행하는 단어가 뒤에 오는 단어의 시간이나 장소를 나타낼 때
에는 사잇소리가 발생하여 뒤에 오는 초성은 된소리로 조음된다.

[모음 뒤]
(시간) 어제+밤→[어젣빰]   오후+반→[오혿빤]
(공간) 뒤+집→[뒫찝]
['ㄹ' 뒤]
(시간) 오늘+밤→[오늘빰]   겨울+잠→[겨울짬]
(공간) 물+개→[물깨]   들+개→[들깨]

['ㅁ' 뒤]

(시간) 밤＋잠→→[밤짬]   점심＋밥→[점심빰]

　　　봄＋비→[봄삐] 그믐＋달→[그믐딸]

['ㄴ' 뒤]

(시간) 오전＋반→[오전빤]

(공간) 안＋방→[안빵]   산＋돼지→[산뙈지]

　　　산＋바람→[산빠람]

['ㅇ' 뒤]

(시간) 초승＋달→[초승딸]

(공간) 땅＋값→[땅깝],

(//의 앞은 시간을 나타내는 단어가 이루는 복합어이고, 뒤는 장소
를 나타내는 단어가 복합어를 이루는 경우이다.)

　이런 예들과는 다른 현상을 보이는 것들도 있다. '점심 국수, 점
심 비빔밥, 가을 단풍, 내일 숙제, 고대 국어, 중세 국어' 등이 그것
이다. 이들도 복합어로 볼 수 있는 소지는 있지만 아직 한국인의 언
어 인식에 이들이 복합어로 인식되지 않기 때문일 것이다.

▶용도나 목표일 때 발생

　선행하는 단어가 뒤에 오는 단어의 용도나 목표 혹은 결과 등을
나타낼 때에는 사잇소리가 발생하여 뒤에 오는 초성은 된소리로
조음된다.

[모음 뒤] 고기+배→ [고긷빼]　공부+방→[공븓빵]

　　　　　세수+비누→[세숟삐누]

['ㄹ' 뒤] 술+잔→[술짠]　　　술+병→[술뼝]

['ㅁ' 뒤] 잠+자리→[잠짜리]　숨+구멍→→[숨꾸멍]

['ㄴ' 뒤]

['ㅇ' 뒤] 구경+감→[구경깜]

　용도나 목표를 나타내는 것이라 하더라도 항상 사잇소리가 발생하는 것은 아니다. '사과접시, 과일접시, 화장비누, 노래방' 등에서는 앞의 형태소가 뒤에 오는 형태소의 용도이거나 목표를 나타내는 것이지만 사잇소리가 발생하지 않는다. 이것은 이러한 단어에 대한 언중들의 인식이 기존의 복합어와 동일하게 인식되지 않거나1 기존의 용도와는 다르게 인식되기2 때문일 것이다.

2.1.3. 사잇소리가 발생하지 않는 단어 구성

첫째, 대등 구성일 때

　합성어를 이루는 두 단어의 관계가 '-와/과'로 연결될 수 있는 대등한 관계이거나, '-이라는 -'로 연결될 수 있는 관계 혹은 '-인 -'로 연결될 수 있는 관계일 때는 사잇소리가 발생하지 않는다.

---

1 '고깃배'와 '사과접시'는 둘다 앞의 형태소가 용도를 나타내는 것이지만, 그 관계는 사뭇 다르다. 이에 관한 언중들의 인식이 사잇소리의 발생에 영향을 끼쳤을 것이다.

2 '세숫비누'와 '화장비누'의 경우 그 용도가 동일하지만 '비누'에 대한 인식의 차이가 발화에 영향을 끼쳤을 것이다. 그리고 '공부방'과 '노래방'은 그 방의 개념이나 구조나 다르고, 단어의 관계가 일치하는 것이 아니다. 이러한 인식이 언중들의 발화에 영향을 끼쳤을 수가 있다.

[모음 뒤] 소+돼지→[소돼지]   막내+동생→[망내동생]

['ㄹ' 뒤] 팔+다리→[팔다리]   물+불→[물불]

　　　　종달+새→[종달새]

['ㅁ' 뒤]

['ㄴ' 뒤] 손+발→[손발]   논+밭→[논받]

　　　　눈+바람→[눈바람]³

['ㅇ' 뒤] 수양+버들→[수양버들] 딱정+벌레→[딱쩡벌레]

　위['ㄴ' 뒤] 의 예들은 '손과 발'로 대등한 관계를 나타내고, '수양이라는 버들'과 같이 버들 중에서 그 이름이 '수양'이라는 관계를 나타내고, '막내인 동생'처럼 그 자격이나 신분을 나타낸다. 이처럼 대등한 관계일 경우 사잇소리가 발생하지 않는다.

둘째, 유정물이 속격인 관형 구성일 때

　속격적인 구성에서는 사잇소리가 발생하는 것이 일반적이지만, 관형저인 구실을 하는 체언이 유정물인 경우에는 사잇소리가 발생하지 않는다.⁴

---

3 '눈바람'의 경우 [눈빠람]으로 발음될 수도 있고, [눈바람]으로 발음될 수도 있는데, 의미에 차이가 난다. 전자로 발음할 경우에는 '바람과 함께 세게 휘몰아치는 눈'의 의미가 되고, 후자로 발음될 경우에는 눈과 바람의 의미가 된다.

4 그 원인은 사잇소리의 기원과 관련된다. 사잇소리의 기원이 되는 속격 조사가 옛날에는 '-의/익'와 'ㅅ'로 구분되었는데, 그 당시에 유정물인 경우에는 속격 조사가 '-의/익'와 결합했기 때문이다. 이에 대해서는 뒤에서 언급한다.

[모음 뒤] 개+고기→[개고기]　　개+구멍→[개구멍]

　　　　　개미+집→[개미집]　　새우+등→[새우등]

　　　　　개+다리→[개다리]

['ㄹ' 뒤] 말+고기→[말고기]　　말+발굽→[말발굽]

['ㅁ' 뒤] 범가+죽→[범가죽]　　곰+가죽→[곰가죽]

['ㄴ' 뒤]

['ㅇ' 뒤] 형+집→[형집]　　　동생+집→[동생집]

셋째, 비속격적 관형 구성일 때

관형적 구성이라고 하여 모두 사잇소리가 발생하는 것은 아니다. 앞의 형태소가 뒤에 오는 형태소의 형상이나 재료 혹은 수단이나 방법 등일때는 속격 관계가 형성되지 않으므로 사잇소리가 발생하지 않는다.

㉠ 형상이나 재료를 나타낼 때는 발생하지 않음

합성어를 이루는 두 단어 중 앞의 단어가 뒤에 오는 단어의 형상을 나타내거나 재료를 나타낼 때 사잇소리는 발생하지 않는다.

[모음 뒤] 종이+배→[종이배]　　고기+배→[고기배][5]

　　　　　나무+집→[나무집]　고무+신→[고무신]

['ㄹ' 뒤] 줄담배　　　뿔도장　　　돌부터

['ㅁ' 뒤] 뱀장어

---

5 [고기배]로 발음되는 경우 '고기라는 배'로 동격 관계가 되거나 '고기의 배'로 유정물이 속격인 관계가 된다.

['ㄴ' 뒤] 반달   온달   눈사람

['ㅇ' 뒤] 콩밥   콩국   콩비지

'반달'은 '달'의 모양을 나타내는 것이기 때문에 사잇소리가 발생하지 않는다. 반면에 '초승달→[초승딸], 그믐달→[그믐딸]'이 되는 것은 이러한 관계가 아니다. 이들은 '초승에 뜬 달, 그믐날에 뜬 달' 정도의 의미가 된다. '종이로 만든 배, 나무로 지은 집' 등의 관계로 앞의 단어가 뒤에 오는 단어의 재료를 나타낸다.

ⓛ 수단이나 방법일 때 발생하지 않음

[모음 뒤] 물레+방아→[물레방아]   코+방귀→[코방귀]

['ㄹ' 뒤] 물+두부→[물두부]   칼+국수→[칼국수]

           불+고기→[불고기]   불+장난→[불장난]

           길+동무→[길동무]   말+동무→[말동무]

['ㅁ' 뒤]

['ㄴ' 뒤] 손+수레→[손수레]

['ㅇ' 뒤]

2.2. 한자어의 경우

한자어의 경우 사잇소리의 발생은 고유어와 같은 양상을 보이는 것이 있는가 하면 전혀 다른 양상을 보이기도 한다.

2.2.1. 고유어와 같은 양상을 보이는 경우

첫째, 형태소를 분석할 수 없을 정도로 굳어져서 단일어나 혹은 고유어처럼 인식되는 것은 사잇소리가 발생하지 않는다. 이 경우는 고유어의 형태소 내부에서 사잇소리가 발생하지 않는 것과 같은데, 친숙한 생활용어나 인명, 지명 등이 된소리로 조음되지 않는 것은 이 예에 해당한다.

    (예) 생활용어

        소비(消費)→[소비]   동서(同壻)→[동서]

        비교(比較)→[비교]   지리(地理)→[지리]

        가족(家族)→[가족]   주거(住居)→[주거]

    (예) 지명, 인명

        충북(忠北)→[충북]   대전(大田)→[대전]

        부산(釜山)→[부산]   동국(東國)→[동국]

        배재(培栽)→[배재]

둘째, 두 형태소가 병렬되어 대등한 관계를 나타내는 것도 사잇소리가 발생하지 않는다.(고유어의 병렬적인 구조에서 사잇소리가 발생하지 않는 것과 같다.)

    (예) 동서(東西)→[동서]   호수(湖水)→[호수]

        우마차(牛馬車)→[우마차]

셋째, 두 단어의 관계가 중국어식의 구조를 가지고 있는 것은 사잇소리가 발생하지 않는다.

(예) 치수(治水)→[치수]　　　대미(對美)→[대미]

넷째, 접두사적인 성질을 가지고 있는 것의 뒤에는 사잇소리가
발생하지 않는다.

(예) 몰상식(沒常識)→[몰상식]　몰지각(沒知覺)→[몰지각]
　　　몰교섭(沒交涉)→[몰교섭]　반사회(反社會)→[반사회]
　　　반작용(反作用)→[반자꽁]　반봉건(半封建)→[반봉건]
　　　반설음(半舌音)→[반서름]　반제품(半製品)→[반제품]
　　　반병신(半病身)→[반병신]　비생산(非生産)→[비생산]
　　　비주류(非主流)→[비주류]　비교육(非敎育)→[비교육]
　　　부도덕(不道德)→[부도덕]　부적당(不適當)→[부적당]
　　　불건전(不健全)→[불건전]

다섯째, 한자어가 국어화하면서 접미사적인 성질을 가지고 있는
것으로 변화한 것은 그 앞에서 사잇소리가 발생하지 않는다. 국어
에서 접미사로 굳어진 것 중에 대표적인 것으로 '적'을 들 수 있는
데 그 예는 다음과 같다.

(예) 합리적(合理的)→[함니적]　보수적(保守的)→[보수적]
　　　사회적(社會的)→[사회적]　능동적(能動的)→[능동적]
　　　수동적(受動的)→[수동적]　음성적(陰性的)→[음성적]

일반적(一般的)→[일반적]　방언적(方言的)→[방언적]
봉건적(封建的)→[봉건적]

이 외에 이와 유사한 현상으로 보이는 예를 몇 가지 더 들면 다음과 같다.

　(가)　소설가(小說家)→[소설가]　정치가(政治家)→[정치가]
　(관)　심의관(審議官)→[심의관]　당상관(堂上官)→[당상관]
　(국)　총무국(總務局)→[총무국]　문화국(文化局)→[무놔국]
　(기)　성수기(盛需期)→[성수기]　빙하기(氷河期)→[빙하기]
　(기)　선풍기(扇風機)→[선풍기]　비행기(飛行機)→[비행기]
　(대)　침대(寢臺)→[침대]　고정대(固定臺)→[고정대]
　(반)　수리반(修理班)→[수리반]　정비반(整備班)→[정비반]
　(부)　생산부(生産部)→[생산부]　정비부(整備部)→[성비부]
　(수)　무리수(無理數)→[무리수]　정수(定數)→[정수]
　(어)　고유어(固有語)→[고유어]　일본어(日本語)→[일보너]
　(자)　후자(後者)→[후자]　전자(前者)→[전자]
　(집)　논문집(論文集)→[논문집]　논집(論集)→[논집]

2.2.2. 고유어와 다른 양상을 보이는 경우

　한자어와 국어에 동화되어 고유어와 비슷한 기능을 하는 경우가 많다. 그런데 이 과정에서 한자어는 본래의 의미 기능을 수행하면서 문법적인 기능사가 되는 경우가 많기 때문에 복잡한 양상을 보이는 경우가 많다.

첫째, 음운 조건에 따라 사잇소리 발생

한자어 '르' 뒤에서는 특이한 현상을 보인다. '르' 뒤에서 'ㄷ, ㅈ, ㅅ'등은 된소리로 조음되고, 'ㄱ, ㅂ' 등은 평음으로 조음되는 것이 일반적이다.

(초성이 'ㄷ'인 경우)	발달→[발딸]	절도→[절도]
	절단→[절딴]	
(초성이 'ㅈ'인 경우)	발전→[발쩐]	결정→[결쩡]
	일절→[일쩔]	
(초성이 'ㅅ'인 경우)	일수→[일쑤]	발설→[발썰]
	일소→[일소]	
(초성이 'ㄱ'인 경우)	불굴→[불굴]	발굴→[발굴]
	불구→[불구]	
(초성이 'ㅂ'인 경우)	돌발→[돌발]	결빙→[결빙]
	결부→[결부]	

둘째, 음절 수에 따라 사잇소리 발생

음절 수에 의해 사잇소리가 발생하는 경우도 있고 그렇지 못한 경우가 있다. 접미사적인 기능을 수행하는 '-적'의 예를 들어 보기로 하자.

사적(史的)→[사쩍]	사적(私的)→[사쩍]
공적(公的)→[공쩍]	병적(病的)→[병쩍]
전적(全的)→[전쩍]	인적(人的)→[인쩍]

질적(質的)→[질쩍]   물적(物的)→[물쩍]

이처럼 '-적'의 경우 된소리로 조음되는 경우가 많다. 그런데 이렇게 조음되는 경우는 모두 '적'을 포함해서 2음절로된 어휘들이다. 음절 수가 긴 단어가 '적'이 결합할 경우 된소리 현상이 나타나지 않는다. 음절 수에 의해 된소리 발생 여부가 결정된다는 것은 다음을 비교해 보면 확연히 드러난다.[6]

(된소리로 발음)   (평음으로 발음)

사적(史的)→[사쩍]   역사적(歷史的)→[역사적]

공적(公的)→[공쩍]   성공적(成功的)→[성공적]

인적(人的)→[인쩍]   개인적(個人的)→[개인적]

질적(質的)→→[질쩍]   물질적(物質的)→[물질적]

셋째, 의미 분화에 의한 사잇소리 발생

의미가 분화되면서 평음과 된소리로 구분되는 경우가 있다. 그중의 하나인 '격(格)'의 경우를 제시하면 다음과 같다.

(된소리로 조음)   (평음으로 조음)

주격(主格)→[주껵]   자격(資格)→[자격]

대격(對格)→[대껵]   가격(價格)→[가격]

---

6 '성(性)'의 경우는 이와 반대되는 양상을 보이는 듯하다. 즉 '이성(理性), 지성(知性), 감성(感性)' 등일 때에는 평음으로 실현되고, '일회성(一回性), 회귀성(回歸性)' 등일 때에서는 된소리로 조음된다. 이것은 앞의 경우 본래의 의미로 사용된 것이고, 뒤의 것은 접미사처럼 사용된 것이다.

성격(性格)→[성격]	규격(規格)→[규격]
인격(人格)→[인격]	골격(骨格)→[골격]

사람의 됨됨이를 나타내거나, 문법용어로 문장 성분을 지칭할 경우에는 된소리 현상이 나타나고, 그 본래의 의미를 나타낼 경우에는 된소리로 사용되지 않는 것이다.7

넷째, 조건없이 사잇소리 유발

사용되는 의미와 관계없이 거의 된소리로만 조음되는 몇몇도 있다. '가(價), 과(科), 법(法), 점(點), 자(字)' 등이 그것이다.

(예)

점(點)	관점(觀點)→[관쩜]	결점(缺點)→[결쩜]
	배점(配點)→[밷쩜]	정점(頂點)→[정쩜]
법(法)8	사법(私法)→[삳뻡]	공법(公法)→[공뻡]
	탈법(脫法)→[탈뻡]	물법(物法)→[물뻡]
	행정법(行政法)→[행정뻡]	문법(文法)→[문뻡]
과(科)9	문과(文科)→[문꽈]	이과(理科)→[잉꽈]

---

7 '증(證), 건(件)' 등도 이에 해당한다. '건(件)' 경우 예들은 다음과 같다. 사건(事件)→[사껀], 용건(用件)→[용껀], 조건(條件)→[조껀], 안건(案件)→[안껀] 등에 대해 물건(物件)→[물건]. 이와 관련된 좀더 구체적인 논의는 송기중(1992) 참고.
8 '무법(無法)→[무법], 사법(司法)→[사법]' 등은 사잇소리가 발생하지 않는데, 전자의 경우 국어와 다른 문장 구조이기 때문이고, 후자는 대등한 관계를 이루기 때문이다.
9 '과(科)'의 경우 어두의 위치에서 사용될 경우에도 된소리로 조음할 경우가 많다.

	상과(商科)→[상꽈]	전과(前科)→[전꽈]
	문리과(文理科)→[물릳꽈]	
가(價)	대가(代價)→[댇까]	정가(定價)→[정까]
	물가(物價)→[물까]	고가(高價)→[곧까]
	저가(低價)→[젇까]	
자(字)	문자(文字)→[문짜]	'삼'자(字)→[짜]

2.3. 유사한 현상

현대국어의 공시적인 상태에서 보면 'ㅂ'이나 'ㅎ'이 덧나는 것처럼 보이는 것이 있다. 예를 들어 현대국어에서 단일어로 사용될 경우에는 '조'와 '쌀'인데, 이들이 복합어를 이룰 경우에는 '좁쌀'이 되는 것처럼 'ㅂ'이 덧나는 것처럼 보이는 경우가 있다. 비슷하게 '머리'와 '가락'으로 사용되는 단일어가 복합어가 될 경우에는 '머리카락'이 되어 'ㅎ'이 덧나는 것처럼 보이는 경우가 있는 것이다. 그런데 이들은 사잇소리가 발생한 것이 아니라 이전에 존재하던 소리의 흔적들이다. 구체적인 내용은 다음과 같다.

2.3.1. 'ㅂ'이 덧나는 경우

현대국어에서 'ㅂ'이 덧나는 것처럼 보이는 예들이 있다.

(예) {조, 쌀}좁쌀   {해, 쌀} 햅쌀

　　 {이, 때}입때   {저, 때} 접때

그런데 이들은 사잇소리가 발생한 것이 아니라 '쌀'의 이전 형태
가 '뿔'이었는데 이때의 흔적이 현대국어에까지 남아 있는 것이다.

2.3.2. 'ㅎ'이 덧나는 경우

'ㅎ'이 덧나는 것처럼 보이는 것도 역사적인 흔적이다. '암, 수,
머리, 살, 안' 등은 본래 'ㅎ'이 종성으로 존재하던 것들이다. '않,
숳, 머맇, 삷, 않' 등의 형태로 옛날에 사용되었다. 이때 만들어진
복합어들은 'ㅎ'이 이어지는 단어의 첫머리에 그 흔적을 남긴다.

(예) 않+ 개→암캐   않+ 것→암컷

　　　숳+ 닭→수탉   숳+ 것→수컷

　　　머맇+ 가락→머리카락

　　　삷+ 고기→살코기

　　　않+ 밖→안팎

(비교)

　　　머리+ 빗→[머린삗]   머리+ 결→[머린결]

　　　암+ 기→[암끼]   수+ 기→[순끼]

　　　안+ 다리→[안따리]

예를 들어 '살'이라는 단어와 '고기'라는 단어가 복합어를 이룰
경우에는 '살코기'가 되는데, 이러한 현상이 발생하는 것은 '살'의
이전 형태가 '삷'로 어간말에 'ㅎ'을 가지고 있었기 때문이다. 그런
데 사잇소리가 발생하는 것은 통시적으로 설명해야 할 것이다. 즉

'ㆆ' 종성 체언이었을 때 형성된 단어는 격음을 흔적으로 가지고 있고, 'ㆆ'이 소멸하고 난 뒤에 형성된 단어는 그 사이에 사잇소리가 발생한 것이다.

2.3.3. 'ㆆ'이 덧나는 경우

이른바 'ㄹ' 관형형 뒤에서 평음이 된소리로 조음되는 현상이 있다.

(예) 할 것→[할껃]   갈 사람→[갈싸람]   볼거리→[볼꺼리]

이러한 현상은 'ㄹ' 관형형이 본래 그 종성으로 'ㆆ'을 가지고 있었기 때문이다. 이들은 훈민정음을 창제할 당시만 하더라도 '갏 사람' 혹은 '갈 싸람'으로 표기되었다.

2.3.4. 정리

즉 '좁쌀'이 된 것은 음절 구조 조정에 의한 것이다. CV+CCV(V)라는 음절구조를 가지고 있는 단어가 결합하여 하나의 합성어가 되면서 CVC+CV(C)라는 음절 구조로 조정된 것이다. 그리고, '살코기'나 가 된 것은 축약에 의한 것이다.

3. 사잇소리의 발음과 표기

3.1. 사잇소리의 발음

사잇소리는 앞단어와 뒷단어의 사이에 나는 소리이지만 이것이 중간에서 독립적으로 하나의 음절로 발음될 수 있는 소리가 아니다. 그래서 이것은 앞단어의 음절말로 실현되든가 아니면 뒷단어의 음절초로 실현되게 된다. 사잇소리의 발음은 다음의 세 가지이다.

첫째, 뒷단어의 초성이 거센소리나 된소리일 경우에는 사잇소리가 발생하더라도 실질적인 발음에 영향을 미치지 못한다. 예를 들어 '물+가, 물+길'일 경우에는 사잇소리가 발생하여 'ㄱ'을 된소리로 조음하게 하지만, '물+통'이나 '물+총', '개+꼬리, 말+꼬리' 등에서는 사잇소리가 발생한다 하더라도 실질적인 발음에 영향을 미치지 못한다.

둘째, 뒷단어의 초성이 평음일 경우에는 사잇소리는 뒷단어의 초성을 된소리로 조음하게 한다. 이 경우는 지금까지 보아 온 경우이다.

셋째, 뒷단어의 초성이 비음('ㄴ'이나 'ㅁ')일 경우에는 사잇소리가 비음에 동화되어 'ㄴ' 소리로 조음된다. 예를 들어 '이+몸'이 결합할 경우 두 단어 사이에 사잇소리가 발생하게 되는데 이 사잇소리는 뒤에 오는 'ㅁ'에 동화되어 'ㄴ'으로 발음된다. 그래서 발음으로는 'ㄴ'이 첨가된 것처럼 보인다.

3.2. 사잇소리의 표기

현대국어에서 사잇소리는 'ㅅ'으로 표기한다. 이때 표기된 'ㅅ'을 흔히들 '사이시옷'이라고 부른다. 현대국어에서 사잇소리의 표기는 복잡한 듯하다. '셋방'의 경우에는 사잇소리를 표기하고, '전세방'의 경우에는 사잇소리를 표기하지 않고, '전셋집'의 경우에는 사잇소리를 표기한다. 언뜻 보아 무질서하게도 보이는 현행 사잇소리의 표기법이지만, 사잇소리를 표기하는 원리를 이해하면 이러한 표기도 쉽게 이해될 수 있다. 사잇소리의 표기는 사잇소리가 발생하는 경우에 한하여 그것을 'ㅅ'으로 표기한다. 사잇소리가 발생하지 않거나 발생하더라도 한국인의 음절 구조에 적합하지 않거나 표기할 필요가 없을 경우 사잇소리를 표기하지 않는다. 이에 관한 한글맞춤법의 규정과 그 해설을 우선 제시한다.

3.2.1. 규정과 해설[10]

---

10 국립국어연구원의 홈페이지에서는 다음과 같이 해설하고 있다.
사이시옷 용법을 알기 쉽게 설명하면 다음과 같다.

① 개-구멍, 배-다리, 새-집(鳥巢), 머리-말(序言)
② 개-똥, 보리-쌀, 허리-띠, 개-펄, 배-탈, 허리-춤
③ 개-값, 내-가(川邊), 배-가죽(腹皮), 새(←사이)-길(間路), 귀-병(病), 기(旗)-대, 세(貰)-돈, 화(火)-김
④ 배-놀이(船遊), 코-날(鼻線), 비-물(雨水), 이-몸(齒齦), 무시(無市)-날, 보(洑)-물, 패(牌)-말
⑤ 깨-잎, 나무-잎, 뒤-윷, 허드레-일, 가외(加外)-일, 보(洑)-일
⑥ 고-간(庫間), 세-방(貰房), 수-자(數字), 차-간(車間), 퇴-간(退間), 회-수(回數)

에서, ①~⑤는 모두 합성어이며, ⑥은 이에 준하는 한자어다. 그런데
①의 경우는, 앞 단어의 끝이 폐쇄되는 구조가 아니므로, 사이시옷을 붙이지
않는다.
②의 경우는, 뒤 단어의 첫소리가 된소리나 거센소리이므로, 역시 사이시옷을
붙이지 않는다.
③의 경우는, 앞 단어의 끝이 폐쇄되면서 뒤 단어의 첫소리가 경음화하여 [갣
: 깝, 낻 : 까]로 발음되므로, 사이시옷을 붙이어

갯값, 냇가, 뱃가죽, 샛길   귓병, 깃대, 셋돈, 홧김

으로 적는다.
④의 경우는, 앞 단어의 끝이 폐쇄되면서 자음 동화 현상(ㄷ+ㄴ→ㄴ+ㄴ, ㄷ+
ㅁ→ㄴ+ㅁ)이 일어나 [밴노리, 빈물]로 발음되므로, 사이시옷을 붙이어

       뱃놀이, 콧날, 빗물, 잇몸
       무싯날, 봇물, 팻말

로 적는다. '팻말, 푯말'은, 한자어 '패(牌), 표(標)'에 '말(말뚝)'(옛말에서 'ㅎ'곡
용어)이 결합된 형태이므로, 2의 규정을 적용하여 '팻말, 푯말'로 적는 것이다.
다만, 한자어 '牌林, 標林'은 '패말, 표말'로 적어야 한다.
⑤의 경우는, 앞 단어 끝이 폐쇄되면서 뒤 단어의 첫소리로 [ㄴ]음이 첨가되
고, 동시에 동화 현상이 일어나 [깬닙→깬닙, 나묻닙→나문닙]으로 발음되므로,
사이시옷을 붙이어

       깻잎, 나뭇잎, 뒷윷, 허드렛일   가욋일, 봇일로 적는다.

⑥의 경우는, 한자어에는 사이시옷을 붙이지 않는 것을 원칙으로 하되, 이 6개
단어만은

곳간 , 셋방, 숫자, 찻간, 툇간, 횟수로 적는다.

이 설명에 따르면, '내과(內科), 이과(理科), 총무과(總務課), 장미과(薔薇科)'
등은 3에서 다루어진 6개 이외의 한자어이므로 사이시옷을 붙이지 않으며, '
나리-과(科), 말선두리-과(科)' 등은, '과'가 비교적 독립성이 약한 형태소이긴
하지만, 앞의 고유어와의 사이에 경계가 인식되는 구조이므로, 2의 규정을 적
용하여

       나릿과, 말선두릿과로 적는 것이다.

사이시옷의 표기에 관한 한글맞춤법의 규정은 제30항에 다음과 같이 서술되어 있다.

제30항 사이시옷은 다음과 같은 경우에 받치어 적는다.

1. 순 우리말로 된 합성어로서 앞말이 모음으로 끝난 경우

(1) 뒷말의 첫소리가 된소리로 나는 것

고랫재	귓밥	나룻배	나뭇가지	냇가
댓가지	뒷갈망	맷돌	머릿기름	모깃불
못자리	바닷가	뱃길	볏가리	부싯돌
선짓국	쇳조각	아랫집	우렁잇속	잇자국
잿더미	조갯살	찻집	쳇바퀴	킷값
핏대	햇볕	혓바늘		

(2) 뒷말의 첫소리 'ㄴ, ㅁ' 앞에서 'ㄴ' 소리가 덧나는 것

멧나물	아랫니	텃마당	아랫마을	뒷머리
잇몸	깻묵	냇물	빗물	

(3) 뒷말의 첫소리 모음 앞에서 'ㄴㄴ' 소리가 덧나는 것

도리깻열	뒷윷	두렛일	뒷일	뒷입맛
베갯잇	욧잇	깻잎	나뭇잎	댓잎

한편, 2 (1)의 예시어 '찻잔, 찻종'에서의 '차'가 순 우리말이냐 하는 의문이 있을 수 있겠으나, 예로부터 '茶'자의 새김(訓)이 '차'였으므로, 한자어 '다(茶)'와 구별한 것으로 해석된다

2. 순 우리말과 한자어로 된 합성어로서 앞말이 모음으로 끝난 경우

(1) 뒷말의 첫소리가 된소리로 나는 것

귓병	머릿방	뱃병	봇둑	사잣밥
샛강	아랫방	자릿세	전셋집	찻잔
찻종	촛국	콧병	탯줄	텃세
핏기	햇수	횟가루	횟배	

(2) 뒷말의 첫소리 'ㄴ, ㅁ' 앞에서 'ㄴ' 소리가 덧나는 것

곗날	제삿날	훗날	툇마루	양칫물

(3) 뒷말의 첫소리 모음 앞에서 'ㄴㄴ' 소리가 덧나는 것

가욋일	사삿일	예삿일	훗일

3. 두 음절로 된 다음 한자어

곳간(庫間)	셋방(貰房)	숫자(數字)	찻간(車間)
툇간(退間)	횟수(回數)		

이들을 보면 사잇소리를 표기하는 경우는 크게 어종에 따라 두 종류로 구분할 수 있다.

첫째, 고유어끼리 결합한 합성어(및 이에 준하는 구조) 또는 고유어와 한자어가 결합한 합성어 중, 앞 단어의 끝 모음 뒤가 폐쇄되는 구조로서,

① 뒤 단어의 첫소리 'ㄱ, ㄷ, ㅂ, ㅅ, ㅈ' 등이 된소리로 나는 것

② 폐쇄시키는 음([ㄷ])이 뒤의 'ㄴ, ㅁ'에 동화되어 [ㄴ]으로 발음
되는 것

③ 뒤 단어의 첫소리로 [ㄴ]이 첨가되면서 폐쇄시키는 음([ㄷ])이
동화되어 [ㄴㄴ]으로 발음되는 것

둘째, 두 글자(한자어 형태소)로 된 한자어 중, 앞 글자의 모음 뒤
에서 뒤 글자의 첫소리가 된소리로 나는 6개 단어에 사이시옷을 붙
여 적기로 한 것이다.

3.2.2. 사잇소리의 표기

사잇소리가 발생할 경우 그것의 표기는 'ㅅ'으로 하고 있다. 그런
데 사잇소리가 발생한다고 하여 반드시 사이시옷을 표기하는 것은
아니다. 사잇소리가 발생할 경우 현대국어에서는 'ㅅ'으로 표기하
기도 하고, 표기하지 않기도 하는 것이다. 사잇소리를 표기할 경우
'ㄷ'으로 표기할 수도 있고, 다른 문자로 표기할 수도 있겠지만 국
어사에서 해 오던 관례에 의해 'ㅅ'으로 표기하고 있는 것이다.

첫째, 사잇소리를 표기하는 경우

고유어끼리 혹은 고유어와 한자어가 결합한 복합어 중에서, 사
잇소리가 발생하는 경우에 한하여, 그리고 앞 형태소의 말음이 모
음일 경우에 한하여 사잇소리를 'ㅅ'으로 표기한다.

사잇소리의 발생은 (1) '내+가→냇가', '귀+병→귓병', '해+살→햇
살' 등과 같이 후행하는 형태소가 된소리로 조음되거나, '배+놀이→

[밴놀이]'처럼 'ㄴ' 소리가 덧나는 것처럼 보이거나 '뒤+일→[뒨닐]' 등과 같이 'ㄴ' 소리가 덧나고 선행하는 형태소의 말음에 'ㄴ' 소리가 덧나는 것처럼 보이는 경우이다. 그리고 '내과(內科), 이과(理科), 초점(焦點), 호수(戶數)' 등의 경우 사잇소리가 발생하여 제2 음절 위치의 초성을 된소리로 조음하지만, 사잇소리를 표기하지 않는데 이것은 한자어어기 때문이다. 사잇소리의 표기는 고유어와 한자어 혹은 한자어와 고유어로 이루어진 복합어일 경우에 사잇소리를 표기한다.[11]

둘째, 사잇소리를 표기하지 않는 경우

사잇소리가 발생하더라도 그것을 표기하지 않는 경우가 있다.

(1) 한자어일 때 6개외에는 표기하지 않는다. '理科'는 [이꽈]로 발음되지만 '잇과'로 표기하지 않는다.

(2) 뒤 형태소의 초성이 된소리이거나 거센소리일 때 사잇소리를 표기하지 않는다. '술통'은 사잇소리가 발생하는 환경이지만, 사잇소리를 표기할 실제적인 효과가 없기 때문에 표기하지 않는다.

(3) 앞 형태소의 말음에 종성 자음이 있을 경우 표기하지 않는다. '술+병'의 경우 사잇소리가 발생하지만 종성에 'ㄹ ㅅ'과 같은 겹자음의 표기를 하지 않기로 한 것이다.

---

11 이렇게 하는 이유는 한자어일 경우 가능한 한 그 형태를 단일하게 표기하기 위한 것이다. 예를 들어 '齒科(치과)'와 '齒痛(치통)'의 경우 '칫과'와 '치통'으로 표기하면 동일한 한자에 대해 두 개의 음이 있는 것처럼 보일 수 있으므로 같은 한자는 하나의 음으로 표기하기 위한 효과를 볼 수 있는 것이다.

4. 사잇소리의 기원[12]

기원적으로 사잇소리와 속격의 표기는 구분되었다. 고유한 우리 글이 없어서 중국의 한자를 빌어 우리말을 표기하던 시절에는 속격의 표기는 '矣'나 '叱'로 표기되었고, 사잇소리는 표기되지 않았다. 훈민정음을 창제한 15세기에 오면 속격의 표기는 '의/익'로 표기되거나 'ㅅ'으로 표기되었다. '의/익'는 '矣'를 이어받은 것이고, 'ㅅ'은 '叱'을 이어받은 것이다. 이것의 구분은 유정물이냐 무정물이냐에 따라 구분되는데 유정물일 경우에는 '의/익'를 사용하고 무정물일 경우에는 'ㅅ'을 사용하였다. 단 유정물이더라도 신분이 높을 경우에는 'ㅅ'을 사용하였다.[13]

4.1. 고대국어

고대국어에 사잇소리가 존재했다는 흔적은 찾아볼 수 없다. 물론 고대국어를 표기한 문자의 특수성으로 인해 사잇소리가 존재했다 하더라도 그것을 표기할 방법은 없었을 것이다. 표기 문자의 특수성 때문에 고대국어에 사잇소리가 존재했는지의 여부에 대한 판단은 우회적으로 할 수밖에 없는데, 고대국어에 그것이 존재하지 않았다는 증거는 음절말 자음의 표기 혹은 자음군 간소화 현상 그리고, 사이시옷 표기의 기원이 될 수 있는 '叱'의 사용에서 유추해

---

12 이 부분은 졸고(1997)의 내용을 옮겨 온 것이다.
13 신분이 높을 경우 일반적인 유정물로 보지 않은 인식이 언어적 표현에 반영되었을 것이다.

볼 수 있다.[14]

　고대국어의 음절말 자음의 실현에 대한 판단은 이기문(1972ㄴ, ㅉ. 69)의 "국어 음운사상 가장 특징적인 사실의 하나인 음절말 자음의 내파화가 고대에는 아직 일어나지 않았던 것으로 보인다. 즉 고대국어에서는 'ㅅ, ㅈ'을 비롯한 모은 자음이 음절말 위치에서도 제대로의 음가를 가지고 있었다."라는 진술에 기댈 수 있을 것이다. 음절말 자음의 내파화('미파화나 불파화 혹은 비파화'라는 용어가 정확할 것이다.)가 전제되지 않는 한 음절말 위치 혹은 형태소와 형태소의 연결에서 사잇소리가 발생할 수 없는 것이다. 후대에 사이시옷으로 발달하게 되는 '叱'은 문법형태소를 나타내는 것이었다. 향가에 사용된 '叱'의 용례 중 비교적 그 해독이 투명한 몇 예를 뽑아 보면 다음과 같은데,

(1ㄱ)
蓬次叱巷中宿尸夜音有叱下是(모죽지랑가)
乾達婆矣遊烏隱城叱肹良望良古(혜성가)
心未際叱肹逐內良齊(찬기파랑가)

(1ㄴ)
二肹隱吾下於叱古(처용가)
爲內尸等焉國惡大平恨音叱如(안민가)
倭理叱軍置來叱多(혜성가)

---

14 고대국어의 자음군 간소화 현상에 대해서는 현재 논의할 여유가 없기에 다음 기회로 미루기로 한다.

(1ㄷ)

倭理叱軍置來叱多(혜성가)

逸烏川理叱磧惡希(찬기파랑가)

蓬次叱巷中宿尸夜音有叱下是(모죽지랑가)

(1)의 '有叱下是, 城叱, 際叱'에 나타나는 '叱'은 15세기의 '이샤
리, 잣, ㄹ'에 해당되는 것으로 형태소의 일부분(주로 끝소리)을 나
타내기 위한 것이다. (2)의 '下於叱古, 大平恨音叱如, 來叱多'에
나타나는 '叱' 역시 아직 그 기능이 정확히 밝혀진 것은 아니지만,
15세기의 문법형태소 내지는 어휘형태소 'ㅅ 혹은 시'를 나타내기
위한 것이다. (3)의 '倭理叱軍, 川理叱磧惡, 蓬次叱巷'에 나타나는
'叱'은 후대의 사이시옷에 직결되는 것으로 단어와 단어를 연결해
주는 속격 내지는 관형격의 기능을 수행하는 것이다.

'叱'로 표기된 고대국어의 어떤 음소가, 선행하는 음질의 말음을
미파화하고, 경우에 따라서는 후행하는 음절의 초성을 된소리로
조음하게 하는 15세기 사잇소리와는 그 음가와 기원이 달랐다는
점은 여러 가지로 확인해 볼 수 있다. 우선 '叱'의 광운 반절이 '昌
栗切'로 성모는 정치음 중 3등운으로 차청자이므로,[15] 이것이 사잇
소리인 후두폐쇄음이나 입성의 표기로 사용될 수 없는 것이다. 운
모는 '質'운으로 종성은 '설내입성음'인 [t]와 유사한 음으로 조음
되었을 것인데 이것을 차자한 것이라면 여러 가지 문제가 대두된
다. 운미로써 폐쇄음인 종성을 표기하였다는 자체가 일반적인 차

---

15 정치음의 한국한자음에 대해서는 박창원(1996) 참고.

자 방식과 차이가 있다.16 또한 '叱'의 운미만을 차자하였다는 것을
인정하고, '叱'이 종성에서나 초성에서 동일한 음을 가지고 있었을
것이라는 것을 인정한다면(즉 한 문자는 하나의 음가를 나타낸다
는 원칙을 인정한다면), (1)의 '有叱下是, 城叱, 際叱' 등은 '이댜리
(혹은 이다리), 쟌, 걷' 등으로 해독될 수 있을 것이고, 이것이 15세
기의 '이샤리, 잣, ㄱㄷ' 등으로 변화하였다고 보아야 하는데 이것은
언어 변화에 대한 상식적인 판단으로 도저히 받아들일 수 없는 것
이다.

이로써 고대국어에는 사잇소리가 존재하지 않았다는 결론을 내
릴 수 있을 것이다.

4.2. 전기 중세국어

전기 중세국어에 사잇소리가 존재했는가의 여부는 13세기에 간
행된 향약구급방의 자료를 검토하여 추론할 수 있을 것이다. 사잇
소리와 관련하여 논의되어온 '叱'의 용례를 뽑아 보면 다음과 같은
데,17

(2ㄱ)

叱乙根(葛根) 阿叱加伊(草蔴子)

---

16 적어도, 향가에서는 'ㄱ, ㄷ, ㅂ' 등 폐쇄음인 종성을 표기하기 위해 한자의 운
미만을 차자하는 경우가 없다.
17 이에 대한 해독은 남풍현(1981), 이기문(1972ㄴ, ㅉ. 83-84 참고).

(2ㄴ)

勿叱隱堤阿, 勿叱隱阿背(獨走根), 雞矣碧叱(鷄冠), 齒所叱史如
(齒齼)

(2ㄷ)

天叱月乙(括蔞), 山叱水乃立(紫胡), 犬伊刀叱草(白斂), 你叱花
(燕脂), 山叱伊賜羅次(郁李)

(2ㄱ)의 '叱'은 후대의 'ㅈ, ㅊ'에 대응될 차자이고, (2ㄴ)의 그것
은 후대의 'ㅅ'에 대응될 차자이다. 그리고, (2ㄷ)의 '叱'은 15세기
의 속격 'ㅅ' 즉 현대국어의 사이시옷으로 연결될 차자이다. 이들
역시 음차자로서 음성의 동질성을 인정한다면, '叱'의 음가는 13세
기 이후에 'ㅈ(ㅊ), ㅿ, ㅅ'으로 변화할 수 있는 어떤 자음이어야 하
지, 선행음을 미파화하고, 경우에 따라서는 후행음질의 초성을 된
소리로 조음하게 하는 소리일 수 없는 것이다.

또한 전기중세국어에 음절말 자음이 치음 계열에서 적어도, 'ㅅ,
ㅈ, ㅿ' 등이 구별되었을 것[18]을 감안하면 음절말의 미파화는 아직
발생하지 않았다고 할 수 있는데, 이것은 위에서 검토한 자료에서
추출되는 결론과 동일하다.

---

18 이에 대해서는 이기문(1972ㄱ, ㄴ), 박창원(1987) 참고, 박창원(1987)은 박
창원(1996)에 약간 수정하여 재수록되어 있다.

4.3. 후기 중세국어

고대국어나 전기 중세국어에 존재하지 않던 사잇소리는 훈민정음을 창제한 시기보다 약간 앞서서 발생한 것으로 추정된다. 훈민정음을 창제할 당시에 어두 초성이나 어중 초성에 자음군이 존재하는 것은 자음을 외파음으로 조음하던 관습이 부분적으로든 전체적으로든 유지되고 있음을 의미하고, 음절말에 자음군 간소화나 음절말 중화가 진행되고 있다는 사실은 외파적인 조음에서 내파적인 조음으로 진행되고 있었다는 것을 의미하기 때문이다. 예를 들어 15세기 후반기의 국어 자료에 '업도록, 값'이 존재하는 것은 이 시기에 음절말 자음군 간소화가 진행되고 있다는 사실을 보여주는 것이고, 역시 '엱이, 엿이'이 공존하는 것은 음절말 자음 중화가 '엱이'에서 '엿이'로 진행되고 있다는 사실을 말해 주는 것이다.

외파적으로 조음되던 음절말 자음이 불파음 내지는 미파음으로 조음되면서 후행하는 형태소의 초성에 영향을 주게 되고 이것이 사잇소리로 인식되기에 이른 것이다.

미파화가 음절의 말음을 빨리 끝닫음으로써 (훈민정음의 표현에 의하면) 입성으로 조음하게 하는 것이라면 사잇소리의 발생은 음절과 음절 사이에 발생할 것이 기대되는데, 국어에서 주로 논의의 대상이 되는 것은 형태소와 형태소가 연결할 때에 앞 형태소의 말에 발생한 미파화 현상이다. 두 음절 이상으로 된 형태소 내부의 음절말에 미파화가 발생할 경우에는 형태소의 재구조화로 바로 이어지게 된다. 반면에 형태소와 형태소의 연결에서 발생한 선행하는 형태소 말음의 미파화는 후행하는 형태소의 초성에 영향을 미치게 되는데, 이것은 표면적으로 형태소의 초성이 두 개의 변이음을 가지는 것처럼 나타나게 하고, 그리하여 선행하는 형태소와 후행하는 형태소의 사이에 발생하는 이른바 '사잇소리'로 인식되게 하기 때문이다.

이 사잇소리의 음가를 추정할 수 있는 전형적인 예는 훈민정음 언해(1446)의 다음과 같은 예가 될 것이다.

(3)

洪ᅘᅩᆼㄱ字ᄍᆞᆼ, 穰ᅀᅣᆼㄱ字ᄍᆞᆼ

君군ㄷ字ᄍᆞᆼ, 呑ᄐᆫㄷ字ᄍᆞᆼ

虯ᄁᆛᇢ字ᄍᆞᆼ, 漂ᄑᆓᇢ字ᄍᆞᆼ,

侵침ㅂ字ᄍᆞᆼ, 覃땀ㅂ字ᄍᆞᆼ

快쾡ㆆ字ᄍᆞᆼ, 慈ᄍᆞᆼㆆ字ᄍᆞᆼ, 虛ᅘᅥᆼㆆ字ᄍᆞᆼ,

한자음의 종성의 종류에 따라 그에 해당되는 입성으로써 사잇소리를 표기한 것인데, 이들이 각각 제 음가를 가지고 있었다고 볼 수는 없는 것이므로, 선행하는 종성이 입성으로 조음되는 것을 표기한 문자라는 것은 쉽게 짐작할 수 있다. 그리고 이것이 후행음에 어떤 영향을 미쳤는가 하는 문제는, 시기적으로 좀 후대이긴 하지만, 선종영가집언해(1464)의 다음과 같은 표기로 확인해 볼 수 있다.

(4)

伊ㅈ字(선종영가, 하 : 15ㄱ),

祇ㅈ字(선종영가 , 하 : 16ㄴ),

應ㅈ字(선종, 하 : 16ㄴ),

緖ㅈ字(선종영가, 하:93ㄱ),

想샹ㅈ字쭝(선종영가, 하 : 76ㄱ)

위와 같은 예로써 사잇소리는 후행하는 음절의 초성을 된소리로
조음하게 했다는 것을 확인할 수 있다.

<결론적으로 사잇소리의 음가는 후두 폐쇄음 [ʔ] 정도로 처리해
두는 것이 가장 무난할 것이다.>

사잇소리는 다음의 예처럼 선행하는 형태소의 말음이 입성일 경
우에는 나타나지 않고,

(5)

業업字쭝, 戌숧字쭝, 挹흡字쭝, 卽즉字쭝,

二싱十씹八밣字쭝 初총發벓聲셩,

스믈여듧字쭝, 입겿, 목소리(이상 훈민정음)

입성이 아닐 경우에만 나타나는데,[19] 그것의 표기는 한자(내지는

---

[19] 다음의 예에서 보듯이 입성이 아닌 소리로 끝난 경우에도 사잇소리가 표기되
지 않는 경우가 많이 나타난다.

쇠재(鐵峴, 1:50), 쇠잣(金星, 7:7), 셔봃賊臣(5:40), 외셤(孤島, 5:42), 銀鏡
(6:43), 달내(達川, 5:42 ; ㄹ 비탈락), 어비아돌(7:16), 山미틔(7:41), 셤안해
(8:18), 城밧긔(8:19), 君位(9:35), 독소리(9:42), 몰애오개(沙峴, 9:49), 하늘우
흿金尺(9:35) 등.

'中듕國귁, 文문字쭝, 其끵情쪙(得伸其情)' 등도 이러한 예에 포함시킬 수 있

한자어)와 고유어가 함께 사용될 경우 위에서 본 것처럼 앞 음절과
뒷 음절의 사이에 표기되기도 하는데,[20] 선행하는 음절의 구조에 따
라 후행하는 음절의 초성의 종류에 따라 다양하게 나타난다. 용비어
천가(1445)에 나타나는 예를 중심으로 제시해 보면 다음과 같다.[21]

(6ㄱ) <사잇소리 표기>

西水ㅅ궁(용, 1:11), 東海ㅅ궁(1:11), 兄ㄱ뜯(1:13, 10:15)),

몃間ㄷ집(용, 10:43), 英主ㅿ알(3:15), 先老ㆆ뜯(2:15),

天子ㅿ무숨(9:37), 太子ㅿ위(10:20), 世子ㅿ위(10:20),

狄人ㅅ서리(1:6), 野人ㅅ서리(1:6), 嫡子ㅅ긔(10:1),

(6ㄴ) <종성 표기>

즘겟갗(1:11), 오늜날(3:15), 하늜뜯(1:6), 사룺뜯(3:14(15장)),

ᄌᆞ갓긔(4:22), 아ᄃᆞᆳ긔(4:22), 아바닚뒤헤(5:2), 셔봀긔별(5:31),

스ᄀᆞ봀軍馬(5:31), 님긊무숨(5:46), 님긊말ᄊᆞᆷ(5:47), 하늜별(7:1),

나랏小民(7:16), 긼ᄀᆞ샛百姓(7:38), ᄀᆞ룺궁(8:18, 8:19),

하늜무숨(9:36), 나랏일훔(9:37), 숤바올(9:42), 눖믈(9:43, 9:44),

어마닚山陵(9:46), 님긊말(10:1), 셔봀빈길헤(10:1),

는데, 이들은 '中듕ㄱ國귁, 文문ㄷ字ᄍᆞ, 其끵ㆆ情쪙(得伸其情)' 등과 같이 사
잇소리의 표기 없이 나타나는 것이다.

20 이러한 표기에 관한 서술은 훈민정음 해례 합자해에 나오는 "文與諺雜用則
有因字音而補以中終聲者 如孔子ㅣ魯ㅅ사룸之類"라는 규정에 의한 것이다.

21 이 예들 중의 다수는 기원적으로 (사잇소리가 발생하게 되는) 복합어가 아니
라, 문법 형태소 'ㅅ'이 개재된 구 구조였을 것이다. 그러나 15세기에 이미 사
잇소리가 발생한 복합어와 'ㅅ'이 개재된 구 구조는 음운론적으로 구분되지
않는다. 이에 대해서는 뒤에서 설명한다.

님긊德(10:48), 션째(善竹, 1 : 47), 바횟방(巖房, 1 : 47),
깘ㄱ쇄(7:41),

(6ㄷ) <종성 혹은 초성 표기>
뒷십쏠(2:32), 마근닶골(5 : 27),투씻골(屯兎兒洞, 7:53),
설멧골(所磨洞, 9:28), 바롨우회金塔(9:35)

 이처럼 사잇소리는 종성 표기를 기본으로 하는 것인데, 훈민정
음에는 초성의 표기로 나타나는 경우도 있다.

(6ㄹ) <초성 표기>
니쏘리, 혀쏘리, 엄쏘리, 입시울쏘리 등(훈민정음)

4.4. 사잇소리와 형태소 'ㅅ'의 혼합

 음운론적으로 선행하는 형태소의 말음을 미파화하여 때로는 후
행하는 형태소의 초성을 된소리로 조음하게 하는 사잇소리와 혼용
되어 인식되고 있는 것이 문법 형태소 'ㅅ'이다.

 15세기 문법 형태소 'ㅅ'의 전신은 앞에서 논의한 차자표기의
'叱'이라는 것에 대해서는 의심의 여지가 없다. 15세기에 이 문법
형태소는 다음에 보는 바와 같이 그 쓰임이 아주 다양하게 나타난
다.[22] 종성에 표기된 'ㅅ'의 예를 보면 다음과 같은데,

(7ㄱ)

것거, 닷가

(7ㄴ)

나못불휘(석상, 6:30ㄴ), 몺가온ᄃᆡ(석상, 19:19ㄴ)

法王ㅅ아ᄃᆞᆯ(석상, 13:15ㄱ), 諸佛ㅅ神力(석상, 13:25ㄴ)

凡夫ㅅ소리(석상, 19:15ㄴ), 畜生ㅅ소리(석상, 19:15ㄴ)

부텻 神通ᄒᆞ신 相(석상, 13:15ㄴ)

세간앳 일훔브튼 것(석상, 9:38ㄱ)

(7ㄷ)

미햇지븨 늘것 活計를 뒤노니(두초, 10 : 14ㄴ)

궁흔길헤늘것ᄡᅳ디오(두초, 14: 15)

正히이無上佛道ᄅᆞᆯ일우렷誓願이니(원각, 하:11-5)

(7ㄹ)

前生앳일(석상, 6:9ㄴ), 眞理옛눈(석상, 6:35ㄴ),

부텨와 즁괏말(석상, 6:16ㄴ), 罪와 福괏말(석상, 6:37ㄴ)

世間앳 信티 어려븐 일(석상, 13:27ㄱ)

---

22 15세기 문법 형태소 'ㅅ'과 '의/이'는 엄연히 구별된다. 후자는 명사와 명사의
연결에만 사용되지만, 전자는 명사와 명사의 연결외에 다양한 용례를 찾아 볼
수 있는 것이다. '모맷病(10:20), ᄀᆞᆺ앳움ㅎ(1:10), 안햇움ㅎ(1:10), 府中엣遼吏
(7:38), 우횟龍(10:18)' 등에 나타나는 'ㅅ'은 '의/의'로 교체될 수 없는 것이다.

종종앳 됴흔 옷(석상, 9:9ㄴ)

(7ㅁ)

動업닷마리오(월석, 14 : 50ㄱ)

맛닷마리라(금강삼, 3 : 39ㄱ)

衆生濟度ㅎ노랏ᄆᅀᆞ미이시면(금강삼, 2:13ㄱ)

몯일읋갓疑心(월곡, 23)

(7ㅂ)

如來ㅅ 一切 됫논 法(석상, 6:42ㄴ),

如來ㅅ一切 自在흔 神力(석상, 6:42ㄴ)

慈悲ㅅ ᄀᆞᆯ치샤몰 渴望ㅎ야 ᄇᆞᄅᆞᅀᆞ올씨라(금강경, 12ㄱ)

如來ㅅ 相 업슨 理(금강경, 32ㄱ)

(7ㅅ)

眞實ㅅ持經호맷 至極흔 道(석상, 19:37ㄴ)

西ㅅ녁(석상, 6:33)

값도습고(석상, 9:23ㄴ)

위 예 중 (ㄱ)은 형태소의 끝자음이므로 사잇소리와 관련해서는
논의의 여지가 없는 것이다. (ㄴ)은 '명사 + ㅅ + 명사' 혹은 '명사
+ ㅅ + X + 명사'의 구조이고, (ㄷ)은 '부동사(어/아) + ㅅ + 명사'
의 구조이고, (ㄹ)은 '조사 + ㅅ + 명사' 혹은 '조사 + ㅅ + X + 명
사'의 구조이고, (ㅁ)은 '문장 + ㅅ + 명사'의 구조이다. 그리고,

(ㅂ)은 내포문에서의 문장 성분을 표기하기 위해 사용된 것이다. 이들 중 사잇소리와 관련해서 논의의 대상이 될 수 있는 것은 (ㄴ)에서 (ㅁ)까지의 'ㅅ'이다. 이들 예에 나타나는 'ㅅ'의 문법적인 기능이 구체적으로 무엇인가 하는 문제는 통사론을 전공하시는 분들에게 넘기지만, 이들이 선행하는 음절 혹은 형태소의 말음을 미파화하는 음운론적인 표기가 아니라 문법적인 기능을 수행하고 있다는 사실은 적어도 명백하다.

문법적인 기능을 수행하는 'ㅅ'의 음가가 '사잇소리'의 음가와 기원적으로 달랐다는 사실은 다음의 예에서 확인해 볼 수 있다.

(8)
짓쫄(석상, 6:14), 짓쏠(월석, 8:98)
믓결(목우결, 24), 믓궃(훈몽, 상:4)

'집 + ㅅ + 쫄, 믈 + ㅅ + 결'이 '짓쫄, 믓결' 등으로 모음 사이에 존재하는 세 자음 중 첫 자음이 탈락하는 자음군 간소화 현상이 발생한 것인데, 왜 이러한 방향의 자음군 간소화가 발생하는 하는 문제는 음운론적으로 다시 문제가 되겠지만, 자음군 간소화 현상이 발생한다는 사실 자체는 'ㅅ'이 제 음가대로 즉 [s]로 조음되었기 때문에 가능한 것이다. 특히 '믈 + ㅅ + 결'이 '믓결'로 나타나는 현상은 이 사실을 더욱 분명하게 해 준다. 15세기의 국어에서 'ㄹ'은 'ㅅ' 앞에서 탈락하기도 하는 반면, 'ㅎ' 앞에서 'ㄹ'이 탈락하는 일은 없는데, 이것은 문법형태소 'ㅅ'의 음가가 기원적으로 [s]의 음가를 가지고 있었다는 것을 의미하는 것이다.

  그런데, 15세기에 복합어에 게재된 사잇소리와 사이시옷이 이미
구분되지 않았다는 증거는 곳곳에 존재한다.

  (9ㄱ)
  하눓뜯(용, 1:6), 사룺뜯(용, 3:14(15장)),

  (9ㄴ)
  믌ᄀᆞ(두초, 7:22), 믌결(능엄경, 1:64), 믌더품(법화, 6:17),
  믌ᄃᆞᆰ(두초, 7:2)

  (9ㄷ)
  다ᄋᆞᆳ업시(능엄, 1:4), 다ᄋᆞᆳ업슨(금강삼, 2:45ㄱ),
  슬픐업시(두초, 25:53)

  (9ㄱ) '하눓뜯, 사룺뜯' 등의 구조는 본래 구 구조였을 것인데,
'ㅅ'의 기능 내지는 음가가 변화하여 음운론적으로 사잇소리인 것
처럼 인식되어 'ㅎ, ㅂ' 등으로 표기된 것이다. (9ㄴ) '믌ᄀᆞ' 등에 나
타나는 'ㅅ'은 문법 형태소라고도 할 수 있고, 사잇소리라고도 할
수 있는 것이다.(이에 대해서는 뒤에서 수정하기로 한다.) (9ㄷ) '다
ᄋᆞᆳ' 등의 유형에 나타나는 'ㅅ'은 동명사 어미 'ᅟᅠ'의 말음 'ㅎ'의 표기
로 사용된 것이다. 이들 예로써 우선 추론할 수 있는 것은 'ㅅ'과
'ㅎ'이 동일한 음가를 가지고 있었다는 것이다. 이로써 15세기 사잇
소리와 형태소 'ㅅ'의 조음상 동질성은 확보되는 것이다.

형태소 'ㅅ'과 사잇소리가 공시적으로 동일한 음가를 가졌다는 사실과 통시적으로 이들의 기원이 달랐을 것이라는 추론을 15세기 '믓결'과 '믌결'의 공존으로 보완하면 다음과 같다.

'믈'이라는 단어와 '결'이라는 단어가 결합하여 구 구조를 구성하게 될 때, 문법 형태소 'ㅅ'이 관여하게 된다. 즉 '믈 + ㅅ + 결'이라는 구가 구성되자, '믈'의 종성 'ㄹ'은 후행하는 'ㅅ' 앞에서 탈락하여 '믓결'이 된다. 15세기 이전에 만들어진 이 구조는 표면형 그대로 15세기에 전달된다. 한편 15세기의 화자들은 '믓'이라는 표면형이 '믈'과 'ㅅ'의 공시적인 기저형에서 도출된 것이라든가 혹은 이전 시기의 '믈 + ㅅ'에서 변화한 형태라든가 하는 인식을 하지 못하게 된다. 그러자 15세기 언중들은 '믈'이라는 단어와 '결'이라는 단어로 새로운 복합어를 만들게 되는데,23 형태소의 연결에서 발생하는 미파화를 반영하여 그 발음에 가깝게 '믌결'로 표기하게 된다. 다시 말해, '믓결'의 'ㅅ'은 이른바 속격의 'ㅅ'이고, '믌결'의 'ㅅ'은 복합어 내부의 형태소 경계에서 발생하는 미파화를 표기한 것이다.

그런데, 여기서 주목할 사항은 '믓결(믈 + ㅅ + 결)'이라는 구 구조와 '믌결(믈 + 결)'이라는 복합어 구조24가 공존하고 있다는 사

---

23 현대국어의 실제적인 발화에서 '살코기'와 '살고기'는 공존한다. '살코기'는 이전세대에서 전승된 것이고, '살고기'는 새로이 생성된 복합어이다. 현대국어에 사용되고 있는 '살'과 '고기'의 복합어는 '살코기'가 될 수 없는데, 사용한다는 것은 의아스러운 존재가 된다. 그래서 '살고기'라는 복합어를 새로이 만든 것이다. 이전의 문법적인 지식을 필요로 하는 형태를 부담스러워 하여 새로운 어형을 만드는 과정은 동일한 심리에 의한 것이다.

24 사잇소리는 선행어의 말음(그것이 자음이든 모음이든)을 미파화하는 기능을 수행하는데, 15세기의 모든 복합어에 사잇소리가 개입되는 것은 아니다. 이 문제는 앞으로의 과제로 남겨 두기로 한다.

실 자체이다.

5. 결론

본고의 내용은 다음과 같이 요약될 수 있다.

(1) 현대국어에서 사잇소리는 관형적 속격 구성에서 발생한다. 속격 구성은 전통적인 문법을 잇는 것으로 '소유주나 기원', '시간이나 장소', '용도나 목표' 등일 때 이루어진다.

(2) 한자어일 경우 고유어와 사잇소리의 발생이 사뭇 다른 경우가 많다. 이것은 고유어의 단어 구성과 한자어의 단어 구성이 다르기 때문에, 그리고 한자어가 고유어처럼 사용되면서 문법적인 기능을 담당하거나, 의미 분화를 경험하기 때문에 발생하는 것이다.

(3) 사잇소리의 표기는 두 가지이다. 사잇소리가 발생하더라도 표기하지 않는 경우와 그것의 실제적인 발음과 관계없이 'ㅅ'으로 표기하는 경우이다. 이렇게 표기하는 이유는 표기상의 효율성과 관습적인 표기 그리고 '어법에 따라' 표기한다는 것이 어우러진 결과이다.

(4) 사잇소리의 실제적인 발음은 후행하는 평음을 된소리로 조음하게 하거나 'ㄴ'으로 실현되는 것이다.

(5) 현대국어의 사잇소리는 통시적으로 문법적인 기능을 수행하던 '속격의 ㅅ'과 사잇소리가 통합된 것이다. 사잇소리는 15세기를 전후하여 발생한 것으로 추정된다.

사잇소리의 발생은 한국어의 종성 발음을 미파화하는 문제와 밀
접히 관련되어 있고, 띄어쓰기 문제와도 관련되어 있다. 이에 관한
좀더 세밀한 연구는 다음 과제로 남겨 둔다.

참고문헌

※본 참고문헌은 저자가 이 글을 쓸 때의 참고문헌이다. 초기형태 그대로 싣는다.

김민수(1964/1980), <신국어학사>, 일조각.

김정우(1995), "사이시옷의 음운론적 기저형에 대하여", <경남어문> 7·8
　　　합집, 경남대 국어국문학과.

김정우(1997), "국어의 자음체계와 양음절성", <한국어문학논고>, 태학사.

김주필(1990), "국어 폐쇄음의 음성적 특징과 음운현상", <강신항 교수
　　　회갑 기념 논문집>, 태학사.

김차균(1992), "사이시옷의 음운론", <국어학> 22. 국어학회.

남풍현(1981), <차자표기법 연구>, 단대출판부.

문수미(1989), "현대국어 사잇소리에 관한 음성학적 고찰 – 실험음성학
　　　적 접근", <언어학 연구> 2. 서울대 언어학과.

박창원(1987), "15세기 국어의 음절 경계", <진단학보> 64.

박창원(1996), <중세국어 자음 연구>, 한국 문화사.

박창원(1996), "고대국어의 치음", <국어학> 27, 국어학회.

박창원(1997), "사잇소리와 사이시옷(1)", <이화어문논집> 15, 이화어문
　　　학회.

송기중(1992), "현대국어 한자어의 구조", <한국어문> 1, 한국정신문화
　　　연구원.

안병희(1968), "중세국어 속격 어미 –ㅅ에 대하여", <이숭녕 박사 송수
　　　기념 논총>, 을유문화사.

유재원(1989), "현대국어의 된소리와 거센소리에 대한 연구", <한글>
　　　203, 한글학회.

이기문(1972ㄱ), <국어사개설>, 탑출판사.

이기문(1972ㄴ), <국어음운사 연구>, 탑출판사.

이기문(1983), "한국어 표기법의 변천과 원리", <한국 어문의 제문제>,
　　　일지사.

임홍빈(1981), "사이시옷 문제의 해결을 위하여", <국어학> 10, 국어학회.

전상범(1976), "현대국어에 있어서의 된소리 현상", <언어> 1-1, 한국언어학회.

전철웅(1990), "사이시옷", <국어연구 어디까지 왔나>, 동아출판사.

지춘수(1992), "중세국어 표기법의 전개와 검토", <국어 표기법의 전개와 검토>, 한국정신문화연구원.

최임식(1989), "국어 내파화에 대한 연구", 계명대학교 박사학위 논문.

6장 띄어쓰기의 이론과 실제

1. 서론

이 글은 한글맞춤법의 띄어쓰기에 대해 국어학적인 접근을 통해 이 부분에 대한 논의를 새롭게 하기 위한 것이다.

띄어쓰기는 한글맞춤법의 '제1장 총칙'의 제2항에서 '문장의 각 단어는 띄어 씀을 원칙으로 한다.'라고 선언한 후 제5장에서 네 개의 절(제1절 조사, 제2절 의존명사, 단위를 나타내는 명사 및 열거하는 말 등, 제3절 보조용언, 제4절 제 4 절 고유 명사 및 전문 용어), 10개의 항(제41항부터 제50항까지)으로 설명하고 있다. 총칙의 '단어는 띄어 씀'이라는 표현에서 단어의 내포와 외연이 띄어쓰기와 관련되고, 문법화와 단어화 등 형태론적인 문제나 통사론적인 문제들이 띄어쓰기와 직접 관련이 있다는 것을 알 수 있다.

한글맞춤법에서 '띄어쓰기'를 한다는 것은 '글을 쓸 때' 무조건 띄어쓰는 것이 아니라, 언어의 일정한 단위에 따라 띄어쓰기도 하고 붙여쓰기도 한다는 것을 의미한다. 다시 말해 띄어쓰기를 한다는 것은 무조건 다 띄어쓰기를 하는 것도 아니고 무조건 다 붙여쓰는 것도 아니라, 일정한 규칙이나 원칙에 따라 띄어쓰기도 하고, 붙여쓰기도 한다는 것을 의미하는 것이다.

붙여쓰기도 하고, 띄어쓰기도 하는 표기법의 규정을 정하면서 '띄어쓰기'라고 표현한 이유는 역사적인 쓰기의 배경과 관련이 있다. 즉 이러한 규정을 만들 당시에는 붙여쓰기를 주로 하고 띄어쓰기를 거의 하지 않았기 때문에, 붙여쓴 문장의 단위를 구분하여 띄어쓰기를 하기 위한 규정이었기 때문에 '띄어쓰기'라고 한 것이다.

지금까지 띄어쓰기와 관련된 논의는 크게 세 부류로 정리될 수 있을 것같다. 하나는 현재의 규정에 맞추어 실제적인 사용을 위해 해설을 하는 것이고, 둘은 규정의 정신을 살리되 미비한 표현을 수정하고 보완하여 규정의 완성도를 높이는 것이고, 셋은 현재의 규정 자체를 수정 보완하여 띄어쓰기 규정을 고치자는 것이다. 첫째의 예로는 기존의 어문 규정 해설서가 모두 여기에 해당되는데 대표적인 것은 국립국어원의 해설집이 될 것이다. 두 번째 논의의 대표적인 예로는 임동훈()이 될 것이고, 세 번째 논의의 대표적인 것은 민현식()이 될 것이다.

본고는 첫째의 유형에 가까우면서도, 셋째의 유형에 관한 논의도 동시에 하고자 하는데, 해당 학문 분야의 합의나 동의가 필요한 부분에 대해서는 문제의 제기만 하기로 한다.

2. 띄어쓰기의 기능과 단위

왜 띄어쓰기를 하는가, 그리고 띄어쓰기를 어떻게 할 것인가 등 등에 관한 질문을 하는 것이 본 장의 목적이다.

2.1. 띄어쓰기의 기능

띄어쓰기의 기능에 대한 최초의 언급은 이희승(1959)일 것이다. 이희승(1959)에서는 다음과 같은 예를 들고 이러한 문장들이 가지 고 있는 중의성은 띄어쓰기로 해결할 수 있다고 하였다.

(1-1) 나물좀다오
(1-2) 아버지가방에들어가신다
(1-3) 오늘밤나무사온다.

각 문장을 가능한 의미 단위로 나누어 보면 (1) 나 물 좀 다오/나물 좀 다오 (2) 아버지가 방에 들어 가신다/ 아버지 가방에 들어 가신다 (3) 오늘밤 나무 사 온다/오늘 밤나무 사온다/오늘밤 나 무사 온다 등 이 될 수 있을 것인데, 이러한 의미의 변별을 위하여 띄어쓰기를 해 야 한다는 것이다. 이를 세분하여 다시 논의하면 다음과 같다.

2.1.1. 의미의 명확화
띄어쓰기의 첫 번째 기능은 띄어쓰기를 하지 않았을 때에 생길 수 있는 의미의 혼란을 방지하기 위한 것이다.

(1-1) 두마리만이천원

(1-2) 예수가마귀를 쫓는다.

앞말에 관계되는 조사이냐 아니면 뒷말의 어두인가에 따라 그 뜻이 달라질 때, 즉 '두 마리만' '이천원' 하는 것과 '두 마리'가 '만 이천원'하는 것을 구분하기 위해 띄어쓰기를 활용하는 것이다.

(2-1) 오빠나간다.

여러 음절로 구성된 형태소일 경우 그 형태소의 일부가 독립적 인 형태소가 될 수 있을 경우 띄어쓰기를 하지 않으면 의미의 혼란 이 생기게 된다. 즉 '나간다'의 개념과 '나'는 '간다'의 개념이 혼란 을 일어킬 수 있기 때문에 이러한 혼란을 막기 위해 띄어쓰기를 활 용하는 것이다.

(3-1) 작은아버지, 큰아버지/ 작은 아버지, 큰 아버지

(3-2) 떠난지, 모르는데/ 떠난 지, 모르는 데

(3-1)은 동일한 형태소의 구성인데, 그 뜻이 전혀 다른 경우인데, 이를 구분할 수 있는 방법으로 띄어쓰기를 사용하는 것이다. 즉 두 개의 개념이 합해져서 하나의 대상을 나타내는 복합어일 경우에는 붙여쓰고, 두 개의 개념을 나타내는 구일 경우에는 띄어쓰는 것으 로 개념을 구분하는 도구로 사용하는 것이다. 즉 붙여 쓸 경우 '아 버지의 동생이나 형님'을 지칭하는 개념이 되고, 반면에 띄어쓸 경

우 '아버지의 그 무엇이 작거나 크다'는 의미가 되는 것이다. 한편 (3-2)는 동일한 음소 내지는 음절의 연결이지만 형태소 분석에 따라 그 의미가 달라지게 될 때 즉 '떠난지, 모르는데' 등과 같이 붙여 쓸 경우 '지'와 '데'는 어미의 일 부분으로 독립된 의미를 가지지 못하고, 반면에 '떠난 지, 모르는 데' 등과 같이 띄어쓸 경우 전자는 '시기, 시점' 등을 나타내고 후자는 '장소'를 의미하는 불완전명사가 되는 것이다. 이렇게 그 의미가 달라지고 문법적인 기능이 달라지기 때문에, 그것을 표현하기 위해 띄어쓰기를 하는 것이다.[1]

2.1.2. 나열, 수식관계의 명료화

띄어쓰기의 또 하나의 기능은 연속되는 단어들의 관계를 명확하게 하기 위한 것이다.

(5-1) 새와 개 기르기/ 새 기르기와 개 기르기

(5-2) 새와 개기르기/

(5-3) 새기르기와 개기르기

(5-1)에서 '새와 개'가 '기르기'와 떨어져 있을 경우 '기르기'는 '새와 개'에 공통으로 연결되어 '개 기르기'와 '새 기러기'를 줄인 표현이 되는 것이다. (5-2)는 '새'와 '개기르기'를 연결한 것이 된다. (5-3)은 '새기르기'나 '개기르기'를 하나의 전문적인 일로 간주하여

---

1 '만큼', '대로' 등과 같이 의존명사도 되고 다른 품사로도 되는 것 중 다수가 동일한 의미를 가지게 되는데, 이러한 예들은 붙여쓰기를 해도 무방할 것이다. 그러나 비슷한 부류와 동일한 문법론적 처리를 위해서는 띄어쓰기를 선택하는 것이 효과적이다.

전문용어로 처리하는 경우가 될 것이다.

2.1.3. 한계

언어의 표현이란 평면에 2차원적으로 하는 것이기 때문에, 그보다 차원이 높은 언어 혹인 인지의 내용이 제대로 전달되지 못하는 경우가 많다. 이러한 문제 즉 표현 수단으로서 그 자체가 내재적으로 가지고 있는 문제는 해결되지 않는다.

나는 새를 잡았다.
큰아버지는 할아버지의 유언대로 아버지에게 재산을 상속하지 않았다.

앞의 문장은 '날–'라는 동사 어간에 활용형 '는'이 결합한 것인지 아니면 일인칭대명사 '나'에 조사 '는'이 결합한 것인지 띄어쓰기로는 해결할 수 없고, 뒤의 문장에서는 '할아버지의 유언 내용이 아버지에게 재산을 상속하라는 것인지 하지 말라는 것인지 알 수 없는 것이다. 이렇게 문장의 중의성 내지는 애매성은 여러 가지 차원에서 생길 수 있는데2, 띄어쓰기는 그 중의 일부를 해결하기 위한 방편인 것이다.

---

2 문장의 애매성 내지 중의성은 어느 언어에서나 발생할 수 있는 것이다. 영어의 "Flying plane is dangerous."라는 문장에서 'flying'이 동명사가 되느냐 분사가 되느냐에 따라 뜻이 달라지고, 중국어의 '不可不可'는 '不可不 可'가 될 수도 있고 '不可 不可'가 될 수도 있다.

2.2. 띄어쓰기의 단위

잘 알다시피 언어의 단위는 발화의 단위인 음소를 구성하는 자질에서부터 하나의 텍스트에 이르기까지 다양한 단위가 존재한다. 이러한 단위 중 띄어쓰기의 단위로 논의의 대상이 될 수 있는 단위는 음절, 형태소, 단어, 구, 절, 문장, 문단 등이 될 것이다. 그런데 문장이나 문단 등을 하나의 띄어쓰기 단위로 삼는다는 것은 실질적으로 띄어쓰기를 하지 않는다는 것과 동일한 의미가 되므로, 논의의 대상이 될 수 있는 것은 '음절, 형태소, 단어, 구, 절' 등이 될 것이다.

그리하여 띄어쓰기의 유형은 순수히 언어단위별로 할 경우에는 대략 다음의 다섯 가지로 나누어 생각해 볼 수 있다.

가. 음절별로 띄어쓸 경우
나. 형태소별로 띄어쓸 경우
다. 단어별로 띄어쓸 경우
라. 구별로 띄어쓸 경우
마. 절별로 띄어쓸 경우

2.2.1. 음절별 혹은 형태소별 띄어쓰기

그런데, 음절별로 띄어쓰기를 하거나 형태소별로 띄어쓰기를 한다는 것은 띄어쓰기를 하는 의미를 별로 찾을 수 없겠다.

그 사 람 이 밥 을 먹 었 겠 다.

높 고 푸 른 가을 하 늘 과 맑 았 다 가 흐 렸 다 가 하 는 여 름 하

늘을 다 좋 아 한 다

위의 예처럼 음절별로 띄어쓰기를 하는 것은 띄어쓰기를 하지
않고 다 붙여쓰기를 하는 것과 동일한 것이므로, 때로는 띄어쓰고
때로는 붙여쓰는 띄어쓰기의 취지와는 전혀 동떨어진 상황이 되기
때문이다.

그 사 람 이 밥 을 먹 었 겠 다

높 고 푸르 ㄴ 가을 하늘 과 맑 았 다가 흐리 었 다가 하 는 여름

하늘 을 다 좋 아 하 ㄴ다

위의 예는 형태소별로 띄어쓴 것인데, 이 역시 띄어쓰기를 하는
실익을 찾기 어렵다. 실질적인 언어 생활 중 쓰기와 읽기에 주로 관
여되는 띄어쓰기가 국어학자들이 학문적인 단위를 찾기 위한 형태
소 분석을 언중들이 할 필요도 없거니와, 일반 언중들은 형태소 분
석을 하여 의미 파악을 하는 것이 아니라 직관적으로 상황에 맞게
언어 생활을 하기 때문에 개개 형태소를 의식할 필요가 없기 때문
이다.

형태소별로 띄어쓰기를 했을 경우 가장 큰 문제점은 둘 이상의
형태소가 발화단위인 하나의 음절로 실현되었을 경우 이를 형태소
별로 분리해서 표기해야 되는 상황이 벌어지는데 이것은 띄어쓰기
의 효용성에 있어서 치명적인 결과를 초래하게 되는 것이다.

푸른 > 푸르 ㄴ

흐렸다가 >흐리 었 다

한다. > 하 ㄴ다

위와 같은 띄어쓰기를 했을 경우 눈에 익숙해지면 의미 파악을 하는 데는 도움이 될 수도 있겠는데, 실제적으로 발화하는 단위와는 크게 달라져 버리기 때문에 발화 상황과의 괴리가 크게 발생하는 것이다.

2.2.2. 구별 혹은 절별 띄어쓰기

절의 단위로 띄어쓰기를 한다는 것은 띄어쓰기를 하지 않는 것과 별 차이가 없을 정도로 길어지기 때문에 띄어쓰기의 효과를 누릴 수가 없다. 구의 단위로 띄어쓰기를 하는 것도 비슷한 상황이 된다.

하늘과땅과사람과짐승과생물등모든살아있는것들이

높고푸른가을하늘과맑았다가흐렸다가하는여름하늘을 나는 다 좋아한다

이러한 띄어쓰기는 띄어쓰기를 하지 않는 것과 대동소이한 것으로 굳이 띄어쓰기를 하지 않은 것만 못할 수도 있는 것이다.

구별 띄어쓰기를 했을 경우 가장 심각한 문제는 띄어쓰기에 있어서 정체성을 확보할 수 없다는 점이다.

사람과짐승이

가을하늘이
띄어서간다.
가다가멈춘다.

　위의 예들은 구별로 띄어쓰기를 했을 때 붙여써야 할 것들인데, 이들에 수식어가 붙거나 중간에 다른 요소가 첨가될 경우에는 다음과 같이 띄어쓰기가 된다.

살아 있는 사람과 죽어 있는 짐승이
내가 좋아하는 가을의 맑은 하늘이
띄어서 가다가 힘들어 천천히 간다.
가다가 멈추면 아니 감만 못하다는 소리를 듣고 아예 멈춘다.

　수식어가 없을 경우에는 구가 되어 붙여쓰기를 했다가 수식어가 있을 경우에는 절이 되어 띄어쓰기를 하는 경우가 수없이 발생할 수밖에 없는 상황이 되는 것이다.

　또한 복합동사 내지는 복합명사와 구의 구분이 되지 않고, 일반명사와 고유명사의 구분이 되지 않으며, 전문용어와 일반용어가 구분되지 않는 현상이 다시 발생하게 되는 것이다. 다시 말해 앞에서 논의했던 띄어쓰기를 함으로써 생기는 의미 구분 등의 편의점이 모두 사라지게 되는 것이다.

작은아버지/ 작은 아버지(단어별 띄어쓰기)
작은아버지/작은아버지(구나 절에 의한 띄어쓰기)

위와 같이 띄어쓰면 아버지의 동생으로 복합적 개념이지만 하나의 사상을 나타내는 경우와 '아버지'라는 개념과 '체구나 키' 등이 작다는 두 개의 사상을 나타내는 경우 띄어쓰기로 두 경우를 구별할 수 있지만, 구와 절에 따라 띄어쓰기를 할 경우 두 경우 모두 붙이게 되는 것이다.

2.2.3. 결론 - 단어별 띄어쓰기

그리하여 우리의 결론은 "띄어쓰기는 단어별로 하는 것이 가장 합리적이다."라는 결론에 도달하게 되는 것이다. 그러나 단어별로 띄어쓰기를 할 경우 여러 가지 문제가 도사리고 있는데, 이를 위한 해결책의 모색이 필요하다. 우선 다음의 문장을 보자.

키가 큰 우리 아버지와 키가 작은 작은아버지는 대륙간탄도유도탄을 개발할 뻔했는데, 무기 개발과 관련된 전 세계적인 협약과 의해 개발을 그만 두고 은퇴를 하였는데, 은퇴한 지금은 개기르기와 새기르기를 즐기기도 하고, 고양이와 물고기 기르기를 즐기기도 한다.

이 문장에서 몇 개의 문제를 제기해 보자.

1. 하나의 사물은 하나의 단어로 나타내는데, 기존에 그러한 단어가 없을 경우 여러 개의 단어를 조합하여 하나의 새로운 개념을 나타낼 수 있는데, 그러할 때 즉 하나의 사물을 여러개의 기존 단어로 나타낼 때 띄어쓸 것인가 붙여쓸 것인가 하는 문제가 제기될 수 있다.

문제 1) '대륙간탄도유도탄'을 뿔여쓸 것인가, 띄워 쓸 것인가

2. 둘 이상의 형태소가 합쳐져서 새로운 하나의 문법적인 기능을 하는 문법형태소로 변화해 갈 때 이것을 하나의 형태소로 인정할 것인가 아닌가 하는 문제가 제기될 수 있다.

문제 2) '-ㄹ 뻔하-'는 붙여쓸 것인가, 띄워 쓸 것인가

3. 접두사는 단어의 앞에 붙어 새로운 단어를 만드는 것이고, 관형사는 다른 단어의 앞에서 뒤에 오는 단어를 수식해 주는 기능을 하는데, 관형사로 작용하던 것이 뒷단어와 결합하여 한 단어가 되어버리는 경우가 있는데, 접두사와 관형사를 어떻게 구분할 것인가

문제 3) '전 세계적'의 '전'은 띄울 것인가 붙일 것인가?

4. 어미와 불완전명사의 구분 – 하였는데

5. 전문용어와 관련 – '개기르기와 새기르기'

3. 단어의 개념과 경계

3.1. 단어의 이해(개념)

단어(word)의 용어는 학문적으로나 현실적으로나 널리 사용되고 있지만, 문법론이나 형태론에서 개념 정의는 쉽게 내리지 못하고 있는 듯하다. 그러나 띄어쓰기와 관련해서는 비교적 쉽게 정의내릴 수 있다.

단어라는 개념은 음운론, 형태론, 통사론, 의미론 등 언어학의 각 영역에서 두루 쓰이는 것이기 때문에 이들 각각의 영역을 충족시키는 쪽에서 공통 분모를 추출하면 된다. 즉 음운론에서 보면 단어는 발화되는 최소의 단위(음절) 이상의 것이어야 한다. 의미론적으로 보면 의미를 가지고 있는 최소의 단위(형태소) 이상의 것이어야 한다. 통사론적으로 보면 통사적으로 이동의 단위가 될 수 있는 기능적 자립성을 가지고 있어야 한다. 그리고 형태론적으로 보면 그 내부에 다른 것이 결합할 수 없는 구성적 긴밀성을 가지고 있어야 한다.

최소 발화 단위 이상이어야 하고, 최소 의미 단위 이상이어야 하는 것은 기능적 자립성에 전제되어 있는 것이므로, 단어가 성립할 수 있는 기본적인 요건은 기능적 자립성과 구성적 긴밀성이라고 할 수 있을 것이다. 그리하여 우리는 단어를 다음과 같이 정의하고자 한다.

> 단어는 기능적 자립성과 구성적 긴밀성을 갖춘 최소의 언어 단위이다.

이렇게 정의를 내렸을 때 해결해야 할 문제점은 '기능적 자립성'과 '구성적 긴밀성'의 경계를 어떻게 구획할 것이며, 구체적으로 한글맞춤법에서 생기는 상황은 어떤 상황인가 하는 점이다.[3]

---

3 이에 대한 구체적인 논의는 이 방면의 전동자에게 넘긴다.

1. 조사의 처리 문제
2. 불완전명사와 어미, 접사, 후치사 등의 문제
3. 관형사와 접사의 문제
4. 구와 단어의 경계 문제

3.2. 어휘 창조의 한계

문명과 문화의 발달로 인하여 새로운 사물이나 개념이 계속 만들어지게 되는데, 이때마다 새로운 어휘를 창조하는 것이 바람직한 일이다. 그러나 기존에 존재하지 않던 새로운 어휘를 계속 만들어간다는 것은 실질적으로 쉬운 일이 아니기 때문에 기존의 어휘를 복합적으로 사용하여 하나의 단어와 같은 구실을 하게 하기도 한다. 예를 들어 '유도탄'이라는 무기가 있는데 이보다 새로운 성능을 가진 유도탄을 개발했을 때, '유도탄'이라는 기존의 단어를 사용하면서 그 성능을 표현할 수 있는 용어를 첨가했을 때 예를 들어 '대륙간 탄도 유도탄'이라는 표현을 했을 때, 새롭게 만든 '하나의 대상'을 기존에 존재하던 '여러 개의 단어'로 표현하게 되는 것이다.

3.3. 외연의 불명확성

전문용어와 일반용어이라든가 고유명사와 일반 명사의 구분이 애매한 경우 혹은 하나의 사물을 지칭하는 고립된 명사가 없어서 두 개 이상의 명사로 하나의 사물을 지칭하는 경우 등은 띄어쓰기에서 아주 곤란한 문제들을 야기시킨다.

3.4. 문법화와 탈문법화

실질형태소가 문법형태소로 전환되고 있거나 그 경계가 불분명할 때 혹은 문법형태소가 독립적인 실질형태소로 변화하고 있을 때, 띄어쓰기를 어떻게 할 것인지 결정하기 어려운 경우가 생긴다.

4. 띄어쓰기의 실제

4.1. 띄어쓰기의 언어학적 기준

한국어 띄어쓰기의 언어학적 기준이 단어라는 것은 한글맞춤법 총칙 제2항에서 언급하고 있다.

제2항 문장의 각 단어는 띄어 씀을 원칙으로 한다.'

4.2. 의존적인 조사와 실사화

4.2.1. 의존적인 조사

품사론적으로 하나의 품사로 분류되지만, 항상 의존적으로 사용되어 독립할 수 없는 것은 붙여 쓰기로 한다. 이에 관련된 조항은 제41항이다.

제41항 조사는 그 앞말에 붙여 쓴다.

꽃이	꽃마저	꽃밖에	꽃에서부터	꽃으로만
꽃이나마	꽃이다	꽃입니다	꽃처럼	어디까지나
거기도	멀리는	웃고만		

이 조항의 예에서 보듯이 '-이'와 같은 격조사도 붙여쓰고, '-마저, -밖에'와 같은 특수조사[4] 등도 붙여쓴다. 그리고 '-에서부터, -으로만, -까지나'처럼 둘 이상의 특수조사가 결합되었을 경우에도 붙여쓴다.

이 항의 예에 나오는 '-이다'의 경우 논자에 따라 문법적인 처리가 다를 수 있겠는데, 띄어쓰기와 관련된 조항의 간소화를 위해 이 항에 포함한 것으로 이해하면 된다.

4.2.2. 조사와 부사의 혼용

특수조사의 띄어쓰기와 관련하여 주의할 것은 의존형태소인 특수조사와 동일한 형태가 독립형태소인 실질형태소로도 사용되는 경우인데 이 경우에는 띄어써야 한다. 한두 예를 보면 다음과 같다.

마저　너마저 나를 떠나면 나는 어떻게 사느냐?<조사>

　　　이 물을 마저 마셔라.<부사>

밖에　너밖에 없다.<조사>

---

4 논자에 따라 '보조사'로 부르기도 하고, '후치사'라 칭하기도 한다. 물론 다른 용어를 사용할 경우에는 관련되는 영역에도 차이가 있을 수 있는데, 상세한 논의는 하지 않는다.

밖에 나가 놀아라.. 밖에서도 재미있게 놀아라.<체언+조사>

보다   너보다 잘 난 인간은 없다.<조사>

보다 더 나은 삶을 위해 노력한다.<부사>

4.3. 의존 명사와 문법화

4.3.1. 일반적인 의존명사

뒤에 조사가 붙을 수 있고, 주어나 목적어 등 주요한 문장 성분이
될 수 있는 의존명사는 의존적이지만 명사로 처리할 수 있다. 그래
서 이들은 띄어쓰게 된다. 이에 관한 규정은 제42항이다.

제42항 의존 명사는 띄어 쓴다.

아는 것이 힘이다.   나도 할 수 있다.

먹을 만큼 먹어라.   아는 이를 만났다.

네가 뜻한 바를 알겠다.   그가 떠난 지가 오래다.

총칙 제2항에 의해 당연히 띄어쓰야 할 것인데, 이러한 규정이
명시적으로 다시 나오게 된 것은 똑같은 형태와 의미를 가지고 그
문법적인 기능만 달리 하는 경우가 있기 때문이다. 의존명사 중에
는, 그것이 나타나는 위치가 첫째 동사의 활용형 뒤에만 오거나, 둘
째 체언의 뒤에만 오거나 셋째 동사의 활용형 뒤에도 오고 체언의
뒤에도 오는 등 분포를 달리 하면서, 품사적인 처리가 첫째 항상 의
존명사로 처리되는 경우가 있는가 하면, 둘째 의존명사 혹은 의 활
로 처리되는 경우도 있고, 셋째 의존명사 혹은 접미활로 처리되는

경우가 있기에⁵ 이들을 구분하기 위해 위의 규정이 있는 것이다. 세부적으로 논의하면 다음과 같다.

(한글맞춤법 제42하에 제시되고 있는 예들을 실현되는 양상에 따라 분류하면 세 유형이 된다. '것'이 하나의 유형이 되고, '수, 이, 바'가 한 유형이 되고, '만큼'이 한 유형이 되고, '지'가 역시 한 유형이 된다. 이를 각각 <것 유형>, <수 유형>, <만큼 유형>, <지 유형>으로 부르기로 한다.)

▶ **〈것 유형〉 - 의존명사**

체언 뒤에도 오고, 용언활용형 뒤에도 오는데 항상 의존명사로 처리되는 유형이다.⁶ 이와 유사한 사용을 보이는 것은 다음의 예들이다.

> 것 : 철수 것이든 영희 것이든, 먹는 것이면 다 먹어라.
> 나름 : 책도 책 나름이고, 사람도 사람 나름이다. 성공은 열심히 하기 나름이고, 할 나름이다.
> 나절 : 오후 나절인지 오전 나절인지, 어쨌든 점심 먹을 나절이다.
> 따위 :그 같은 놈 따위가 행복이니 뭐니 하는 따위의 말을 하다니.
> 때문 : 빚 때문에, 돈이 없기 때문에, 어려울 수밖에 없다는 것을 아는 때문에

---

5 학자에 따라 해석이 달라지기도 한다. 특히 접미사 처리 부분에서 그러하다.
6 논자에 따라서는 '동안, 노릇'을 이 유형에 넣기도 하는데, 표준국어대사전에서는 이들을 명사로 처리하고 있다.
　노릇 : 사람 노릇을 제대로 못하다니 기가 찰 노릇이다.
　동안 : 방학 동안 여행을 갔는데, 여행을 갔다오는 동안 이 책을 다 읽었다.

    무렵 : 첫 닭이 우는 무렵부터, 해질 무렵을 지나, 하루의 끝 무렵
        까지

    바람 : 구조 조정 바람에 명퇴당하고, 회사를 떠나는 바람에 가정
        마저 깨어졌다.

    적 : 소녀 적이나 어릴 적에는

    쪽 : 바다 쪽이든 어느 쪽이든, 파도 소리가 들리는 쪽이 앉고 싶은
        쪽이다.

이렇게 사용되는 한자어를 몇 추가하면 다음과 같다.

    겸(兼) : 아침 겸 점심을 먹고, 명절도 쇨 겸 친구도 만날 겸 고향
        으로 떠났다.

    등(等) : 이 지도는 강 표지와 산 표지 등이 빠져 있는 등 아주 형
        편없는 지도다. ,

    측(側) : 여당 측이나 야당 측이나, 날을 세우는 측이나 날을 가는
        측이나 모두 문제가 있다.

    시(時) : 비행 시를 어겼을 시는 문제가 생길 수 있다.

▶ 〈수 유형〉 - 의존명사

  활용형의 뒤에만 오는 의존명사는 명실상부한 명사적인 기능을 가진 것이므로 의존명사로 처리하게 되는데, 이와 유사한 예는 다음과 같다.

    나위 : 더할 나위가 없다. 생각할 나위도 없다.

따름 : 그냥 좋을 따름이다.

바 : 네가 뜻한 바를 모를 바 아니지만.

분 : 어떤 분이 어느 분이 우리에게 도움을 줄 분인가?

뻔 : 물에 빠질 뻔하였다.

수 : 그럴 수도 있지 뭘, 기다리는 수밖에

이 : 지나가던 이들이 싸우는 이들을 쳐다 보고 있다.

자(者) : 산 자와 죽은 자, 약한 자와 강한 자 모두 인생의 모습이다.

줄 : 새 댁이 밥도 지을 줄 모르고, 부모를 모실 줄도 모르고.

즈음7 : 거의 도착할 즈음에 사고가 생겼다.

▶ 〈만큼 유형〉 - 의존명사 혹은 조사

체언 뒤에서는 보조사로 처리되고, 용언활용형 뒤에서는 의존명사로 처리되는 유형인데, 이와 유사한 것에는 다음의 것들이 있다.

뿐 : 책뿐이다/ 좋을 뿐이다.

만큼 : 너만큼/ 할 만큼

대로 : 법대로 주먹대로/ 울고 싶은 대로 울고 웃고 싶은 대로 웃
　　　는다.

▶ 〈지 유형〉 - 의존명사 혹은 어미

용언활용형 뒤에서는 의존명사로 처리되는데, 다른 부분과 통합되어 문법화의 과정을 경험하면서 어미의 일부분으로 다루어지기

---

7 '즈음'의 준 형태인 '쯤'은 접사로 사용된다. '내일쯤, 모레쯤'

도 하는 유형이다. 이에는 다음의 것들이 있다.(*로 이어지는 문장
은 불완전명사로 처리되는 것이 포함된 문장이다.)

-ㄴ지 : 얼마나 부지런한지 참으로 대견하다. 떠났는지 안 떠났는
　　　지 모르겠다.
　　　　* 그 사람이 떠난 지 10년이 되었다.
-ㄹ수록 : 높이는 높을수록 좋고, 깊이는 깊을수록 좋다.
　　　　　* 이제 더 잘 할 수 있다..
-ㄴ바 : 그는 나의 동창인바 그의 뜻을 잘 알지만, 이미 우리의 뜻
　　　이 결정된바 우리뜻대로 하자.
-는바 : 시험이 곧 실시되는바 모두 자리에 않을 것.
-던바 : 공사기간 단축을 강요하였던바 인부들은 불만을 가지게
　　　되었다.
　　　　* 네가 뜻하는 바를 하되, 우리가 결정한 바에 어긋나면
　　　안된다..
-니만큼 : 학교가 가까우니만큼 천천히 가라.
-리만큼 : 한 걸음도 더 걷지 못하리만큼 지칠 대로 지쳤었다.
　　　　　* 네가 할 수 있는 만큼만 해라.
-ㄹ뿐더러 : 얼굴이 예쁠뿐더러 공부도 잘 한다.
　　　　　　* 얼굴이 예쁠 뿐만 아니라 공부도 잘 한다.
-ㄹ망정 : 시골에서 살망정, 머리가 나쁠망정 열심히 해서 해야겠다.
　　　　　* 비상금이 있었기에망정이지, 큰 일 날 뻔했다.
-ㄴ즉(슨) : 변명인즉 그럴 듯하고, 이야긴즉 들을 만하다.

이 외에 체언 뒤에만 결합하는 의존명사의 유형이 있고, 체언 뒤와 용언활용 뒤에 다 결합하는데(분포로 보면 〈만큼 유형〉임) 해석상 차이가 있는 유형이 있다.

▶ 체언 뒤에만 와서 의존 명사로 처리되는 유형에는 다음의 것들이 있다.

> 딴 : 제 딴에는 잘 했다지만, 내 딴에는 네 딴에는 등을 따질 때가
>   아니다.
> 등지(等地) : 서울, 부산, 대구, 광주, 대전 등지
> 말(末) : 조선 말에는 고려 말과 신라 말과는 다른 양상을 보인다.
> 외(外) : 필기도구 외에는 모두 치워라.
> 내(內) : 수일 내에 범위 내의 일을 마무리해라.
> 하(下) : 이러한 원칙 하에[8]

▶ 체언 뒤에서는 접미사로 처리되고, 용언활용형 뒤에서는 의존
  명사로 처리되는 유형이 있다.(이 예들은 표준국어대사전은
  항상 의존명사 처리하고 있다. 아래 예의 표기는 표준국어대
  사전 방식으로 표기한 것이다. *표 방식으로 적는 방식은 접
  미사로 처리할 때의 띄어쓰기이다.)

> 식 : 농담 식으로 얘기하는 등 그런 식으로 말하면 문제가 생긴다.

---

[8] 표준국어대사전에서는 '하'를 접미사로 처리하고 그 예로 '식민지하, 원칙하,
지도하, 지배하' 등을 제시하고 있다.

    * 농담식으로

차 : 수십 차 방문했는데, 전화가 울리던 차는 막 가려던 차였다.

    * 수십차 방문했다.

중 : 여럿 중에 임신 중인 여자는 여행하는 중이었다.

    * 임신중인 여자

간 : 서울과 부산 간 야간 열차가 빠르든지 느리든지 간에 상관하지 마라.

    * 서울과 부산간에 다니는 열차

들 : 사과, 배, 감 들

상 : 외관상 아무 문제가 없으므로, 사실상 절차상의 문제다.

이러한 것들은 의존명사이냐, 조사이냐, 접미사이냐 아니면 어미의 일부분이냐 하는 것이 문제로 대두되는데, 이들의 구분은 통사적인 것과 의미적인 것을 고려해야 할 것이다.

4.3.2. 단위를 나타내는 의존명사

수사 뒤에 와서 단위를 나타내는 어휘들 역시 의존적이지만, 격조사가 결합하여 주어나 목적어의 구실을 할 수 있으므로 명사로 처리되어 띄어쓰게 된다.[9]

---

9 이 규정에는 단서 조항이 붙어 있다. 조항은 다음과 같다.

다만, 순서를 나타내는 경우나 숫자와 어울리어 쓰이는 경우에는 붙여 쓸 수 있다.

두시 삼십분 오초	제일과	삼학년	육층
1446년 10월 9일	2대대	16동 502호	제 1 실습실

제43항 단위를 나타내는 명사는 띄어 쓴다.

한 개	차 한 대	금 서 돈
소 한 마리	옷 한 벌	열 살
조기 한 손	연필 한 자루	버선 한 죽
집 한 채	신 두 켤레	북어 한 쾌

4.3.3. 잇거나 열거하는 의존명사(그리고 부사)

열거하는 말의 끝에 사용되는 등, 등등, 등속, 등지 등은 단독으로 사용되지는 못하지만, 격조사가 바로 결합하여 주어나 서술어의 구실을 할 수 있으므로 의존명사로 처리하여 띄어쓴다. 잇거나 열거하는 말들 사이에 사용되는 어휘들은 품사 결정부터 쉬운 일이 아닌데 '대, 겸' 등은 '대하다, 겸하다' 등의 어휘와 고려하여 불완전명사로 처리하고, 그 어원을 정확히 밝히기 곤란한 '내지'는 부사로 처리하여 모두 띄어쓴다. 단지 '와/과'의 경우 이들과 통사적으로는 같은 구실을 하지만 전통적으로 조사로 처리해 왔으므로 이는 앞말에 붙인다.

관련되는 규정은 제 45항이다.

제45항 두 말을 이어 주거나 열거할 적에 쓰이는 다음의 말들은 띄어 쓴다.

국장 겸 과장	열 내지 스물	청군 대 백군
책상, 걸상 등이 있다.		이사장 및 이사들
사과, 배, 귤 등등	사과, 배 등속	부산, 광주 등지

4.4. 관형사와 문법화 및 어휘화

관형사는 체언(주로 명사) 앞에 놓여서, 그 체언의 내용을 서술하거나 지시하면서, 그것을 꾸며 주는 품사이다. 격조사는 당연히 붙을 수 없고, 특수조사도 붙지 않고, 어미 활용도 하지 않는다.

새 집에서 순 살코기를 먹었다.
이 사람과 저 사람은 한국어 선생이다.
일본 사람 세 명이 국수 다섯 그릇을 먹는다.

관형사의 종류에는 위의 '새, 순'과 같이 명사를 수식하여 명사의 상태를 나타내는 성상형용사, '이, 저'와 같이 어떤 대상을 지시하는 지시관형사, 사람이나 사물의 수를 셀 때 사용하는 수관형사로 나뉜다. 이들은 독립된 품사이면서, 독립된 문장성분이므로 띄어 써야 한다.

고유어로 된 성상관형사의 몇 예를 제시하면 다음과 같다.

갖은 : 갖은 고생을 다했다.
딴 : 딴 사람이 딴 행동을 하니 확가 난다.
맨10 ; 맨 먼저 그 산의 맨 꼭대기에 오른 그녀가 맨 가장자리에
　　　있는 맨 구석자리에 않아 있다.

---

10 '맨'은 의미에 따라 관형사가 되기도 하고, 접두사가 되기도 한다. '맨 꼭대기'
처럼 '더할 수 없는 지경이나 경지'의 뜻일 때에는 관형사가 되고, '맨눈'처럼
'그것빡에 없다는 뜻일 때에는 접사가 된다.

　　옛 : 옛 기억과 옛 추억을 더듬어 옛 고향을 찾았는데, 옛 친구의
　　　　옛 모습은 찾을 길 없네
　　오른 : 오른 다리에 있는 오른 무릎이 아프다.
　　왼 : 오른 손아귀로 왼 손목을 잡았다.
　　첫11 : 첫 월급과 같은 첫 경험은 첫 만남과 같이 설레는 것이다.

고유어로 된 지시관형사의 몇 예를 들면 다음과 같다.

　　이 : 이 시대의 이 노래를 부르는 이 사람들
　　그 : 참 좋았던 그 시절에 어울리던 그 친구들
　　저 : 저 주전자는 저 냄비의 모양을 본땄어.
　　　　이런, 그런, 저런 : 이런 사연과 그런 사연을 가지고 있는 저
　　　　런 사람들
　　　　어느, 어떤, 무슨 : 어떤 사람이 무슨 일로 어느 방에 갔느냐?

수관형사의 한두 예를 들면 다음과 같다.

　　금 서 돈, 네 마리, 다섯 개, 한두 개, 서너 마리
　　삼 학년, 사 년, 오 남매, 일이 학년, 삼사 학년
　　몇 개, 몇 사람, 모든 경우, 모든 국민, 여러 권, 여러 사람

이들 외에 한 개의 음절로 된 다음의 한자어들도 관형사로 처리

---

11 '첫째'는 명사나 관형사로 사용된다.

된다.

> 각(各) : 각 가정에서, 각 개인이, 각자의 책임을 다한다.
>
> 귀(貴) : 귀 회사의 무궁한 발전을 빕니다.
>
> 동(同) : 동 회사의 동 기관에서 달리 처리하였다.
>
> 본(本)12 : 본 문제와 관한 본 변호인의 본뜻은 본 회의에서 본고
>
>   장과 관련된 본계약을 체결하자는 것이다.
>
> 전(全) : 전 세계에 있는 전 인류의 책임을 지다.
>
> 전(前) : 전 시대에 살았던 전 행정부 장관이 행방불명되었다.
>
> 제(諸) : 제 단체의 제 비용과 관련된 제 문제를 해결하자.

   그런데 이들 중 일부는 접두사로 기능하거나, 다른 것과 하나의 명사를 구성하여 어근의 일부를 구성하는 경우가 있다. 이런 경우 이들은 붙여써야 한다.

▶ 접사로 사용되는 경우

> 맨 : 맨눈인 그는 맨발과 맨주먹으로 맨땅에서 일했다.
>
> 귀(貴) : 귀금속을 많이 한 귀공자와 귀부인
>
> 본(本)13 : 본뜻, 본고장, 본회의

---

12 표준국어대사전에는 '본'이 뜻에 따라 관형사 혹은 접사로 처리되어 있다. "어떤 대상이 말하는 이와 직접 관련되어 있음을 나타내는 말."을 뜻할 때는 관형사로 처리된다. '본 협회, 본 회의, 본 변호인, 본 사건' 등

13 '바탕이 되는'의 의미를 가질 때는 붙여쓴다. 그래서 '본회의'와 같이 붙여쓰면 '중요한 바탕이 되느니 회의'(국회 본회의 등)를 뜻하고, '본 회의'처럼 띄어쓰면 '이번 회의'라는 뜻이 된다.

접사로 사용되는 경우를 몇 덧붙이면 다음과 같다.

대(對) : 대미관계 대북한 전략

반(反) : 반정부 운동, 반작용, 반비례

반(半) : 반팔과 반바지 옷을 입는다. 반자동, 반죽음.

▶ 어근을 이루는 경우

각자(各字) : 각자 자기의 문제를 해결한다.

귀중(貴重) : 귀중한 보석은 귀하게 다뤄야지.

대등(對等) : 대등한 위치에서 대등하게 행동한다.

동성(同姓) : 동성이고 동시에 동본인 사람들이다.

반대(反對) : 반대하는 사람은 손 들어라.

반수(半睡) : 반수에 빠진 듯한 그의 눈은 오히려 매력적이다.

본래(本來) : 본래부터 있던 본래의 모습으뢰 돌어가자.

본의(本意) : 본의대로 해야지

전생(全生) : 전생에 맺은 인연처럼 소중하게 산다.

전체(全體) : 전체를 볼 수 있는 시각을 키운다.

제반(諸般) : 제반 사항을 논의하자

고유어에서도 하나의 단어로 굳어진 다음의 예들은 붙여 쓴다.

옛날

오른손 오른쪽

왼손 왼쪽

이것, 이때

그것, 그때

저것

여러분

며칠

여기서 문제는 접두사인 경우와 관형사인 경우 그리고 어근인 경우를 어떻게 구분할 것인가 하는 문제이다. 그 중 한자어에서 어근의 일부를 이루는 경우는 비교적 구분이 쉽다. 둘 다 의존형태소이기 때문에 문법적으로 앞에 있는 성분이 관형사가 될 수도 없고 접두사도 될 수 없기 때문이다.

접사와 관형사를 구분할 수 있는 기준점을 어떻게 설정할 것인가 하는 것이 문제가 된다. 경우의 수는 대략 다음의 네 가지가 될 것이다.

첫째, 통사적인 차이와 의미적인 차이를 동시에 가지고 있을 경우

둘째, 통사적인 차이만 있을 경우

셋째, 의미적인 차이만 있을 경우

넷째, 통사적으로나 의미적으로나 차이가 없을 경우

4.5. 보조용언과 문법(형태소)화

본용언의 구실을 하던 것이 보조용언이 된다는 것은 실사의 문법화를 의미하는 것이다. 문법화의 과정을 겪으면서 실질형태소의 기능을 가지지 못한 것은 독립적이기도 하면서 의존적이기 때문에

둘 다 허용하기로 하는데 제47항이 여기에 해당된다.

제 3 절 보조 용언

제47항 보조 용언은 띄어 씀을 원칙으로 하되, 경우에 따라 붙여
　　　 씀도 허용한다. (ㄱ을 원칙으로 하고, ㄴ을 허용함.)

ㄱ	ㄴ
불이 꺼져 간다.	불이 꺼져간다.
내 힘으로 막아 낸다.	내 힘으로 막아낸다.
어머니를 도와 드린다.	어머니를 도와드린다.
그릇을 깨뜨려 버렸다.	그릇을 깨뜨려버렸다.
비가 올 듯하다.	비가 올듯하다.
그 일은 할 만하다.	그 일은 할만하다.
일이 될 법하다.	일이 될법하다.
비가 올 성싶다.	비가 올성싶다.
잘 아는 척한다.	잘 아는척한다.

4.6. 이전체계의 흔적들

　문법화의 과정을 진행하고 있지만, 독립적인 단어로 사용되었을
당시에는 특수조사가 결합할 수도 있겠는데, 이 흔적을 유지하고
있을 경우에는 독립적으로 사용될 당시를 고려하여 띄어쓰기로 한
다. 47항의 단서 조항이 여기에 해당된다.

　다만, 앞말에 조사가 붙거나 앞말이 합성 동사인 경우, 그리고 중

간에 조사

가 들어갈 적에는 그 뒤에 오는 보조 용언은 띄어 쓴다.

잘도 놀아만 나는구나! 책을 읽어도 보고…

네가 덤벼들어 보아라. 강물에 떠내려가 버렸다.

그가 올 듯도 하다.   잘난 체를 한다.

4.7. 하나의 개념이나 사물을 지칭하는 여러 단어

제 4 절 고유 명사 및 전문 용어

제48항 성과 이름, 성과 호 등은 붙여 쓰고, 이에 덧붙는 호칭어,
관직명 등은 띄어 쓴다.

김양수(金良洙)   서화담(徐花潭)   채영신 씨

최치원 선생   박동식 박사   충무공 이순신 장군

다만, 성과 이름, 성과 호를 분명히 구분할 필요가 있을 경우에
는 띄어 쓸 수 있다.

남궁억/남궁 억   독고준/독고 준

황보지봉(皇甫芝峰)/황보 지봉

제49항 성명 이외의 고유 명사는 단어별로 띄어 씀을 원칙으로
하되, 단위별로 띄어 쓸 수 있다.(ㄱ을 원칙으로 하고, ㄴ
을 허용함.)

ㄱ   ㄴ

대한 중학교   대한중학교

한국 대학교 사범 대학   한국대학교 사범대학

제50항 전문 용어는 단어별로 띄어 씀을 원칙으로 하되, 붙여 쓸
　　　　 수 있다.　 (ㄱ을 원칙으로 하고, ㄴ을 허용함.)

ㄱ	ㄴ
만성 골수성 백혈병	만성골수성백혈병
중거리 탄도 유도탄	중거리탄도유도탄

4.8. 관형사와 어휘화

제44항 수를 적을 적에는 '만(萬)' 단위로 띄어 쓴다.

　　십이억 삼천사백오십육만 칠천팔백구십팔

　　12억 3456만 7898

제46항 단음절로 된 단어가 연이어 나타날 적에는 붙여 쓸 수 있다.

　　그때 그곳　 좀더 큰 것　 이말 저말　 한잎 두잎

5. 맺는 말

경계를 허문다는 것은 새로운 경계를 만든다는 것을 의미한다.
그리고 단절되지 않은 연속체는 항상 경계 부분에서 소속이 불분
명하여 논란의 소지가 있기 마련이다. 띄어쓰기가 문제가 되는 것
은 대부분 경계선 상에 놓여 있기 때문이다.

띄어쓰기에 자신있다고 얘기할 수 있는 사람은 대단히 용기있는

사람이라고 할 수 있을 정도로 어려운 문제들을 내포하고 있다. 그
것은 바로 변화하고 있는 문법의 해석 문제와 관련되어 있기 때문
이다.

　가. 의미 중심으로 할 것인가 아니면 형태 중심으로 할 것인가
　나. 통시적으로 변화의 과정에 있는 것을 어떻게 해석할 것인가
　다. 형태소 분석을 통합적으로(거시적으로) 할 것인가 분석적으
　　　로(미시적으로) 할 것인가

등등의 문제와 관련된 이론적인 문제는 관련 학계에서 지속적으로
논의되기를 바란다.

참고문헌

김홍석(2006), 「현행 정서법에 어긋난 몇 가지 사항에 대하여」, 『새국어
　　교육』 72, 한국국어교육학회, pp.233~248.

리의도(1983), "띄어쓰기 방법의 변해 온 발자취", ⟨한글⟩ 182. 한글학회.

민현식(1995), 「국어 띄어쓰기법 개선에 관한 연구」, 『한국학연구』 4, 숙
　　명여자대학교, pp.1~52.

박정규(2003), 「국어 띄어쓰기 규정의 재검토」, 『시학과언어학』 6, 시학
　　과 언어학회, pp.231~258..

박정규(2006), 「국어 띄어쓰기 규정의 개선안 연구」, 『어문연구』 34-4,
　　한국어문교육연구회, pp.83~107.

박종갑(1995), 「주시경의 ⟪국어문법⟫ 연구(3)-우권점으로 표시된 띄어
　　쓰기를 중심으로」, 『국어학』 25, 국어학회, pp.267~292.

서종학(1996), 「띄어쓰기의 역사와 규정」, 『인문연구』 18-1, 영남대 인
　　문과학연구소, pp.1~16.

양명희(2000), 「띄어쓰기의 원리와 현실」, 『관악어문연구』 25, 서울대
　　국어국문학과, pp.183~199.

이기문(1989), "독립신문과 한글 문화", ⟨주시경학보⟩ 4.

이숙의(2007), 「용언의 구성과 띄어쓰기 방안에 대하여」, 『인문학연구』
　　34-3, 충남대 인문과학연구소. pp.423~444.

임동훈(2002), 「띄어쓰기의 현황과 과제」, 『관악어문연구』 27, 서울대
　　국어국문학과, pp.439~454.

전광현(1990), "최태영 초기 번역성경의 띄어쓰기에 대한 토론", ⟨숭실
　　사학⟩ 6. 숭실대.

조영희(2003), 「올바른 띄어쓰기 방안-⟨한글 띄어쓰기 사전⟩편찬의 변」,
　　『새국어교육』 66, 한국국어교육학회, pp.237~249.

최태영(1990), "초기 번역 성경의 띄어쓰기", <숭실사학> 6. 숭실대.

최태영(1998), 「19세기말 국어의 띄어쓰기-독립신문을 중심으로」, 『국어국문학』 121, 국어국문학회, pp.1~23.

최호철(2004), 「남북 띄어쓰기 규범의 통일에 대하여」, 『한국어학』 25, 한국어학회, pp.343~364.

황경수(2007), 「효과적인 띄어쓰기에 대하여」, 『새국어교육』 75, 한국국어교육학회, pp.439~464.

한국어의 표기와 발음

7장 한글맞춤법-제6장 그밖의 것

1. 원칙으로 설명하기 어려운 것들

한글맞춤법 제6장은 표기의 원칙이나 규칙으로 설명하기 곤란하지만 구분해서 표기해야 할 것들을 모아 놓았다. 제51항과 제56항까지를 하나로 묶고 제57항을 하나로 하여 설명하고자 한다.

제6장 그 밖의 것

제51항 부사의 끝음절이 분명히 '이'로만 나는 것은 '-이'로 적고, '히'로만 나거나 '이'나 '히'로 나는 것은 '-히'로 적는다.

1. '이'로만 나는 것

가붓이	깨끗이	나붓이
느긋이	둥긋이	따뜻이
반듯이	버젓이	산뜻이
의젓이	가까이	고이
날카로이	대수로이	번거로이
많이	적이	헛되이
겹겹이	번번이	일일이
집집이	틈틈이	

2. '히'로만 나는 것

극히	급히	딱히	속히
작히	족히	특히	엄격히
정확히			

3. '이, 히'로 나는 것

솔직히	가만히	간편히	나른히	무단히
각별히	소홀히	쓸쓸히	정결히	과감히
꼼꼼히	심히	열심히	급급히	답답히
섭섭히	공평히	능히	당당히	분명히
상당히	조용히	간소히	고요히	도저히

1.1. 접미사 '-이'와 '-히'의 구분

'이'나 '히'로 발음되거나 '히'로만 발음되는 것은 'ㅎ'로 표기하

는데 이렇게 표기하는 것은 비교적 간단하게 설명될 수 있으므로
이를 먼저 설명하기로 한다.

(1) '히'로 적는 것는 '-하다'가 붙는 것과 예외적인 것 몇 가지
이다.

① '-하다'가 붙는 어근 뒤에는 'ㅅ' 받침을 제외하고 모두 '히'로
적는다.

(파열음 뒤)	극히	딱히	속히
	급히	답답히	
(비음 뒤)	간편히	나른히	무단히
	공평히	능히	
	과감히	꼼꼼히	열심히
(모음 뒤)	고요히	도저히	

본항에서 제시된 단어 중, '도저히, 무단히, 속히, 열심히' 등은,
'-하다'가 결합한 형태가 널리 사용되지는 않지만, '도저(到底)하
다, 무단(無斷)하다, 속(速)하다, 열심(熱心)하다' 등이 사전에서 다
루어지고 있다.

② 이외에 '히'가 결합하여 부사를 형성하고 발음이 굳어져 있는
것는 '히'로 표기한다.

익히   특히   작히

'익히'의 뜻과 용례는 다음과 같다.

  (뜻) (1) 어떤 일을 여러 번 해 보아서 서투르지 않게.
  (용례)
  ¶나의 돈줄은 물론이거니와 그 보수를 받는 날짜까지도 익히 꿰차
    고 있는 터였다.≪김원우, 짐승의 시간≫/익히 다닌 길이라 어둠
    속에서도 그는 대중으로 더듬어 나갔다. ≪유주현, 대한 제국≫
  「2」어떤 대상을 자주 보거나 겪어서 처음 대하는 것 같지 않게.
  ¶우리는 익히 알고 지내는 사이다./그의 천재성은 소문으로 익히
    들어 알고 있다.

'특히'의 뜻과 용례는 다음과 같다.

  (뜻) 보통과 다르게.
  (용례)
  ¶특히 퇴근 시간에는 다른 때보다 차가 많이 밀린다./이 문제는
    특히 해결하기가 어렵다./나는 과일 중에서도 특히 사과를 좋아
    한다./그는 더덕구이가 특히 감칠맛 있어서 그것만 해서 밥 한
    사발을 비웠다.≪박완서, 오만과 몽상≫/제주 삼읍 중 특히 가뭄
    이 심한 대정 고을은 아예 보리농사를 파장 보고 말았다는 소문
    이었다. ≪현기영, 변방에 우짖는 새≫

'작히'의 뜻과 용례는 다음과 같다.

(뜻) (주로 의문문에 쓰여)'어찌 조금만큼만', '얼마나'의 뜻으로 희망이나 추측을 나타내는 말. 주로 혼자 느끼거나 묻는 말에 쓰인다.

(용례)

¶ 그렇게 해 주시면 작히 좋겠습니까?/나쁜 놈들이 해코지를 하려 했다니 마님께서 작히 놀라셨습니까?

이외에는 모두 '이'가 결합하는 데 그 예들을 분류하면 다음과 같다.(이 예들은 국립국어원의 한글맞춤법 해설을 기초로 하여, 순서를 조정하고 표현을 조금 고치고 예를 한두 가지 첨가한 것이다.)

(2) '이'로 적는 것은 다음의 경우들이다.

① (첩어 또는 준첩어인) 명사에 부사화접미사가 결합하는 경우

간간이	겹겹이	골골샅샅이	곳곳이	길길이
나날이	다달이	땀땀이	몫몫이	번번이
샅샅이	알알이	앞앞이	줄줄이	짬짬이
철철이				

② 'ㅂ' 불규칙 용언에 부사화접미사가 결합하는 경우

가벼이	괴로이	기꺼이	너그러이	부드러이
새로이	쉬이	외로이	즐거이	고이

날카로이   대견스러이

③ '-하다'가 붙는 어간 중 'ㅅ' 받침으로 끝나는 어간에 부사화접
    미사가 결합하는 경우

기웃이   나긋나긋이   남짓이   뜨뜻이   버젓이
번듯이   빠듯이   지긋이
④ '-하다'가 붙지 않는 용언 어간에 부사화 접미사가 결합하는 것

같이   굳이   길이   깊이   높이
많이   실없이   적이   헛되이

⑤ 부사 뒤(제25항 2 참조.)

곰곰이   더욱이   생긋이   오뚝이   일찍이
히죽이

제52항 한자어에서 본음으로도 나고 속음으로
도 나는 것은 각각 그 소리에 따라 적는다.

(본음으로 나는 것)	(속음으로 나는 것)
승낙(承諾)	수락(受諾), 쾌락(快諾), 허락(許諾)
만난(萬難)	곤란(困難), 논란(論難)

안녕(安寧)	의령(宜寧), 회령(會寧)
분노(忿怒)	대로(大怒),
	희로애락(喜怒哀樂)
토론(討論)	의논(議論)
오륙십(五六十)	오뉴월, 유월(六月)
목재(木材)	모과(木瓜)
십일(十日)	시방정토(十方淨土),
	시왕(十王), 시월(十月)
팔일(八日)	초파일(初八日)

1.2. 두 음(속음과 본음)으로 나는 한자어

한자가 가지고 있는 본래의 음을 본음이라 하고, 본음이 아니지만 널리 관용으로 사용되는 것을 속음이라 한다. 이러한 음들은 현재 사용하고 있지만 변화의 과정을 공식적으로 설명하기 어렵기 때문에 모두 발음하는 대로 표기한다.

본 항에서 제시되고 있는 예들을 다시 정리하면 다음과 같다.

(1) 'ㄴ'에서 변화한 'ㄹ'을 인정해 주는 것

승낙(承諾) :	수락(受諾),	쾌락(快諾),	허락(許諾)
만난(萬難) :	곤란(困難),	논란(論難)	
안녕(安寧) :	의령(宜寧),	회령(會寧)	
분노(忿怒) :	대로(大怒),	희로애락(喜怒哀樂)	

(2) ‘ㄹ’에서 변화한 ‘ㄴ’을 인정해 주는 것

    토론(討論) :   의논(議論)
    오륙십(五六十) :   오뉴월,

(3) ‘ㄱ’이 탈락한 것을 인정해 주는 것

    육십(六十) : 유월(六月)
    목재(木材) : 모과(木瓜)

(4) ‘ㅂ’이나 ‘ㄹ’이 탈락한 것을 인정해 주는 것

    십일(十日) : 시방정토(十方淨土),   시왕(十王),   시월(十月)
    팔일(八日) : 초파일(初八日)

이 밖에 불교 용어에서 특이한 음을 가지는 것도 있고,

    보리(菩提)불교 최고의 이상인 불타 정각의 지혜 : 제공(提供)
    보시(布施)(자비심으로 남에게 재물이나 불법을 베풂) : 공포(公布)
    도량(道場)(불도를 닦는 깨끗한 마당) : 도장(道場)

일상 용어에서도 두 개 이상의 음을 가지는 경우가 있다.

    댁내(宅內)/자택(自宅)   모란(牧丹)/단심(丹心)

통찰(洞察)/동굴(洞窟)　　사탕(砂糖), 설탕(雪糖)/당분(糖分)

이들은 모두 현실적으로 널리 쓰이고 있으므로 모두 발음하는 음대로 표기하는 것이다.

제53항　다음과 같은 어미는 예사소리로 적는 다.(ㄱ을 취하고, ㄴ을 버림.)

ㄱ	ㄴ
-(으)ㄹ거나	-(으)ㄹ꺼나
-(으)ㄹ걸	-(으)ㄹ껄
-(으)ㄹ게	-(으)ㄹ께
-(으)ㄹ세	-(으)ㄹ쎄
-(으)ㄹ세라	-(으)ㄹ쎄라
-(으)ㄹ수록	-(으)ㄹ쑤록
-(으)ㄹ시	-(으)ㄹ씨
-(으)ㄹ지	-(으)ㄹ찌
-(으)ㄹ지니라	-(으)ㄹ찌니라
-(으)ㄹ지라도	-(으)ㄹ찌라도
-(으)ㄹ지어다	-(으)ㄹ찌어다
-(으)ㄹ지언정	-(으)ㄹ찌언정
-(으)ㄹ진대	-(으)ㄹ찐대
-(으)ㄹ진저	-(으)ㄹ찐저
-올시다	-올씨다

다만, 의문을 나타내는 다음 어미들은 된소리로 적
는다.

- -(으)ㄹ까?   -(으)ㄹ꼬?
- -(스)ㅂ니까?   -(으)리까?
- -(으)ㄹ쏘냐?

1.3. 예사소리로 적는 접미사

된소리로 발음되기도 하고 평음으로 발음되기도 하는 어미 표기
의 일관성에 관한 사항이다. 즉 'ㄹ' 뒤에서는 된소리로 조음되지만
([할꺼나], [할낄], [할찌라도] 등), 그 외의 형식에서는 된소리로
조음되지 않기 때문에([보거나] [마시거나] 않거나 → [안커나], 많
은 걸[걸] 좋은 걸[걸] 간걸[걸], 가는지[지] 오는지[지] 마는지
[지]), 어미 표기의 일관성을 위해 평음으로 고정시켜 표기하는 것
이다.

<다만>은 항상 된소리로 소리나는 것은 된소리로 표기해 주기
위한 것이다. 의문형 어미는 'ㄹ' 뒤에서뿐만 아니라 '-나이까 -더
이까 -리까 -ㅂ니까/-습니까 -ㅂ디까/-습디까)처럼 모음 뒤에서
도 된소리로 조음되기 때문에 모두 된소리로 표기하는 것이다.

여기서 주의할 것은 의문형어미 '-ㄴ가'이다. 아래 예에서 보듯이

그게 정말인가 아닌가?

너는 지금 어디가 아픈가?

아버님은 요즘 어디 편찮으신가?

항상 'ㄴ가' 형태로 사용되면서 평음으로 발음되고 있는 것이다. 그래서 이 형태는 'ㄴ가'로 고정된 것으로 보고 발음하는 대로 적는 것이다.

제54항 다음과 같은 접미사는 된소리로 적는다.(ㄱ을 취하고, ㄴ을 버림.)

ㄱ	ㄴ	ㄱ	ㄴ
심부름꾼	심부름군	귀때기	귓대기
익살꾼	익살군	볼때기	볼대기
일꾼	일군	판자때기	판잣대기
장꾼	장군	뒤꿈치	뒷굼치
장난꾼	장난군	팔꿈치	팔굼치
지게꾼	지게군	이마빼기	이맛배기
때깔	때깔	코빼기	콧배기
빛깔	빛깔	객쩍다	객적다
성깔	성깔	겸연쩍다	겸연적다

1.4. 된소리로 적는 접미사

(1) 접사 '-꾼'에 대해 표준국어대사전에는 다음과 같이 설명하고 있다. ((일부 명사 뒤에 붙어))

「1」 '어떤 일을 전문적으로 하는 사람' 또는 '어떤 일을 잘하는 사람'의 뜻을 더하는 접미사.

¶모사꾼/살림꾼/소리꾼/심부름꾼/씨름꾼/장사꾼.

「2」 '어떤 일을 습관적으로 하는 사람' 또는 '어떤 일을 즐겨 하는 사람'의 뜻을 더하는 접미사.

¶낚시꾼/난봉꾼/노름꾼/말썽꾼/잔소리꾼/주정꾼.

「3」 '어떤 일 때문에 모인 사람'의 뜻을 더하는 접미사.

¶구경꾼/일꾼/장꾼/제꾼.

「4」 '어떤 일을 하는 사람'에 낮잡는 뜻을 더하는 접미사.

¶과거꾼/건달꾼/도망꾼/뜨내기꾼/마름꾼/머슴꾼.

「5」 '어떤 사물이나 특성을 많이 가진 사람'의 뜻을 더하는 접미사.

¶건성꾼/꾀꾼/덜렁꾼/만석꾼/재주꾼/천석꾼.

이 접사는 항상 [꾼]으로만 조음되기 때문에 현실적인 발음대로 된소리로 표기하는 것이다.

(2) 접사 '-깔'에 대해서는 표준국어대사전에는 다음과 같이 설명하고 있다.

「접사」 ((몇몇 명사 뒤에 붙어)) '상태' 또는 '바탕'의 뜻을 더하는
   접미사.
       ¶맛깔/빛깔/성깔.

이 접사 역시 항상 된소리 [깔]로만 조음되기 때문에 현실적인
발음대로 된소리로 표기하는 것이다. 이들외에 '태깔, 색깔' 등도
포함된다.

(3) 접사 '-때기'에 대해서 표준국어대사전에는 다음과 같이 설
   명하고 있다.

「접사」 ((몇몇 명사 뒤에 붙어)) '비하'의 뜻을 더하는 접미사.
       ¶배때기/귀때기/볼때기/이불때기/송판때기/표때기.

이 접사 역시 항상 된소리로 조음되므로 발음하는 대로 적는다.

(4) 접사 '-꿈치' 역시 항상 [꿈치]로 조음되므로 조음되는 대로
   '꿈치'로 적는다.

   발꿈치   팔꿈치   발뒤꿈치

(5) '-배기 / -빼기'는 두 가지 발음이 다 있어 혼동하기 쉬운 접
   사이다. 우선 표준국어대사전의 설명을 보면 다음과 같이 구
   분되어 있는데,

<배기>「접사」

「1」 ((어린아이의 나이를 나타내는 명사구 뒤에 붙어))'그 나이를 먹은 아이'의 뜻을 더하는 접미사.

¶두 살배기/다섯 살배기.

「2」 ((몇몇 명사 뒤에 붙어))'그것이 들어 있거나 차 있음'의 뜻을 더하는 접미사.

¶나이배기.

「3」 ((몇몇 명사 뒤에 붙어))'그런 물건'의 뜻을 더하는 접미사.

¶공짜배기/대짜배기/진짜배기.

<빼기>「접사」((몇몇 명사 뒤에 붙어))

「1」 '그런 특성이 있는 사람이나 물건'의 뜻을 더하는 접미사.

¶곱빼기/밥빼기/악착빼기.

「2」 '비하'의 뜻을 나타내는 접미사.

¶앍둑빼기/외줄빼기/코빼기.

이 설명을 현실적인 표기에 적용하기는 어렵다. 이것의 구분은 현실적인 발음이므로 발음을 익혀서 표기에 반영해야 할 것이다.

첫째, [배기]로 발음되는 접사는 '배기'로 적는데 예는 다음의 것들이다.

귀퉁배기	나이배기	대짜배기	육자배기 (六字-)
주정배기(酒酊-)		포배기	혀짤배기

둘째, [빼기]로 발음되는 접사는 모두 '빼기'로 적는다.

고들빼기	그루빼기	대갈빼기	머리빼기
재빼기 [嶺頂]	곱빼기	과녁빼기	언덕빼기
밥빼기	악착빼기	앍둑빼기	앍작빼기
억척빼기	얽둑빼기	얽빼기	얽적빼기

여기서 주의할 것은 '뚝배기'와 '학배기[蜻幼蟲]'의 표기이다. '뚝배기'는 "찌개 따위를 끓이거나 설렁탕 따위를 담을 때 쓰는 오지그릇"을 뜻하고, '학배기'는 "잠자리의 애벌레를 이르는 말"이다. 이들은 발음이 [뚝빼기], [학빼기]로 된소리로 조음되지만 평음으로 표기하는데, 그 이유는 이들은 '-배기'라는 접사와 결합한 형태가 아니기 때문이다. 즉 이들은 '뚝+배기'나 '학+배기'로 형태소 분석될 수 있는 복합어가 아니고 하나의 형태소로 구성된 단어이기 때문이다. 형태와 발음이 접사 '-배기'와 유사하지만 전혀 다른 어원이기 때문이다. 이를 평음으로 표기하는 근거는 '한글맞춤법 제5항의 다만 조항이다.

　(6) '-적다 / -쩍다' 역시 두 가지의 표기가 다 있어 혼동될 수 있는 접사인데 이들의 구분에 대해 국립국어원 해설집에는 다음과 같이 설명되고 있다.

　첫째, [적다]로 발음되는 경우는 '적다'로 적고,

　　　괘다리적다　괘달머리적다　딴기적다　열퉁적다

　둘째, '적다[少]'의 뜻이 유지되고 있는 합성어의 경우는 '적다'로

적으며,

맛적다(맛이 적어 싱겁다)

셋째, '적다[少]'의 뜻이 없이, [쩍다]로 발음되는 경우는 '쩍다'로

적는다.

맥쩍다　멋쩍다　해망쩍다　행망쩍다

제55항　두 가지로 구별하여 적던 다음 말들은 한 가지로 적는다.(ㄱ을 취하고, ㄴ을 버림.)

ㄱ	ㄴ
맞추다 (입을 맞춘다. 양복을 맞춘다.)	마추다
뻗치다 (다리를 뻗친다. 멀리 뻗친다.)	뻐치다

1.5. 구분하기 어려운 말의 단일화

이전에 '마추다'와 '맞추다'를 구분하던 것을 하나로 통일한 것이다. 실질적인 발음에 차이가 없어 구분하여 표기하기가 어렵기 때문에 하나로 통일한 것이다. '맞추다'의 용례는 대채로 다음과 같다.(표준국어대사전에서 발췌하여 옮긴 것이다.)

[1]【…을 …에】【…을 (…과)】(('…과'가 나타나지 않을 때는 여럿임을 뜻하는 말이 목적어로 온다))

서로 떨어져 있는 부분을 제자리에 맞게 대어 붙이다.

¶문짝을 문틀에 맞추다/떨어져 나간 조각들을 제자리에 잘 맞춘 다음에 접착제를 사용하여 붙였더니 새것 같았다. ‖ 깨진 조각을 본체와 맞추어 붙이다/나는 이 많은 부품 중에서 이것을 무엇과 맞추어야 하는지 막막하기만 했다. ‖ 분해했던 부품들을 다시 맞추다/그는 부러진 네 가닥의 뼈를 잡고 그것을 맞추기 시작했다.≪김성일, 비워 둔 자리≫

[2] 【(…과)…을】 【…을 (…과)】 (('…과'가 나타나지 않을 때는 여럿임을 뜻하는 말이 주어나 목적어로 온다))

「1」 ((주로 '보다'와 함께 쓰여))둘 이상의 일정한 대상들을 나란히 놓고 비교하여 살피다.

¶나는 가장 친한 친구와 답을 맞추어 보았다./여자 친구와 다음 주 일정을 맞추어 보았더니 목요일에만 만날 수 있을 것 같다. ‖ 시험이 끝나면 아이들은 서로 답을 맞추어 보느라고 정신이 없었다./우리들은 다음 달 일정을 맞추어 보고 나서 여행 계획을 짜기로 했다. ‖ 그는 시험지를 정답과 맞추어 보고 나서 흐뭇한 표정을 지었다./김 부장은 물품을 물품 대장과 일일이 맞추어 확인해 보는 일이 주된 업무이다. ‖ 사장은 매일 그날 작성된 장부들을 서로 맞추어 보고 나서 퇴근을 한다./그 형사는 용의자들이 쓴 진술서를 맞추어 보고 나서 누군가 거짓말을 하고 있다고 생각했다.

「2」 서로 어긋남이 없이 조화를 이루다.

¶다른 부서와 보조를 맞추다/반장 오재철이와 신 참위는 앞뒤로 서서 행군의 자세를 교정해 가며 구령을 불러서 발을

맞추게 한다.≪이기영, 봄≫ ‖ 우리는 합숙을 하면서 서로 마음을 맞추었다. ‖ 그는 항상 자신의 의견을 아내의 의견과 맞추려고 노력한다. ‖ 아내는 집 안에 있는 모든 물건들의 색깔을 서로 잘 어울리게 맞추고 싶어 했다./군인들은 보초 교대를 하기 전에는 반드시 암호를 맞추어야 한다.

[3]【…을 …에/에게】

「1」 어떤 기준이나 정도에 어긋나지 아니하게 하다.

¶원고를 심사 기준에 맞추다/시간에 맞추어 전화를 하다/그는 대학 선택을 점수보다는 자신의 적성에 맞추기로 했다./어머니는 아버지에게 맞추어 음식을 하셨다./너희들이 내 노래에 맞추어 가야금을 타고 해금을 켜라.≪박종화, 금삼의 피≫

「2」 어떤 기준에 틀리거나 어긋남이 없이 조정하다.

¶카메라의 초점을 아내에게 맞추다/시곗바늘을 5시에 맞추다/주파수를 지역 방송에 맞추다/타이머를 30분에 맞추다.

[4]【…을】

「1」 일정한 수량이 되게 하다.

¶화투짝을 맞추다/인원을 맞추다.

「2」 열이나 차례 따위에 똑바르게 하다.

¶줄을 맞추다/일련번호를 맞추어 정리하다.

「3」 다른 사람의 의도나 의향 따위에 맞게 행동하다.

¶비위를 맞추다/그는 아내의 기분을 맞추기 위해 주말마다 영화를 보러 갔다./그녀는 시어머니의 감정을 맞추려고 노력했으나 그 일은 애초부터 불가능한 것이었다./숨을 제대로 쉬면서 살아가려면 그들의 비위를 맞추고 그들의 손발 노릇을 착실

하게 하지 않으면 안 되는 것이다.≪한승원, 해일≫

「4」 약속 시간 따위를 넘기지 아니하다.

¶사람들과의 약속 시간을 맞추려면 지금 길을 나서야 한다./나는 그녀와의 약속 시간을 제대로 맞춘 적이 없어서 늘 그녀에게 미안한 마음을 가지고 있다.

「5」 일정한 규격의 물건을 만들도록 미리 주문을 하다.

¶구두를 맞추다/안경을 맞추다/양복을 맞추다.

[5] 【…에/에게 …을】 【(…과)…을】 ((‘…과’가 나타나지 않을 때는 여럿임을 뜻하는 말이 주어로 온다))

다른 어떤 대상에 닿게 하다.

¶아내에게 입을 맞추다/이 부족은 손님의 코에 자신의 코를 맞추는 것이 고유의 인사법이다./나 같으면 그런 남편만 있으면 그야말로 날마다 머리를 풀어서 발을 씻고 발바닥에 입을 맞추겠다.≪이광수, 흙≫ ‖ 아이는 아버지와 입술을 맞추는 것을 좋아했다./아이가 외계인과 서로 손가락을 맞추고 있는 모습은 매우 유명한 영화의 한 장면이다. ‖ 그 연인들은 사귄 지가 벌써 일 년이 넘었는데도 아직 입을 맞추지 않았다고 한다./그 두 꼬마는 서로 손가락을 맞춘 채 무언가를 중얼거렸다./그는 두 손바닥을 조심스럽게 맞춘 후에 기도를 하기 시작했다.

※ ‘퀴즈의 답을 맞추다.’는 옳지 않고 ‘퀴즈의 답을 맞히다.’가 옳은 표현이다. ‘맞히다’에는 ‘적중하다’의 의미가 있어서 정답을 골라낸다는 의미를 가지지만 ‘맞추다’는 ‘대상끼리 서로 비교한다.’는 의미를 가져서 ‘답안지를 정답과 맞추다.’와 같은 경우

342 한국어의 표기와 발음

에만 쓴다.

‘뻗치다’ 역시 ‘뻐치다’와 ‘뻗치다’로 구분하던 것을 하나로 통일한 것이다. 용례를 옮겨 보면 다음과 같다.

「1」【(…을) …으로】 ‘뻗다「1」’를 강조하여 이르는 말. ‘벋치다
「1」’보다 센 느낌을 준다.

¶물줄기가 위로 시원하게 뻗치는 분수대 ‖ 덩굴장미가 가지를 이웃집 담까지 뻗쳤다.

「2」【…으로】 ‘뻗다「2」’를 강조하여 이르는 말. ‘벋치다「2」’보다 센 느낌을 준다.

¶태백산맥은 남북으로 길게 뻗쳐 있다./장례 행렬은 멀리 오 리 밖까지 뻗치고 있다.

「3」【(…을) …에/에게】【(…을) …으로】 ‘뻗다「3」’를 강조하여 이르는 말. ‘벋치다「3」’보다 센 느낌을 준다.

¶기운이 온몸에 뻗치다/급진 사상이 젊은이들에게 뻗치다 ‖ 젊은 연예인들의 화려함은 방송 매체에 대한 환상을 청소년들에게 급속하게 뻗치는 주된 원인이다. ‖ 태풍이 전 지역으로 뻗쳤다. ‖ 정부는 21세기에 대한 희망과 꿈을 모든 계층으로 뻗칠 수 있는 방안을 고심하고 있다.

「4」【…을】 ‘뻗다「4」’를 강조하여 이르는 말. ‘벋치다「4」’보다 센 느낌을 준다.

¶그는 사지를 뻗치고 누웠다.

「5」【…을 …에/에게】【…을 …으로】 ‘뻗다「5」’를 강조하여 이르는 말. ‘벋치다「5」’보다 센 느낌을 준다.

¶두 팔을 나에게 뻗쳐라. ‖ 다리를 문 쪽으로 뻗치다.

제56항 '-더라, -던'과 '-든지'는 다음과 같이 적는다.

1. 지난 일을 나타내는 어미는 '-더라, -던'으로 적는다.(ㄱ을 취하고, ㄴ을 버림.)

ㄱ	ㄴ
지난 겨울은	지난 겨울은
몹시 춥더라.	몹시 춥드라.
깊던 물이 얕아졌다.	깊든 물이 얕아졌다.
그렇게 좋던가?	그렇게 좋든가?
그 사람	그 사람
말 잘하던데!	말 잘하든데!
얼마나 놀랐던지	얼마나 놀랐든지
몰라.	몰라.

2. 물건이나 일의 내용을 가리지 아니하는 뜻을 나타내는 조사와 어미는 '(-)든지'로 적는다.(ㄱ을 취하고, ㄴ을 버림.)

ㄱ	ㄴ
배든지 사과든지	배던지 사과던지
마음대로 먹어라.	마음대로 먹어라.
가든지 오든지	가던지 오던지
마음대로 해라.	마음대로 해라.

1.6. '더'와 '드'의 구분

'더'와 '드'의 구분은 발음과 형태가 비슷하기 때문에 혼란을 일으키기 쉬운데 이들의 구분은 간단하다. 즉 '더'는 '과거 회상'이라는 시제를 나타내는 선어말어미이므로 이러한 뜻이 포함되어 있으면 '더'가 있는 형태를 쓰고 그렇지 않으면 '드' 형을 쓰면 된다. 그런데 어미에 '드'가 사용되는 것은 '든(지)'밖에 없으므로 구체적인 구별은 '던지'와 '든지'를 구별하면 된다.

(1) 우선 선어말어미 '더'가 결합한 어미를 제시하면 다음과 같다.

-더구나	-더구려	-더구먼	-더군	-더냐
-더니	-더니라	-더니만	-더라	-더라도
-더라면	-던	-던가	-던걸	-던고
-던데	-던들	-던지		

(2) '-던(지)'와 '-든(지)'의 구분은 다음과 같다.

① '-던'은 선어말어미 '더'에 관형형어미 'ㄴ'이 첨가한 것이고, '-든'은 '든지'의 생략형이다.

아카시아 흰 꽃이 피던 곳 어렸을 때 놀던 곳
어제 먹던 밥
가든(지) 말든(지) 마음대로 해 많든(지) 적든(지) 관계없다.

② '더'가 포함된 문장은 과거의 사실을 나타내고, '드'가 포함된
   문장은 선택을 나타낸다.

그때 먹던지 자던지 생각이 안 난다.

그가 집에 있었던지 없었던지 알 수 없다.

지금 먹든(지) 말든(지) 마음대로 해라

잘했든(지) 못했든(지) 관계없다.

③ '던지'는 선어말어미 '더'에 어말어미 'ㄴ지'가 결합한 것이고,
   '든지'는 전체가 하나의 선어말어미이다. 그래서 '던지'는 '더+
   ㄴ지'로 분석될 수 있고, '든지'는 분석될 수 없다. 그래서 '더'
   는 다른 선어말어미와 대체될 수 있는데 '드'는 그것이 불가능
   하다.

그때 먹던지 자던지 생각이 안 난다.

　　→ 그때 먹었는지 잤는지 생각이 안 난다.

그가 집에 있었던지 없었던지 알 수 없다.

　　→ 그가 집에 있었는지 없었는지 알 수 없다.

지금 먹든(지) 말든(지) 마음대로 해라　　→ ?

잘했든(지) 못했든(지) 관계없다.　　　　→ ?

2. 비슷하거나 같은 발음을 달리 표기하는 어휘들

제57항 다음 말들은 각각 구별하여 적는다.

우리말은 유형론적으로 교착어이기 때문에 하나의 어근이나 어간에 다양한 종류의 어미나 접사 등이 결합할 수 있다. 그래서 하나의 형태소가 음운론적인 환경에 따라 다양한 발음을 가지기 일쑤다.

그리고 우리의 한글맞춤법은 형태소의 기본형을 밝히는 것을 원칙으로 하고 있기 때문에 발음과 상이한 표기를 가지는 경우가 많다.

한글맞춤법 제57항은 비슷하거나 동일한 발음이지만, 표기를 달리하는 어휘들을 모아 놓았다. 여기서는 이 예들을 다룬다. 앞의 머리말에서 언급했지만, 여기에 제시되는 뜻풀이와 예문은 거의 대부분 국립국어원의 <표준국어대사전>에서 옮겨 온 것이다. <표준국어대사전>에 없는 내용은 저자가 첨가하였다.

가름	둘로 가름.
갈음	새 책상으로 갈음하였다.

2.1. '가름'과 '갈음'

'가름'은 '나누다'라는 뜻을 가진 '가르다'라는 동사의 명사형이고, '갈음'은 '바꾸다'라는 뜻을 가진 '갈다'라는 동사의 명사형이다.

<가름>

[뜻] 쪼개거나 나누어 따로따로 되게 하는 일.

　¶차림새만 봐서는 여자인지 남자인지 가름이 되지 않는다.

<갈음>

[뜻] 다른 것으로 바꾸어 대신함.

　¶갈음옷(일한 뒤나 외출할 때 갈아입는 옷)

<갈음-하다>

[뜻] 다른 것으로 바꾸어 대신하다.

　¶여러분과 여러분 가정에 행운이 가득하기를 기원하는 것으
　로 치사를 갈음합니다.

거름	**풀을 썩인 거름.**
걸음	**빠른 걸음.**

2.2. '거름'과 '걸음'

　'거름'은 식물이 잘 자라게 하는 비료의 일종이고, '걸음'은 '걷다'
의 명사형이다.

　<거름>

　[뜻] 식물이 잘 자라도록 땅을 기름지게 하기 위하여 주는 물질.
똥, 오줌, 썩은 동식물, 광물질 따위가 있다.

¶ 거름 구덩이/거름을 뿌리다/거름을 치다/거름을 주다/날이
새면 농부들은 일찍부터 밭에 거름을 내고 아낙들은 봄 길쌈
에 여념이 없고 소년들은 쇠죽을 쑤고….≪박경리, 토지≫

<거름-하다>
[뜻] 거름을 주다.

¶ 칡덩굴을 볼 때 그걸 베어다 거름할 것만 생각하지 말고 달
리 더 유용하게 이용할 방법을 궁리해 보라고 했다.≪송기
숙, 자랏골의 비가≫ ‖ 농부들은 농번기가 되기 전에 논밭에
거름하느라 여념이 없다.

<걸음>
[뜻] 「1」 두 발을 번갈아 옮겨 놓는 동작.

　　¶ 급한 걸음/빠른 걸음으로 걷다/걸음을 재촉하다.
「2」 일정한 방향으로 나아가는 움직임.

　　¶ 걸음을 돌리다/겨울이 빠른 걸음으로 다가온다.
「3」 나아가는 기회.

　　¶ 우체국에 가는 걸음이 있거든 이 편지도 부쳐라.

| 거치다 | 영월을 거쳐 왔다. |
| 걷히다 | 외상값이 잘 걷힌다. |

2.3. '거치다'와 '걷히다'

'거치다'는 '지나가다'라는 뜻을 가진 동사이고, '걷히다'는 '거두어 들이다'라는 의미를 가지고 있는 '걷다'의 피동형이다.

<거치다>

[뜻] 「1」 무엇에 걸리거나 막히다.

¶ 칡덩굴이 발에 거치다.

「2」 마음에 거리끼거나 꺼리다.

¶ 가장 어려운 문제를 해결했으니 이제 특별히 거칠 문제는 없다.

「3」 오가는 도중에 어디를 지나거나 들르다.

¶ 대구를 거쳐 부산으로 가다.

「4」 어떤 과정이나 단계를 겪거나 밟다.

¶ 학생들은 초등학교부터 중학교, 고등학교를 거쳐 대학에 입학하게 된다.

「5」 검사하거나 살펴보다.

¶ 일단 기숙사 학생들의 편지는 사감 선생님의 손을 거쳐야 했다./가계비는 말할 것 없고 자질구레한 푼돈마저도 할아버지의 손을 거치게끔 돼 있는 것이다.

≪황순원, 신들의 주사위≫

〈관용구/속담〉**거칠 것이 없다**
「1」 일이 순조로워서 막힘이 없다.
¶그 행사는 모든 회원이 협조하여 거칠 것이 없이 진행되었다.
「2」 사람을 대함에 있어 아무런 거리낌이 없다.
¶그는 이제 어떤 사람을 만나더라도 거칠 것이 없는 유능한
영업 사원이 되었다..

〈걷히다〉

[뜻] 「1」 '걷다 : 구름이나 안개 따위가 흩어져 없어지다.'의 피
동사.

¶안개가 걷히다/이제 양털 구름은 말짱히 걷혀 버려 산
마루 뒤로 물러앉아 있었다.≪김원일, 불의 제전≫/
온기를 받아 뿌옇게 서렸던 등피의 습기가 걷히며
방 안이 밝아 왔다.≪한수산, 유민≫

「2」 '걷다 : 비가 그치고 맑게 개다'의 피동사.

¶대운동회마저 지나고 나니 웅성대던 고을 거리는 장
마 걷힌 뒤인 것처럼 갑자기 쓸쓸해졌다.≪김남천,
대하≫/이윽고 붉게 물들었던 동쪽 하늘이 등황색으
로 투명하게 걷히다가 은은하고 맑은 명주 빛으로
아득히 트이면서…. ≪최명희, 혼불≫

걷잡다	걷잡을 수 없는 상태.
겉잡다	겉잡아서 이틀 걸릴 일.

2.4. '걷잡다'와 '겉잡다'

<걷잡다>

[뜻] 「1」 한 방향으로 치우쳐 흘러가는 형세 따위를 붙들어 잡다.

¶ 걷잡을 수 없는 사태/불길이 걷잡을 수 없이 번져 나

갔다.

「2」 마음을 진정하거나 억제하다.

¶ 걷잡을 수 없이 흐르는 눈물.

<겉잡다>

[뜻] 겉으로 보고 대강 짐작하여 헤아리다.

¶ 겉잡아도 일주일은 걸릴 일을 하루 만에 다 하라고 하니 일

하는 사람들의 원성이 어떨지는 말 안 해도 뻔하지./예산을

대충 겉잡아서 말하지 말고 잘 뽑아 보시오.

그러므로(그러니까)

　　그는 부지런하다. 그러므로 잘 산다.

그럼으로(써)　　그는 열심히 공부한다.

그럼으로(써) (그렇게 하는 것으로)

　　은혜에 보답한다.

2.5. '그러므로'와 '그럼으로'

'그러므로'는 전체가 하나의 부사이고, '그럼으로'는 '그럼'이라는

명사(형)에 조사 '으로'가 결합한 것이다.

<그러므로>

[뜻] 앞의 내용이 뒤의 내용의 이유나 원인, 근거가 될 때 쓰는 접
    속 부사

  ¶ 나는 생각한다. 그러므로 존재한다./인간은 말을 한다. 그러
   므로 동물과 구별된다./아무 책임도 지지 않겠다. 그러므로
   아무것도 선택하지 않겠다.≪황석영, 무기의 그늘≫/며느리
   는 시어머니가 걷던 그 길을 다시 되풀이하게 된다. 그러므
   로 그 며느리가 시어머니가 되면 또 똑같은 시집살이를 시
   키게 마련이다.≪이어령, 흙 속에 저 바람 속에≫/마을 안
   사람들의 소출을 가늠해 보기도 하는 이날은 그러므로 작은
   잔치가 되게 마련이었다.≪한수산, 유민≫

<그럼으로>

[뜻] '그럼'이라는 명사에 '으로'라는 조사가 결합한 것으로 수단
    이나 방법을 나타낼 때 씀.

  ¶ 아버지의 기대가 열심히 공부하는 것이라는 것을 알기에 창
   호는 그럼으로(써) 아버지에게 효도하기로 하였다.

노름	노름판이 벌어졌다.
놀음(놀이)	즐거운 놀음.

2.6. '노름'과 '놀음'

'노름'과 '놀음'은 둘다 '놀다'에서 파생된 것인데, 전자는 의미 변화를 일으켰기 때문에 어원을 밝히지 않고 후자는 본래의 의미가 살아 있기 때문에 어원을 밝히고 있는 것이다.

〈노름〉

[뜻]돈이나 재물 따위를 걸고 주사위, 골패, 마작, 화투, 트럼프 따위를 써서 서로 내기를 하는 일.

¶ 화투 노름/노름에 빠지다/그는 노름으로 전 재산을 날렸다./ 추 서방은 술과 담배도 별로 즐기지 않았고, 노름 같은 것에는 아예 눈도 돌리지 않는 색시 같은 사람이었다.≪하근찬, 야호≫

〈노름-하다〉

[뜻] 돈이나 재물 따위를 걸고 주사위, 골패, 마작, 화투, 트럼프 따위를 써서 서로 내기를 하다.

¶ 그는 전문 노름꾼들과 노름하다가 경찰에 붙들렸다.∥ 동네 어른들은 젊은이들이 노름하는 것을 크게 걱정하셨다./노름하는 친구들이 자리를 가릴 게 있겠나. 아무 데서나 손만 맞으면 하는 거지.≪이기영, 신개지≫

〈놀음〉

[뜻] '놀다'에서 파생한 명사로 일부분의 '놀이'와 같은 뜻으로 쓰

인다.

〈놀이〉

「1」 여러 사람이 모여서 즐겁게 노는 일. 또는 그런 활동.

「2」 굿, 풍물, 인형극 따위의 우리나라 전통적인 연희를 통틀어
이르는 말.

「3」 일정한 규칙 또는 방법에 따라 노는 일.

「4」 봄날에 벌들이 떼를 지어 제집 앞에 나와 날아다니는 일.

〈관용구/속담〉

• **노름 뒤는 대어도 먹는 뒤는 안 댄다**
노름하다 보면 따는 수도 있지만 먹는 일은 한없는 일이라서 당해 내지 못
하므로 가난한 사람을 먹여 살리기는 어려운 노릇이라는 말.

• **노름에 미쳐 나면 여편네[처]도 팔아먹는다**
사람이 노름에 빠지면 극도로 타락하여 노름 밑천 마련에 수단을 가리지
않음을 비유적으로 이르는 말.

• **노름은 도깨비 살림**
도박의 성패는 도저히 예측할 수 없어 돈이 불어 갈 때에는 알 수 없을 만
큼 쉽게 또 크게 늘어남을 비유적으로 이르는 말.

• **노름은 본전에 망한다**
잃은 본전만을 되찾겠다는 마음으로 자꾸 노름을 하다 보면 더욱 깊이 노
름에 빠져 헤어나지 못하게 된다는 말.

느리다	진도가 너무 느리다.
늘이다	고무줄을 늘인다.
늘리다	수출량을 더 늘린다.

2.7. '느리다', '늘이다'와 '늘리다'

'느리다'는 시간이 더 걸린다는 의미를 가진 본래의 형용사이고, '늘이다'와 '늘리다'는 '늘다'에서 파생된 것이다.

〈느리다〉

[뜻] 「1」 어떤 동작을 하는 데 걸리는 시간이 길다.

> ¶ 행동이 느리다/더위에 지친 사람들은 모두 느리게 움직이고 있었다./추위와 굶주림, 피로가 겹쳐 사병들의 동작은 흡사 굼벵이처럼 느리고 우둔하다.≪홍성원, 육이오≫/환영 인파 때문에 보병들은 느리게 때때로 전진을 방해당하면서 긴 시간 동안 행군해 갔다.≪박영한, 머나먼 송바 강≫

「2」 어떤 일이 이루어지는 과정이나 기간이 길다.

> ¶ 진도가 느리다/그 환자는 회복이 느린 편이다./옛날에는 사회의 변화가 비교적 느렸다./행사가 너무 느리게 진행되어서 지루하다.

「3」 기세나 형세가 약하거나 밋밋하다.

> ¶ 느린 산비탈.

「4」 성질이 누그러져 야무지지 못하다.

¶ 그는 성미가 느리다.

「5」 꼬임새나 짜임새가 성글거나 느슨하다.

¶ 새끼를 느리게 꼬다.

「6」 소리가 높지 아니하면서 늘어져 길다.

¶ 멀리서 느린 육자배기가 들린다./이 아가씨, 표정을 풍
부하게 해 가지곤 청승스럽도록 느리고 심각하게 그
노랠 불러 주곤 한단 말이야….≪이청준, 조율사≫

「7」 『방언』 '게으르다'의 방언(평북).

<늘이다.>

[뜻]「1」 본디보다 더 길게 하다.

¶ 고무줄을 늘이다/엿가락을 늘이다/찬조 연설자가 단
상 앞으로 나와 엇비슷한 말들을 엿가락처럼 늘여
되풀이하는 바람에 식이 끝났을 때는 오후 한 시가
넘어 버렸다.≪김원일, 불의 제전≫

「2」 선 따위를 연장하여 계속 긋다.

¶ 선분 ㄱㄴ을 늘이면 다른 선분과 만나게 된다.

<늘리다>

[뜻]「1」 '늘다'의 사동사.

¶ 바짓단을 늘리다.

¶ 학생 수를 늘리다/시험 시간을 30분 늘리다.

¶ 적군은 세력을 늘린 후 다시 침범하였다.

¶ 실력을 늘려서 다음에 다시 도전해 보아라.

¶ 살림을 늘리다/그 집은 알뜰한 며느리가 들어오더니
금세 재산을 늘려 부자가 되었다.

¶ 쉬는 시간을 늘리다

다리다	옷을 다린다.
달이다	약을 달인다.

2.8. '다리다'와 '달이다'

'다리다'는 옷 등을 인두로 문지르다는 의미를 가진 동사이고,
'달이다'는 액체에 열을 가하여 액체가 줄어들게 하는 의미를 가진
동사이다.

〈다리다〉

[뜻] 옷이나 천 따위의 주름이나 구김을 펴고 줄을 세우기 위하여
다리미나 인두로 문지르다.

¶ 다리미로 옷을 다리다/바지를 다려 줄을 세우다/다리지 않
은 와이셔츠라 온통 구김살이 가 있다./종년이 조복을 다리
다가 자 버리는 바람에 그만 깃을 태워 버리지 않았겠나.
≪박경리, 토지≫

〈달이다〉

[뜻] 「1」 액체 따위를 끓여서 진하게 만들다.

¶ 간장을 달이다.

「2」 약재 따위에 물을 부어 우러나도록 끓이다.

¶ 보약을 달이다/뜰에서 달이는 구수한 한약 냄새만이 아직도 공복인 필재의 구미를 돋우어 줄 뿐이다.≪정한숙, 고가≫/종심이 방금 달인 차가 바로 그때 딴 찻잎이었던 것이다.≪한무숙, 만남≫

다치다	부주의로 손을 다쳤다.
닫히다	문이 저절로 닫혔다.
닫치다	문을 힘껏 닫쳤다.

2.9. '다치다', '닫히다'와 '닫치다'

'다치다'는 상처를 입다라는 의미를 가진 동사이고, '닫히다'는 '닫다'라는 동사의 피동형이고, '닫치다'는 '닫다'라는 동사의 강세형이다.

〈다치다〉

[뜻] 「1」 부딪치거나 맞거나 하여 신체에 상처를 입다. 또는 입히게 하다.

¶ 사고로 많은 사람들이 다쳤다. ‖ 넘어져 무릎을 다치다/무거운 짐을 들다가 허리를 다쳤다.

「2」 남의 마음이나 체면, 명예에 손상을 끼치다. 또는 끼치게 하다.

¶ 누군가 자존심을 건드리면 마치 자신의 체면이 다치
는 듯 생각하는 사람도 있다. ‖ 그는 마치 여인의 그
가지런한 분위기를 다치지 않으려는 듯 조심스럽게
몸을 부스럭거리기 시작했다.≪이청준, 이어도≫
「3」 남의 재산에 손해를 끼치다. 또는 끼치게 하다.

¶ 정책의 실수로 기업의 재정이 크게 다치는 경우가 종
종 있었다. ‖ 그 지휘관은 전투를 지휘하면서도 수확
을 앞둔 논밭을 다치지 않으려고 노력했다

<닫히다>」
[뜻]「1」 '닫다'의 피동사.

¶ 성문이 닫혀 있다./열어 놓은 문이 바람에 닫혔다./병
뚜껑이 너무 꼭 닫혀서 열 수가 없다.

¶ 지금 시간이면 은행 문이 닫혔을 겁니다.

¶ 무언가 생각을 하는지 그의 입이 굳게 닫혔다./뒷실댁
이 바락바락 내질러도 뒷실 어른의 한번 닫힌 입은
조개처럼 다시는 열릴 줄 모른다.≪김춘복, 쌈짓골≫
/한바탕 와글거린 후 처음보다 더 무겁게 말문이 닫
힌다. 다시는 아무도 입을 열지 않는다.≪최인훈, 광
장≫

<닫치다>
[뜻]「1」 열린 문짝, 뚜껑, 서랍 따위를 꼭꼭 또는 세게 닫다.

¶ 그는 화가 나서 문을 탁 닫치고 나갔다./문득 급거히

대문을 닫친다. 마치 그 열린 사이로 악마나 들어올
것처럼.≪현진건, 술 권하는 사회≫

「2」 입을 굳게 다물다.

¶ 병화는 더 캐어묻고 싶었으나 대답이 탐탁지가 않아
서 입을 닫쳐 버렸다.≪염상섭, 삼대≫

마치다 벌써 일을 마쳤다.
맞히다   여러 문제를 더 맞혔다.

2.10. '마치다'와 '맞히다'

'마치다'는 끝을 내다라는 뜻의 동사이고, '맞히다'는 '맞다'라는
동사의 사동형이다.

<마치다>

[뜻]「1」 어떤 일이나 과정, 절차 따위가 끝나다. 또는 그렇게 하다.

¶ 일이 마치면 식당으로 와라./우리는 근무가 마치면 가
까운 식당에서 국수를 먹곤 하였다. ∥ 일을 마치다/
임기를 마치다/대학을 마치다/목이 메어 말을 채 마
치지 못했다.

「2」 사람이 생(生)을 더 누리지 못하고 끝내다.

¶ 그는 고향에 돌아가 남은 생을 마치려 했다.

〈맞히다〉

[뜻] '맞다'의 사동사.

¶ 정답을 맞히다/수수께끼에 대한 답을 정확하게 맞히면 상품을 드립니다./나는 열 문제 중에서 겨우 세 개만 맞혀서 자존심이 무척 상했었다.

¶ 화분에 눈을 맞히지 말고 안으로 들여놓아라. ‖ 우산을 갖고 가지 않아서 아이를 비를 맞히고 말았다.

¶ 그렇게 착한 여자에게 바람을 맞히다니 용서할 수 없다. ‖ 할아버지는 할머니를 소박을 맞히고 나서 두고두고 후회하셨다.

¶ 아이의 엉덩이에 주사를 맞히다/꼬마들에게는 주사를 맞히기가 힘들다. ‖ 겁이 많은 아이를 침을 맞히려면 어른이 모범을 보이는 것이 가장 효과적이다.

¶ 화살을 적장의 어깨에 맞히다/그 소년은 나이가 어림에도 불구하고 과녁에 정확히 화살을 맞혔다. ‖ 적장의 어깨를 화살로 맞히다/돌멩이를 넣은 눈덩이로 소녀의 얼굴을 맞히다니 너무 비겁한 짓이다.

목거리	목거리가 덧났다.
목걸이	금 목걸이, 은 목걸이.

2.11. '목거리'와 '목걸이'

'목거리'와 '목걸이'는 둘다 '목걸다'에서 파생된 것인데, 전자는

의미 변화를 일으켜 어원을 밝히지 않고 후자는 의미를 유지하고
있기 때문에 어원을 밝혀 적는다.

<목거리>

[뜻] 목이 붓고 아픈 병.

¶ 그는 목거리를 앓고 있다.

<목걸이>

[뜻] 「1」 목에 거는 물건을 통틀어 이르는 말.

「2」 귀금속이나 보석 따위로 된 목에 거는 장신구.

¶ 진주 목걸이/그녀의 목에는 조개껍데기로 만든 예쁜
목걸이가 걸려 있었다.

바치다	나라를 위해 목숨을 바쳤다.
받치다	우산을 받치고 간다.
	책받침을 받친다.
받히다	쇠뿔에 받혔다.
밭치다	술을 체에 밭친다.

2.12. '바치다', '받치다', '받히다'와 '밭치다'

'바치다'는 '정중하게 드리다'라는 의미를 가진 본래의 동사이고,
'받치다'는 '위로 치밀다'라는 의미를 가진 동사이고, '받히다'는 '받
다'의 피동형이다. 그리고 '밭치다'는 '밭다'에 강세접미사 '치'가 결

합한 것이다.

<바치다>

[뜻] [1]

「1」 신이나 웃어른에게 정중하게 드리다.

¶ 새로 부임한 군수에게 음식을 만들어 바쳤다./신에게 제물을 바쳐 우리 부락의 안녕을 빌었다./몸소 남문 이십 리 밖의 산천단에 올라가 한라산 산신께 살찐 송아지 하나를 희생하여 바치고 축문을 읽었다.≪현기영, 변방에 우짖는 새≫

「2」 반드시 내거나 물어야 할 돈을 가져다주다.

¶ 관청에 세금을 바치다.

「3」 도매상에서 소매상에게 단골로 물품을 대어 주다.

[2] 무엇을 위하여 모든 것을 아낌없이 내놓거나 쓰다.

¶ 평생을 과학 연구에 몸을 바치다/뼈마디가 가루가 되는 한이 있더라도 이분을 위해서라면 몸과 마음을 바쳐야 된다는 생각뿐이었다.≪유현종, 들불≫

<받치다>

[뜻] 「1」 먹은 것이 잘 소화되지 않고 위로 치밀다.

¶ 아침에 먹은 것이 자꾸 받쳐서 아무래도 점심은 굶어야겠다./아무런 느낌도 없었으나 생목이 울컥 받쳐 올랐다.≪김원일, 불의 제전≫

「2」 앉거나 누운 자리가 바닥이 딴딴하게 배기다.

¶ 맨바닥에서 잠을 자려니 등이 받쳐서 잠이 오지 않는다.

「3」화 따위의 심리적 작용이 강하게 일어나다.

¶ 그녀는 감정이 받쳐서 끝내는 울음을 터뜨렸다./놈은 머리끝까지 약이 받쳐 또 총대로 꽝 땅을 찍었다. ≪송기숙, 자랏골의 비가≫ ‖ 악에 받치다/그는 설움에 받쳐 울음을 터뜨렸다./그전부터 남편의 호기 삼아 하는 말에 저도 덩달아 오기에 받쳐 말은 그렇게 해 왔지만….≪김춘복, 쌈짓골≫/쓸데없이 교만하고 허욕에 받쳐 사람을 대하여 방자하기 이를 데가 없다는 것이지요.≪김주영, 객주≫

「4」어떤 물건의 밑에 다른 물체를 올리거나 대다.

¶ 쟁반에 커피를 받치고 조심조심 걸어오던 그녀의 모습이 아직도 잊히지 않는다./되는대로 뽑은 책을 영민이가 자기 손에 받쳐 줘서 생각보다 빨리 정리할 수 있었다./학생들은 공책에 책받침을 받치고 쓴다.

「5」겉옷의 안에 다른 옷을 입다.

¶ 양복 속에 두꺼운 내복을 받쳐서 입으면 옷맵시가 나지 않는다.

「6」옷의 색깔이나 모양이 조화를 이루도록 함께 하다.

¶ 이 조끼는 무난해서 어떤 셔츠에 받쳐 입어도 다 잘 어울린다./스커트에 받쳐 입을 마땅한 블라우스가 없어 쇼핑을 했다.

「7」『언어』한글로 적을 때 모음 글자 밑에 자음 글자를 붙여 적다.

¶ '가'에 'ㅁ'을 받치면 '감'이 된다.

「8」 어떤 일을 잘할 수 있도록 뒷받침해 주다.

¶ 배경 음악이 그 장면을 잘 받쳐 주어서 전체적인 분위기가 훨씬 감동적이었다./그저 평범하기만 한 여인은 친정을 너무 받쳤다. 오라비 김구주를 위하여 움직이다 보니 왕실의 불상사나 국가적 대사건에 끼어들어….≪한무숙, 만남≫

「9」 비나 햇빛과 같은 것이 통하지 못하도록 우산이나 양산을 펴 들다.

¶ 아가씨들이 양산을 받쳐 들고 거리를 거닐고 있다.

〈받히다〉

[뜻] '받다'의 피동사.

¶ 마을 이장이 소에게 받혀서 꼼짝을 못한다./휠체어를 탄 여학생이 횡단보도를 건너다 신호등을 무시하고 달려오는 승용차에 받혀 크게 다쳤다.

〈밭치다〉

「1」 '밭다'를 강조하여 이르는 말.

¶ 젓국을 밭쳐 놓았다./술을 밭쳤다.

「2」 구멍이 뚫린 물건 위에 국수나 야채 따위를 올려 물기를 빼다.

¶ 씻어 놓은 상추를 채반에 밭쳤다./잘 삶은 국수를 찬물에 헹군 후 체에 밭쳐 놓았다.

반드시	약속은 반드시 지켜라.
반듯이	고개를 반듯이 들어라.

2.13. '반드시'와 '반듯이'

'반드시'와 '반듯이'는 둘다 부사로 사용되는데, 전자는 '꼭'이라는 의미를 가지고, 후자는 '바르게'라는 의미를 가진다.

<반드시>」

[뜻] 틀림없이 꼭

¶ 반드시 시간에 맞추어 오너라./언행은 반드시 일치해야 한다./인간은 반드시 죽는다./비가 오는 날이면 반드시 허리가 쑤신다./지진이 일어난 뒤에는 반드시 해일이 일어난다.

<반듯이>

[뜻] 「1」 작은 물체, 또는 생각이나 행동 따위가 비뚤어지거나 기울거나 굽지 아니하고 바르게.

¶ 원주댁은 반듯이 몸을 누이고 천장을 향해 누워 있었다.≪한수산, 유민≫/머리단장을 곱게 하여 옥비녀를 반듯이 찌르고 새 옷으로 치레한 화계댁이….≪김원일, 불의 제전≫

「2」 생김새가 아담하고 말끔하게.

¶ 원주댁은 참 반듯이 생겼다.

부딪치다	차와 차가 마주 부딪쳤다.
부딪히다	마차가 화물차에 부딪혔다.

2.14. '부딪치다'와 '부딪히다'

'부딪치다'는 '부딪다'에 강세접미사 '치'가 결합한 것이고, '부딪히다'는 '부딪다'에 피동접미사 '히'가 결합한 것이다.

<부딪치다>「동사」

[뜻]「1」'부딪다'를 강조하여 이르는 말.

¶ 파도가 바위에 부딪쳤다./모퉁이를 돌다가 팔이 다른 사람에게 부딪쳤다.∥한눈을 팔다가 전봇대에 머리를 부딪쳤다./계란을 그릇 모서리에 부딪쳐 깼다./취객 하나가 그에게 몸을 부딪치며 시비를 걸어왔다.∥자전거가 빗길에 자동차와 부딪쳤다.∥부엌에서는 그릇들이 부딪치는 소리가 요란했다./골목이 좁아서 지나가는 사람들이 자주 부딪친다.∥지나가는 사람과 몸을 부딪치는 바람에 조금 다쳤다.∥아이들은 서로의 손바닥을 부딪치며 노래를 불렀다.

¶ 윤수는 가슴이 덜컥 내려앉으며 어떤 예감에 콱 부딪쳤다. "아니 쫓겨오다니! 별안간 그게 웬 소리냐?"≪이기영, 신개지≫∥그러나 그에게 부딪친 현실은 봉건적 사상과 낡은 습관과 타락한 금수 철학이 그의 몸을 싸늘하게 결박하고 있지 않은가.≪이기영, 고향≫

「2」 눈길이나 시선 따위가 마주치다.

¶ 김 과장은 무슨 잘못을 저질렀는지 사장과 눈길을 부딪치기를 꺼려했다. ‖ 그 젊은 남녀는 시선을 부딪치며 사랑을 속삭이고 있었다./그 두 사람은 사이가 좋지 않아서 눈길을 부딪치는 것을 원하지 않는다.

「3」 뜻하지 않게 어떤 사람을 만나다.

¶ 나는 학교 정문에서 그와 부딪쳤다. ‖ 그들은 헤어진 지 10년 만에 종로에서 부딪쳤다.

「4」 의견이나 생각의 차이로 다른 사람과 대립하는 관계에 놓이다.

¶ 형은 진학 문제로 부모님과 부딪치고는 집을 나가 버렸다. ‖ 그 부부는 사사건건 부딪치더니 결국 이혼하고 말았다.

「5」 일이나 업무 관계에 있는 사람을 문제 해결을 위하여 만나다.

¶ 피해자와 직접 부딪치지 말고 보호자와 만나 봐라. ‖ 이 문제는 당사자들끼리 부딪쳐야만 해결이 날 것 같다.

<부딪히다>

[뜻] '부딪다'의 피동사.

¶ 파도가 뱃전에 부딪히다/배가 빙산에 부딪혀 가라앉았다./지나가는 행인에게 부딪혀 뒤로 넘어졌다. ‖ 아이는 한눈을 팔다가 선생님과 부딪혔다. ‖ 빙판길에서 미끄러져 서로 정면으로 부딪힌 차들이 크게 부서졌다.

¶ 냉혹한 현실에 부딪히다/경제적 난관에 부딪힌 회사는 결국 문을 닫고 말았다. ‖ 어려운 문제와 부딪히면 언제든지 도움을 요청해라.

부치다	힘이 부치는 일이다.
	편지를 부친다.
	논밭을 부친다.
	빈대떡을 부친다.
	식목일에 부치는 글.
	회의에 부치는 안건.
	인쇄에 부치는 원고.
	삼촌 집에 숙식을 부친다.
붙이다	우표를 붙인다.
	책상을 벽에 붙였다.
	흥정을 붙인다.
	불을 붙인다.
	감시원을 붙인다.
	조건을 붙인다.
	취미를 붙인다.
	별명을 붙인다.

2.15. '부치다'와 '붙이다'

기본적인 의미만 지적하면, '부치다'는 '보내다'는 뜻을 가진 동사이고, '붙이다'는 '붙다'의 사동형이다.

<부치다>

「1」 편지나 물건 따위를 일정한 수단이나 방법을 써서 상대에게
　　로 보내다.

　　¶ 편지를 부치다/아들에게 학비와 용돈을 부치다 ‖ 편지를 집
　　　으로 부치다/짐을 외국으로 부치다/옷을 아들이 사는 기숙
　　　사로 부치다/이번에 서울 올라가면 그 돈은 즉시 우편으로
　　　부쳐 드리리다.≪홍성원, 무사와 악사≫

「2」 어떤 문제를 다른 곳이나 다른 기회로 넘기어 맡기다.

　　¶ 안건을 회의에 부치다/임명 동의안을 표결에 부치다/인권
　　　침해 책임자를 재판에 부쳐 처벌하였다./정부는 중요 정책
　　　을 국민 투표에 부쳤다.

「3」 어떤 일을 거론하거나 문제 삼지 아니하는 상태에 있게 하다.

　　¶ 회의 내용을 극비에 부치다/여행 계획을 비밀에 부치다/세
　　　상에 떠도는 얘기 같은 것 불문에 부치겠다 그러던가요?≪
　　　박경리, 토지≫

「4」 원고를 인쇄에 넘기다.

　　¶ 접수된 원고를 편집하여 인쇄에 부쳤다.

「5」 마음이나 정 따위를 다른 것에 의지하여 대신 나타내다.

　　¶ 논개는 길게 한숨을 뿜은 뒤에 진주 망한 한을 시에 부쳐 바
　　　람에 날린다.≪박종화, 임진왜란≫

「6」 먹고 자는 일을 제집이 아닌 다른 곳에서 하다.

　　¶ 삼촌 집에 숙식을 부치다/당분간만 밥은 주인 집에다 부쳐
　　　먹기로 교섭했다.≪최정희, 인간사≫/집도 절도 없는 사람
　　　이니 다른 데 갈 데 있나. 같이 오자던 사람의 집에 가서 몸

을 부치고 있었네.≪홍명희, 임꺽정≫

「7」 어떤 행사나 특별한 날에 즈음하여 어떤 의견을 나타내다. 주로 글의 제목이나 부제(副題)에 많이 쓰는 말이다.

　¶ 한글날에 부쳐/식목일에 부치는 글/젊은 세대에 부치는 서 (書).

〈붙이다〉

[뜻1] '붙다'의 사동사.

　　¶ 봉투에 우표를 붙이다/메모지를 벽에 덕지덕지 붙이다/ 난로가 교실 한복판에 있어서 꽤 긴 연통은 이미 그 친 구 덕에 온몸이 만신창이로 반창고를 붙이고 있었다. ≪박완서, 오만과 몽상≫

　　¶ 연탄에 불을 붙이다/담뱃불을 붙이다/성냥불을 초 끝에 붙이고 만수향을 피웠다.≪한승원, 해일≫

　　¶ 계약에 조건을 붙이다/그는 자기가 하는 일에 대해 이유 를 꼭 붙여야 직성이 풀린다./왜, 그랬을까, 하얼빈에서 북만주 일대를 더듬어 나가려 했었는데 이런저런 구실 을 붙이고 이곳저곳 머뭇거리다가 왜 신징으로 돌아왔 을까.≪박경리, 토지≫

　　¶ 땅에 뿌리를 붙이다.

　　¶ 본문에 주석을 붙이다/인용을 하면 반드시 그곳에 각주 를 붙여야 한다.

　　¶ 가구를 벽에 붙이다/엄마는 아이를 자기 옆에 딱 붙여 놓고는 주위를 살피기 시작했다./성우는 열을 맞추어 언

덕을 하얗게 덮고 있는 수천 개의 묘비에 눈이 질려 잠시 땅에 발을 붙이고 서 있었다.≪이원규, 훈장과 굴레≫ ‖ 그는 자신의 책상을 그녀의 책상과 붙이고 공부를 같이 하고 싶어 했다. ‖ 땅이 부족한 그들은 할 수 없이 집 여러 채를 서로 다닥다닥 붙여서 지을 수밖에 없었다./여순은 두 자 혹은 석 자가량씩 붙여 쓰고는 보이지 않게 지우고 또 새로 쓴다.≪한설야, 황혼≫

¶ 중환자에게 간호사를 붙이다/아이에게 가정 교사를 붙여 주다/우리는 방문단의 신변 보호를 위해 경호원을 붙이기로 결정했다.

¶ 운동을 해서 다리에 힘을 붙였다./식당에서의 일은 아이에게 음식을 하는 요령을 붙여 주는 역할을 했다.

¶ 순우리말 이름을 수출 상품에 붙이다/사물에 이름을 붙이는 데에 있어서도 우리는 청각적인 이미지를 갖다 쓰는 경우가 많은 것이다.≪이어령, 흙 속에 저 바람 속에≫/여행 철학이란 제목을 붙이고 보니, 제목만은 그럴듯하나 사실 그 내용인즉은 별로 신통치 못하다.≪김진섭, 인생 예찬≫

¶ 공부에 흥미를 붙이다/새로 사귄 친구에게 정을 붙이고 나니 이제는 헤어지고 싶지 않다. ‖ 아이와 정을 붙이고 나니 떨어지기가 싫다. ‖ 부부는 서로 정을 붙이면서 살기 마련이다.

¶ 너희들끼리만 놀지 말고 나를 좀 붙여 줘라./그는 재주가 많으니 우리 일에 붙이면 도움이 될 거야.

¶ 목숨을 붙이기 위해 할 수 있는 일은 다 하였다./하루하루 목숨을 붙이고 산다는 게 정말 지긋지긋하여 죽고 싶은 심정뿐입니다.≪황석영, 어둠의 자식들≫

¶ 주인과 손님을 흥정을 붙이다/동네 불량배를 다른 지역 불량배와 싸움을 붙였다.‖두 회사를 경쟁을 붙이다/그는 사람들을 시비를 잘 붙이고 목소리 또한 무척 떠들썩하다.

¶ 암퇘지와 수퇘지를 교미를 붙이다‖튼튼한 놈들끼리 교미를 붙여야 새끼가 튼실하다.

¶ 누군가 그 남자를 모함하려고 그 남자를 다른 여자와 붙이려고 한 것 같다.‖아무래도 내가 그 두 사람을 붙인 것이 뒤탈이 있을 것 같아 겁이 난다.

[뜻2] 그외

「1」 남의 뺨이나 볼기 따위를 세게 때리다.

　　¶ 상대편의 따귀를 한 대 붙이다.

「2」 ((주로 '번호', '순서' 따위와 함께 쓰여))큰 소리로 구령을 외치다.

　　¶ 번호를 붙여서 일렬로 들어간다.

「3」 내기를 하는 데 돈을 태워 놓다.

　　¶ 내기에 1000원을 붙이다.

「4」 신체의 일부분을 어느 곳에 대다.

　　¶ 아랫방의 들창만 열어 놓고 장지문을 닫아건 숙희는 차가운 방바닥에 등을 붙이고 누워 있다.≪박경리, 토지≫/나는 철조망에 얼굴을 붙이고 말뚝에 매인 개와 축사

속에 들어 있는 개들이 혀를 헐떡거리면서 짖는 소리를
듣고 있었다.≪최인호, 미개인≫

「5」『민속』윷놀이에서, 말을 밭에 달다.

¶ 세 번째 말을 붙이다.

「6」말을 걸거나 치근대며 가까이 다가서다.

¶ 옆사람에게 농담을 붙이다/마님은 순제가 나가는 뒷모
양을 바라보며 심심하게 앉아 있는 명신이에게 말을 붙
이고 마루 끝에 와서 앉는다.≪염상섭, 취우≫/담배를
피우는 불량한 고등학생들이 남자들보다 더욱 불량해
보이는 여고생들에게 수작을 붙이는 희롱을 멀거니 쳐
다보았다.≪안정효, 하얀 전쟁≫

「7」기대나 희망을 걸다.

¶ 앞날에 대한 희망을 붙이다/이제 우리는 다 늙었으니 한
창 커 가는 아이들에게 희망을 붙이고 사는 것이 큰 낙
이다./그것은 그가 마지막으로 소망을 붙이고 다니던
무관 학교까지도 중도에 그만두고 시골집으로 내려오
지 않으면 안 되었기 때문이다.≪이기영, 봄≫

시키다　　일을 시킨다.
식히다　　끓인 물을 식힌다.

2.16. '시키다'와 '식히다'

'시키다'는 '어떤 일을 하게 하다'라는 뜻을 가진 동사이고, '식히

다'는 '식다'라는 동사에 사동접미사 '히'가 결합한 것이다.

<시키다>

[뜻] 「1」 어떤 일이나 행동을 하게 하다.

¶ 인부에게 일을 시키다/감사과에 각 과의 감사를 시키다/
선생님은 지각한 학생들에게 청소를 시키셨다. ‖ 아버
지는 아들에게 할아버지를 편하게 모시도록 시켰다./일
꾼들에게 담을 대충대충 쌓지 말고 제대로 쌓도록 시켰
다. ‖ 그는 부하들에게 집 주변을 빈틈없이 수색하라고
시켰다./그들은 나쁜 짓을 하라고 시켜도 못할 순박한
사람들이다./돼지 죽통에 무얼 좀 주라고 시켜야겠다고
하면서도 을생의 입에서는 만필이를 부르는 대신 열에
들뜬 신음 소리가 먼저 새어 나왔다.≪한수산, 유민≫
‖ 아버지는 자식들을 험한 농장일을 시키면서 가슴속
으로 눈물을 흘리셨다. ‖ 선생님은 아이들을 청소를 하
게 시키고 퇴근하셨다./사장은 직원들을 일정량의 회사
상품을 나가서 팔도록 시켰다. ‖ 유괴범은 아이의 부모
를 지정된 장소로 돈을 가지고 나오라고 시켰다./감독
은 선수들을 운동장을 해 질 때까지 뛰라고 시키고는
자리를 떠났다.

「2」 음식 따위를 만들어 오거나 가지고 오도록 주문하다.

¶ 분식집에 식사를 시키다/다방 종업원에게 커피 한 잔을
시키다/어머니는 중국집에 자장면 두 그릇을 시키셨다./
그녀는 종업원에게 맥주 두 병과 안주 하나를 시켰다.

〈관용구/속담〉 시키는 일 다 하고 죽은 무덤은 없다
=일 다 하고 죽은 무덤 없다.

〈식히다〉

[뜻] '식다'의 사동사.

¶ 끓인 물을 식히다/평상을 깔고 그 위에 앉아서 무덥고 긴 여름밤의 열기를 식히고 있었다.≪최인호, 지구인≫

¶ 열정을 식히다/이글이글 달아오른 분노를 한 바가지의 펌프 물로 식히고 곧장 자리에 들었다.≪박완서, 오만과 몽상≫

¶ 옆에서 술을 따르던 계집애가 가슴이 많이 파인 옷을 흔들어 몸의 땀을 식히며 툴툴거렸다.≪전상국, 아베의 가족≫

아름   세 아름 되는 둘레.
알음   전부터 알음이 있는 사이.
앎   앎이 힘이다.

2.17. '아름', '알음'과 '앎'

'아름'은 '팔'과 관련된 길이의 단위이고, '알음'과 '앎'은 '알다'의 명사형이다.

〈아름〉

[뜻][Ⅰ]두 팔을 둥글게 모아서 만든 둘레.

¶ 또출네는 하늘과 땅을, 온 세상의 초목과 강물을 아름 속
　　으로 품어 넣듯 두 팔을 활짝 벌리어….≪박경리, 토지≫

[Ⅱ] 「의존명사」

　「1」 둘레의 길이를 나타내는 단위.

　　¶ 두 아름 가까이 되는 느티나무.

　「2」 두 팔을 둥글게 모아 만든 둘레 안에 들 만한 분량을 세
　　는 단위.

　　¶ 꽃을 한 아름 사 오다/전날 초저녁 몇 아름이나 되는 장
　　작으로 뜨겁게 달구어졌던 방은 어느새 얼음장처럼 식
　　어 있었다.≪이문열, 그해 겨울≫

〈관용구/속담〉
아름이 벌다
　「1」 두 팔을 벌려 껴안은 둘레의 길이에 넘치다.
　　　¶ 아름이 벌게 큰 느티나무.
　「2」 힘에 겹거나 매우 벅차다.

아름이 크다
　너그럽게 받아들이는 도량이 크다.

〈알음〉

　「1」 사람끼리 서로 아는 일.

　¶ 그와는 서로 알음이 있는 사이다./얼굴은 진작부터 알음이
　　있었다./오늘날…재산이란 것도, 따지고 보면 모두가 그 당
　　시에 긁어모았던 돈과 그 무렵 관공서와의 알음을 바탕으로
　　휴전 후에 부정 도벌과 숯장수를 해서 모은 것이다.≪김춘

복, 쌈짓골≫

「2」 지식이나 지혜가 있음.

¶ 대불이는 그의 통사정에 마음이 움직여 등짐꾼으로 썼는데 나이 많은 약골인 줄로만 알았더니 알음 있게 일을 잘하였다.≪문순태, 타오르는 강≫

「3」 신의 보호나 신이 보호하여 준 보람.

「4」 어떤 사정이나 수고에 대하여 알아주는 것.

¶ 진정한 봉사는 다른 사람의 알음을 바라지 않는다.

<알음-하다>

[뜻]어떤 일을 알아보거나 맡아보다.

¶ 그의 아들 백량이가 아비 대신으로 도중 일을 알음하다가 인해 아비의 지정을 물려 가지게 되었는데….≪홍명희, 임꺽정≫

<앎>

[뜻]아는 일.

¶ 앎은 힘이다/나의 믿음이 너의 앎이 되었으리니 이제는 행함이 있어라.≪장용학, 역성 서설≫/대의명분은 뚜렷하나 지배층이 그걸 실천할 성의가 없고 민중은 힘과 앎이 모자란다는 거야.≪최인훈, 회색인≫

안치다   밥을 안친다.
앉히다   윗자리에 앉힌다.

2.18. '안치다'와 '앉히다'

'안치다'는 본래의 동사로서 어떤 일이 닥치거나 음식을 하기 위해 재료를 냄비나 솥 등에 준비하는 것을 이르는 말이고, '앉히다'는 '앉다'의 사동사이다.

<안치다>

[뜻] 「1」 어려운 일이 앞에 밀리다.

　　¶ 당장 눈앞에 안친 일이 많아 어찌할 바를 모르겠다.

「2」 앞으로 와 닥치다.

　　¶ 언덕에 오르니 전경이 눈에 안쳐 왔다.

「3」 밥, 떡, 구이, 찌개 따위를 만들기 위하여 그 재료를 솥이나 냄비 따위에 넣고 불 위에 올리다.

　　¶ 시루에 떡을 안치다/솥에 고구마를 안쳤다./솥에 쌀을 안치러 부엌으로 갔다./천일네도 소매를 걷고 부엌으로 들어서며 작은 솥에 물을 붓고 가서 낸 뒤 닭을 안치고 불을 지핀다.≪박경리, 토지≫

<앉히다>

[뜻] [1] '앉다'의 사동사.

　　¶ 아이를 무릎에 앉힌 여자/친구를 의자에 앉혔다./그는

딸을 앞에 앉혀 놓고 잘못을 타일렀다.

¶ 잠자리를 손가락 끝에 앉히다/새를 손 위에 앉히려고 모이를 손바닥에 올려놓고 기다렸다.

¶ 안채를 동남쪽에 먼저 앉히고 사랑채와 행랑채는 동향 쪽에 앉혔다. ‖ 장독대를 북쪽으로 앉히다.

¶ 사장이 자기 아들을 부장 자리에 앉혔다. ‖ 이사회는 만장일치로 그를 사장으로 앉혔다.

¶ 어디에서 놀다 왔는지 금방 갈아입고 나간 옷에 때를 잔뜩 앉히고 왔다.

¶ 배추에 속을 많이 앉히기 위해 거름을 많이 주었다.

¶ 남편은 집에 가만히 앉히고 아내가 일하러 나간다 ./ 다 큰 아들을 가만히 앉혀 놓고 늙은 부모가 생계를 맡고 있다.

¶ 사장은 새로운 기계를 공장에 앉혔다.

¶ 그는 책을 읽다가 중요한 것을 여백에 앉히는 습관이 있다./그는 따로 앉힌 내용을 들여다보고 있다.

[2] 버릇을 가르치다.

¶ 자식들에게 일찍 일어나는 습관을 앉히다/아버지는 우리들에게 어릴 때부터 인사하는 버릇을 앉혀 주셨다.

어름 두 물건의 어름에서 일어난 현상.

얼음 얼음이 얼었다.

2.19. '어름'과 '얼음'

'어름'은 명사이고, '얼음'은 '얼다'에서 온 명사이다.

〈어름〉

「1」 두 사물의 끝이 맞닿은 자리.

¶ 눈두덩과 광대뼈 어름에 시커먼 멍이 들었다./바닷물과 갯벌이 맞물려 있는 어름에 그물이 설치되어 있었다.

「2」 구역과 구역의 경계점.

¶ 지리산은 전라, 충청, 경상도 어름에 있다./한길에서 공장 신축장으로 들어가는 어름에 생긴 포장마차가 둘 있었다.≪황순원, 신들의 주사위≫

「3」 시간이나 장소나 사건 따위의 일정한 테두리 안. 또는 그 가까이.

¶ 등교 때나 퇴교 때 같으면 규율부가 나와 있어 연락이 가능했지만 목요일의 오후 세 시 어름은 그러기에도 어중간한 시간이었다.≪이문열, 변경≫/온통 수릿재 어름이 먼지에 뽀얗게 휩싸이고 있었다.≪황석영, 폐허, 그리고 맨드라미≫

〈얼음〉

「1」 물이 얼어서 굳어진 물질.

¶ 얼음 조각/얼음 박스/얼음이 녹다/얼음을 깨다/얼음을 지치다/녹지 않고 쌓인 눈이 얼음으로 바뀌다.

「2」몸의 한 부분이 얼어서 신경이 마비된 것.

¶ 이 추위에 얼마나 고생이냐? 손등에 얼음이 들었구나!≪염상섭, 삼대≫/나는 발에 얼음이 박여 놔서 젖은 발을 이렇게 더운 데다 대면 발에 불이 나서 못 견디오.≪송기숙, 녹두 장군≫

〈관용구/속담〉
•얼음 우에 나막신 신고 다니기
『북』 어느 순간에 무슨 변을 당할지 모를 만큼 아주 조심스럽고 위태로운 행동을 비유적으로 이르는 말.

•얼음 굶에 잉어
 =새벽바람 사초롱.

•얼음에 박 밀 듯
말이나 글을 거침없이 줄줄 내리읽거나 내리외는 모양을 비유적으로 이르는 말.

•얼음에 소 탄 것 같다
『북』 얼음판 위에서 소를 탔기 때문에 언제 자빠질지 몰라 걱정스러워서 잠시도 마음을 놓지 못한다는 뜻으로, 어쩔 줄 모르고 쩔쩔매는 모양을 이르는 말.

•얼음에 자빠진 쇠 눈깔
눈동자가 흐리멍덩하면서 눈을 크게 뜨고 두리번거리면서 껌벅거리는 모양을 비유적으로 이르는 말. ≒얼음판에 넘어진 황소 눈깔 같다.

| 이따가 | 이따가 오너라. |
| 있다가 | 돈은 있다가도 없다. |

2.20. '이따가'와 '있다가'

이 두 어휘의 어원은 같을 것으로 추정된다. '이따가'는 '있+다가'가 하나의 독립된 부사로 굳어진 것이고, '있다가'는 어간 '있-'에 어미 '-다가'가 결합한 것이다.

<이따가>

[뜻] 조금 지난 뒤에.

　　¶ 이따가 갈게./이따가 단둘이 있을 때 얘기하자./동치미는 이따가 입가심할 때나 먹고 곰국 물을 먼저 떠먹어야지.≪박완서, 도시의 흉년≫

<(있+)다가>

「1」 어떤 동작이나 상태 따위가 중단되고 다른 동작이나 상태로 바뀜을 나타내는 연결 어미.

　　¶ 여기에 있다가 가라/여기에 앉아 있다가 10분 뒤에 출발해라/10년 동안 과장이었다가 부장이 된 사람/아이는 공부를 하다가 잠이 들었다./교실이 조용하다가 갑자기 시끄러워졌다./고기를 잡았다가 놓쳤다.

「2」 어떤 일을 하는 과정이 다른 일이 이루어지는 원인이나 근거 따위가 됨을 나타내는 연결 어미.

　　¶ 못을 박다가 손을 다쳤다./놀기만 하다가 낙제했다.

「3」 두 가지 이상의 사실이 번갈아 일어남을 나타내는 연결 어미.

　　¶ 날씨가 덥다가 춥다가 한다./아기가 자다가 깨다가 한다./

그녀는 책을 읽으며 울다가 웃다가 시간 가는 줄 몰랐다.

| 저리다 | 다친 다리가 저린다. |
| 절이다 | 김장 배추를 절인다. |

2.21. '저리다'와 '절이다'

'저리다'는 손이나 발에 이상이 생긴 현상을 표현하기 위한 본래의 동사이고, '절이다'는 '절다'라는 동사의 사동형이다.

<저리다>

[뜻] 「1」 뼈마디나 몸의 일부가 오래 눌려서 피가 잘 통하지 못하여 감각이 둔하고 아리다.

¶ 나는 수갑을 찬 채로 고개를 푹 숙이고 앉아 있으면서도, 다리가 저리고 아파서 몸을 자주 뒤틀면서 자세를 바로잡곤 하였다.≪황석영, 어둠의 자식들≫

「2」 뼈마디나 몸의 일부가 쑥쑥 쑤시듯이 아프다.

¶ 또다시 오늘 새벽의 일이 떠오르며, 뒷머리가 바늘로 후비듯 저려 왔다.≪최인훈, 가면고≫

「3」 가슴이나 마음 따위가 못 견딜 정도로 아프다.

¶ 박 초시가 죽기 전날에 떼 지어 몰려가서 창고를 털어 냈던 점촌과 새끼내 사람들은 괜히들 마음이 저려 초상집엔 얼씬도 하지 않았다.≪문순태, 타오르는 강≫

<절이다>

[뜻] '절다'의 사동사.

¶ 배추를 소금물에 절이다/생선을 소금에 절이다/오이를 식초
에 절이다.

조리다　생선을 조린다. 통조림, 병조림.
졸이다　마음을 졸인다.

2.22. '조리다'와 '졸이다'

'조리다'는 요리하는 방법의 하나를 나타내는 본래의 동사이고,
'졸이다'는 '졸다'라는 동사의 사동형이다.

<조리다>

[뜻] 고기나 생선, 채소 따위를 양념하여 국물이 거의 없게 바짝
끓이다.

¶ 생선을 조리다/멸치와 고추를 간장에 조렸다.

<졸이다>

[뜻]「1」'졸다'의 사동사.

¶ 찌개를 졸이다/춘추로 장이나 젓국을 졸이거나 두부
와 청포묵을 쑬 때, 그리고 엿을 골 때만 한몫한 솥이
던 것이다.《이문구, 관촌 수필》

「2」속을 태우다시피 초조해하다.

¶ 마음을 졸이다/가슴을 졸이다/앉으락누우락 일어서서 거닐어 보다가, 발랑 나동그라져 보다가, 바작바작 애를 졸이며 간신히 그 낮을 보내고 말았다.≪현진건, 무영탑≫

주리다	여러 날을 주렸다.
줄이다	비용을 줄인다.

2.23. '주리다'와 '줄이다'

'주리다'는 '배를 곯다'라는 뜻을 가진 본래의 동사이고, '줄이다'는 '줄다'의 사동형이다.

<주리다>

[뜻] 「1」 제대로 먹지 못하여 배를 곯다.

¶ 그 먹는 품으로 보아 몹시 배를 주리고 있었다는 것을 알 수 있었다.≪오상원, 잊어버린 에피소드≫

「2」 원하는 것을 얻지 못하여 몹시 아쉬워하다.

¶ 모성애에 주린 그는 외손자를 친손자같이 귀애하게 되었다.≪이기영, 봄≫

〈관용구/속담〉

•주린 개가 뒷간을 바라보고 기뻐한다
　누구나 배가 고프면 무엇이고 먹을 수 있는 것만 보아도 기뻐한다는 말.

•주린 고양이가 쥐를 만났다
　놓칠 수 없는 좋은 기회를 만났다는 말.

•주린 귀신 듣는 데 떡 이야기 하기
　=귀신 듣는 데 떡 소리 한다.

•주린 범의 가재다
　=쌍태 낳은 호랑이 하루살이 하나 먹은 셈.

•주린 자 달게 먹고 목마른 자 쉬이 마신다
　『북』 어떤 물건이 절실하게 요구되는 사람에게는 아주 요긴하게 쓰임을
비유적으로 이르는 말.

<줄이다>

[뜻] 「1」 '줄다'의 사동사.

　　　¶ 집을 줄어 이사를 하였다./어머니의 옷을 줄어 동생을 입
　　　　혔다.

　　　¶ 근무 시간을 줄이다/식사량을 줄이다/과소비를 줄이다.

　　　¶ 소리를 줄이다/피해를 줄이다/압력을 줄이다.

　　　¶ 살림을 줄이다.

　　「2」 말이나 글의 끝에서, 할 말은 많으나 그만하고 마친다
　　　　는 뜻으로 하는 말.

　　　¶ 추운 겨울 날씨에 안녕하시기를 빌며 이만 줄입니다./
　　　　하고 싶은 말은 많지만 다음으로 미루고 오늘은 이만
　　　　줄인다.

하노라고 하노라고 한 것이 이 모양이다.
하느라고 공부하느라고 밤을 새웠다.

2.24. '하노라고'와 '하느라고'

어미 '-노라고'와 어미 '-느라고'의 차이에 관한 것이다. 전자는
의도나 의지를 나타내고, 후자는 목적이나 원인을 나타낸다.

　　〈하노라고〉

　　[뜻] (예스러운 표현으로) 화자가 자신의 행동에 대한 의도나 의
　　　　지를 나타내는 연결 어미.

　　¶ 하노라고 했는데 마음에 드실지 모르겠습니다.

　　〈하느라고〉

　　[뜻] 앞 절의 사태가 뒤 절의 사태에 목적이나 원인이 됨을 나타
　　　　내는 연결 어미.

　　¶ 영희는 웃음을 참느라고 딴 데를 보았다./철수는 어제 책을
　　　　읽느라고 밤을 새웠다./먼 길을 오느라고 힘들었겠구나.

　　－느니보다(어미)
　　　　나를 찾아오느니보다 집에 있거라.
　　－는 이보다(의존 명사)
　　　　오는 이가 가는 이보다 많다.

2.25. '-느니보다'와 '-는 이보다'

'-느니보다'는 어미 '-느니'에 조사 '보다'가 결합하여 선택을 나타내고, '-는 이보다'는 관형형 '-는'이 불완전명사 '이'를 수식하는 형식에 조사 '보다'가 결합하여 비교를 나타낸다.

<-느니보다>

[뜻] 앞 절을 선택하기보다는 뒤 절의 사태를 선택함을 나타내는 연결 어미. 조사 '보다'가 붙을 수 있다.

¶ 이렇게 그냥 앉아 계시느니(보다) 제게 옛날 말씀 좀 해 주시겠습니까?/타향에서 고생하느니(보다) 고향으로 돌아가자./여기서 이렇게 무작정 대답을 기다리느니(보다) 직접 찾아가서 알아보는 것이 낫겠다.

<-는 이보다>

[뜻] '~하는 사람보다'의 뜻이다.

¶ 건전한 사회에서는 일확천금을 노리는 이보다 근면하게 일하는 이가 많고, 비건전한 사회에서는 근면하게 일하는 이보다 일확천금을 노리는 이가 많다.

(으)리만큼(어미)

나를 미워하리만큼 그에게 잘못한 일이 없다.

-(으)ㄹ 이만큼(의존 명사)
찬성할 이도 반대할 이만큼이나 많을
것이다.

2.26. '-(으)리만큼'과 '-(으)ㄹ 이만큼'

'-(으)리만큼'은 정도를 나타내는 연결어미이고, '-(으)ㄹ 이만큼'은 관형형 'ㄹ'이 불완전명사 '이'를 수식하는 구에 '만큼'이라는 조사가 결합한 것이다.

<-(으)리만큼>

[뜻] '-ㄹ 정도로'의 뜻을 나타내는 연결 어미.

　　¶ 한 걸음도 더 걷지 못하리만큼 지쳤었다./길 가는 사람이 걱정을 하리만큼 그의 걸음은 황급하였다.≪현진건, 운수 좋은 날≫/누가 보기에도 창피하리만큼 윤 초시의 입과 눈가장엔 비굴한 표정이 떠돌고….≪김남천, 대하≫

<-(으)ㄹ 이만큼>

[뜻] '-ㄹ 사람만큼'의 뜻이다.

　　¶ 미래에는 한국어를 공부할 이가 영어를 공부할 이만큼 숫자가 되기를 바란다.

-(으)러(목적)　공부하러 간다.
-(으)려(의도)　서울 가려 한다.

2.27. '-(으)러'와 '-(으)려'

'-(으)러'와 '-(으)려'는 둘다 용언 어간에 붙는 연결 어미이다. 전자는 동작의 목적을 나타내고 후자는 의도나 욕망을 나타낸다.

　〈-(으)러'〉

[뜻] 가거나 오거나 하는 동작의 목적을 나타내는 연결 어미.

　　¶ 나물 캐러 가자./아저씨는 동네방네 엿을 팔러 다녔다./엄마의 심부름으로 두부를 사러 시장에 갔다.

　〈-(으)려〉

[뜻] 「1」 어떤 행동을 할 의도나 욕망을 가지고 있음을 나타내는 연결 어미.

　　　¶ 그들은 내일 일찍 떠나려 한다./남을 해치려 들다니.

　　「2」 곧 일어날 움직임이나 상태의 변화를 나타내는 연결 어미.

　　　¶ 하늘을 보니 곧 비가 쏟아지려 한다./차가 막 출발하려 한다.

－(으)로서(자격)

사람으로서 그럴 수는 없다.

－(으)로써(수단)

닭으로써 꿩을 대신했다.

2.28. '－(으)로서'와 '－(으)로써'

'－(으)로서'와 '－(으)로써'는 둘다 체언에 결합하는 조사이다. 전자는 자격이나 신분을 나타내고, 후자는 수단이나 방법을 나타낸다.

<－(으)로서>

「1」지위나 신분 또는 자격을 나타내는 격 조사.

¶ 그것은 교사로서 할 일이 아니다./그는 친구로서는 좋으나, 남편감으로서는 부족한 점이 많다./언니는 아버지의 딸로서 부족함이 없다고 생각했었다.

「2」(예스러운 표현으로) 어떤 동작이 일어나거나 시작되는 곳을 나타내는 격 조사.

¶ 이 문제는 너로서 시작되었다.

<－(으)로써>

[뜻]「1」어떤 물건의 재료나 원료를 나타내는 격 조사.

¶ 쌀로써 떡을 만든다.

「2」어떤 일의 수단이나 도구를 나타내는 격 조사.

¶ 말로써 천 냥 빚을 갚는다고 한다./꿀로써 단맛을 낸다./대화로써 갈등을 풀 수 있을까?/이제는 눈물로써 호소하는 수밖에 없다.

「3」 시간을 셈할 때 셈에 넣는 한계를 나타내는 격 조사.

¶ 고향을 떠난 지 올해로써 20년이 된다./시험을 치는 것이 이로써 일곱 번째가 됩니다.

- (으)므로(어미)

그가 나를 믿으므로 나도 그를 믿는다.

(- ㅁ, - 음)으로(써)(조사)

그는 믿음으로(써) 산 보람을 느꼈다.

2.29. '- (으)므로'와 '(- ㅁ, - 음)으로(써)'

'- (으)므로'는 그 자체가 까닭이나 근거를 나타내는 용언의 어미이고, '(- ㅁ, - 음)으로(써)'은 명사형 '- ㅁ, - 음' 뒤에 여러 가지의 뜻을 가진 조사 '으로(써)'가 결합한 것이다.

<- (으)므로>

[뜻] 까닭이나 근거를 나타내는 연결 어미.

¶ 상대가 너무 힘이 센 선수이므로 조심해야 한다./그는 부지런하므로 성공할 것이다./비가 오므로 외출하지 않았다./그는 수업 시간마다 졸므로 시험 성적이 좋을 리가 없다./선생님은 인격이 높으시므로, 모든 이에게 존경을 받는다.

<ㅁ, -음)으로(써)>

[뜻] '-ㅁ으로(써)'는 '-는 것으로(써)'란 수단 또는 방법의 의미를
나타낸다.

¶ 한 살을 더 먹음으로(써) 서른이 되었다./검찰에 출두함으로
(써) 준법정신이 있다는 것이 증명되었다.

<으로>

「1」 움직임의 방향을 나타내는 격 조사.

¶ 집으로 가는 길/미국으로 여행을 떠나다/나는 광화문으로
발길을 돌렸다.

「2」 움직임의 경로를 나타내는 격 조사.

¶ 홍콩으로 해서 미국을 들어갈 예정이다.

「3」 변화의 방향을 나타내는 격 조사.

¶ 자식을 훌륭한 사람으로 키우다/그렇게 얌전하던 학생이 말
썽꾼으로 변했다./세상이 암흑으로 변했다.

「4」 어떤 물건의 재료나 원료를 나타내는 격 조사.

¶ 콩으로 메주를 쑤다/흙으로 그릇을 만들다/얼음으로 빙수를
만들다.

「5」 어떤 일의 수단·도구를 나타내는 격 조사.

¶ 톱으로 나무를 베다/붓으로 글씨를 쓰다/약으로 병을 고치
다/사진으로 설명을 하다.

「6」 어떤 일의 방법이나 방식을 나타내는 격 조사.

「7」 어떤 일의 원인이나 이유를 나타내는 격 조사. '말미암아',
'인하여', '하여' 등이 뒤따를 때가 있다.

¶ 병으로 죽다/지각으로 벌을 받다/가난으로 말미암아 학교를 중간에 그만두었다.

「8」 지위나 신분 또는 자격을 나타내는 격 조사.

¶ 회원으로 가입하다/회장으로 뽑히다/인간으로 어떻게 그럴 수가 있나?

「9」 시간을 나타내는 격 조사.

¶ 조석으로 부모님께 문안드리다/모임 날짜를 이달 중순으로 정했다./시험 시간을 한 시간으로 제한했다.

「10」 시간을 셈할 때 셈에 넣는 한계를 나타내는 격 조사.

¶ 자동차 면허 시험을 보는 것이 이번으로 일곱 번째가 됩니다.

「11」 특정한 동사와 같이 쓰여 대상을 나타내는 격 조사. '하여 금'을 뒤따르게 하여 시킴의 대상이 되게 하거나, '더불어' 를 뒤따르게 하여 동반의 대상이 되게 한다.

¶ 동생으로 하여금 집안일을 보게 하였다.

「12」 ((주로 인지나 지각을 나타내는 말과 함께 쓰여))어떤 사물 에 대하여 생각하는 바임을 나타내는 격조사.

¶ 조용한 레스토랑쯤으로 여겼는데 입구에서부터 요란한 밴 드 소리가 귀청을 찢었다.≪윤후명, 별보다 멀리≫/무슨 소 망이나 가질 수 있다면 그것을 유일한 낙으로 삼고 눈앞의 고통을 참을 수도 있으련만….≪이기영, 신개지≫

한국어의 표기와 발음

한국어의 표기와 발음

부록 1.

문장 부호

문장 부호의 이름과 그 사용법은 다음과 같이 정한다.

Ⅰ. 마침표[終止符]

1. 온점(.), 고리점(。)

가로쓰기에는 온점, 세로쓰기에는 고리점을 쓴다.

(1) 서술, 명령, 청유 등을 나타내는 문장의 끝에 쓴다.

젊은이는 나라의 기둥이다.
황금 보기를 돌같이 하라.
집으로 돌아가자.

다만, 표제어나 표어에는 쓰지 않는다.

　　압록강은 흐른다(표제어)
　　꺼진 불도 다시 보자(표어)

(2) 아라비아 숫자만으로 연월일을 표시할 적에 쓴다.

　　1919. 3. 1. (1919년 3월 1일)

(3) 표시 문자 다음에 쓴다.

　　1. 마침표　　ㄱ. 물음표　　가. 인명

(4) 준말을 나타내는 데 쓴다.

　　서. 1987. 3. 5. (서기)

2. 물음표(?)

의심이나 물음을 나타낸다.

(1) 직접 질문할 때에 쓴다.

　　이제 가면 언제 돌아오니?
　　이름이 뭐지?

(2) 반어나 수사 의문(修辭疑問)을 나타낼 때 쓴다.

제가 감히 거역할 리가 있습니까?
이게 은혜에 대한 보답이냐?
남북 통일이 되면 얼마나 좋을까?

(3) 특정한 어구 또는 그 내용에 대하여 의심이나 빈정거림, 비웃음등을 표시할 때, 또는 적절한 말을 쓰기 어려운 경우에 소괄호 안에 쓴다.

그것 참 훌륭한(?) 태도야.
우리 집 고양이가 가출(?)을 했어요.

[붙임 1] 한 문장에서 몇 개의 선택적인 물음이 겹쳤을 때에는 맨 끝의 물음에만 쓰지만, 각각 독립된 물음인 경우에는 물음마다 쓴다.

너는 한국인이냐, 중국인이냐?
너는 언제 왔니? 어디서 왔니? 무엇하러?

[붙임 2] 의문형 어미로 끝나는 문장이라도 의문의 정도가 약할 때에는 물음표 대신 온점(또는 고리점)을 쓸 수도 있다.

이 일을 도대체 어쩐단 말이냐.
아무도 그 일에 찬성하지 않을 거야. 혹 미친 사람이면 모를까.

3. 느낌표(!)

감탄이나 놀람, 부르짖음, 명령 등 강한 느낌을 나타낸다.

(1) 느낌을 힘차게 나타내기 위해 감탄사나 감탄형 종결 어미 다음에 쓴다.

앗!
아, 달이 밝구나!

(2) 강한 명령문 또는 청유문에 쓴다.

지금 즉시 대답해!
부디 몸조심하도록!

(3) 감정을 넣어 다른 사람을 부르거나 대답할 적에 쓴다.

춘향아!
예, 도련님!

(4) 물음의 말로써 놀람이나 항의의 뜻을 나타내는 경우에 쓴다.

이게 누구야!
내가 왜 나빠!

[붙임] 감탄형 어미로 끝나는 문장이라도 감탄의 정도가 약할 때에는 느낌표 대신 온점(또는 고리점)을 쓸 수도 있다.

개구리가 나온 것을 보니, 봄이 오긴 왔구나.

II. 쉼표[休止符]

 1. 반점(,), 모점(、)

가로쓰기에는 반점, 세로쓰기에는 모점을 쓴다.
문장 안에서 짧은 휴지를 나타낸다.

(1) 같은 자격의 어구가 열거될 때에 쓴다.

　　근면, 검소, 협동은 우리 겨레의 미덕이다.
　　충청도의 계룡산, 전라도의 내장산, 강원도의 설악산은 모두 국립
공원이다.

다만, 조사로 연결될 적에는 쓰지 않는다.

　　매화와 난초와 국화와 대나무를 사군자라고 한다.

(2) 짝을 지어 구별할 필요가 있을 때에 쓴다.

　　닭과 지네, 개와 고양이는 상극이다.

(3) 바로 다음의 말을 꾸미지 않을 때에 쓴다.

　　슬픈 사연을 간직한, 경주 불국사의 무영탑.

성질 급한, 철수의 누이동생이 화를 내었다.

(4) 대등하거나 종속적인 절이 이어질 때에 절 사이에 쓴다.

콩 심으면 콩 나고, 팥 심으면 팥 난다.
흰 눈이 내리니, 경치가 더욱 아름답다.

(5) 부르는 말이나 대답하는 말 뒤에 쓴다.

애야, 이리 오너라.
예, 지금 가겠습니다.

(6) 제시어 다음에 쓴다.

빵, 빵이 인생의 전부이더냐?
용기, 이것이야말로 무엇과도 바꿀 수 없는 젊은이의 자산이다.

(7) 도치된 문장에 쓴다.

이리 오세요, 어머님.
다시 보자, 한강수야.

(8) 가벼운 감탄을 나타내는 말 뒤에 쓴다.

아, 깜빡 잊었구나.

(9) 문장 첫머리의 접속이나 연결을 나타내는 말 다음에 쓴다.

첫째, 몸이 튼튼해야 된다.
아무튼, 나는 집에 돌아가겠다.
다만, 일반적으로 쓰이는 접속어(그러나, 그러므로, 그리고, 그런데 등) 뒤에는 쓰지 않음을 원칙으로 한다.

그러나 너는 실망할 필요가 없다.

(10) 문장 중간에 끼어든1 구절 앞뒤에 쓴다.

나는, 솔직히 말하면, 그 말이 별로 탐탁하지 않소.
철수는 미소를 띠고, 속으로는 화가 치밀었지만, 그들을 맞았다.

(11) 되풀이를 피하기 위하여 한 부분을 줄일 때에 쓴다.

여름에는 바다에서, 겨울에는 산에서 휴가를 즐겼다.

(12) 문맥상 끊어 읽어야 할 곳에 쓴다.

갑돌이가 울면서, 떠나는 갑순이를 배웅했다.
갑돌이가, 울면서 떠나는 갑순이를 배웅했다.
철수가, 내가 제일 좋아하는 친구이다.
남을 괴롭히는 사람들은, 만약 그들이 다른 사람에게 괴롭힘을 당

---

1 이 경우, '끼어들다'냐 '끼여들다'냐에 대하여 논란의 여지가 있으나, 여기에서는 고시본대로 두기로 한다. 이하 같다.

해 본다면, 남을 괴롭히는 일이 얼마나 나쁜 일인지 깨달을 것이다.

(13) 숫자를 나열할 때에 쓴다.

    1, 2, 3, 4

(14) 수의 폭이나 개략의 수를 나타낼 때에 쓴다.

    5, 6 세기   6, 7 개

(15) 수의 자릿점을 나타낼 때에 쓴다.

    14,314

2. 가운뎃점(·)

열거된 여러 단위가 대등하거나 밀접한 관계임을 나타낸다.

(1) 쉼표로 열거된 어구가 다시 여러 단위로 나누어질 때에 쓴다.

    철수·영이, 영수·순이가 서로 짝이 되어 윷놀이를 하였다.
    공주·논산, 천안·아산·천원 등 각 지역구에서 2 명씩 국회 의원을 뽑는다.
    시장에 가서 사과·배·복숭아, 고추·마늘·파, 조기·명태·고등어를 샀다.

(2) 특정한 의미를 가지는 날을 나타내는 숫자에 쓴다.

  3·1 운동   8·15 광복

(3) 같은 계열의 단어 사이에 쓴다.

  경북 방언의 조사·연구
  충북·충남 두 도를 합하여 충청도라고 한다.
  동사·형용사를 합하여 용언이라고 한다.

3. 쌍점(:)

(1) 내포되는 종류를 들 적에 쓴다.

  문장 부호: 마침표, 쉼표, 따옴표, 묶음표 등.
  문방 사우: 붓, 먹, 벼루, 종이.

(2) 소표제 뒤에 간단한 설명이 붙을 때에 쓴다.

  일시: 1984 년 10 월 15 일 10 시.
  마침표: 문장이 끝남을 나타낸다.

(3) 저자명 다음에 저서명을 적을 때에 쓴다.

  정약용: 목민심서, 경세유표.
  주시경: 국어 문법, 서울 박문 서관, 1910.

(4) 시(時)와 분(分), 장(章)과 절(節) 따위를 구별할 때나, 둘 이상을 대비할 때에 쓴다.

오전 10:20 (오전 10 시 20 분)
요한 3:16 (요한 복음 3 장 16 절)[2]
대비 65:60 (65 대 60)

4. 빗금(/)

(1) 대응, 대립되거나 대등한 것을 함께 보이는 단어와 구, 절 사이에 쓴다.

남궁만/남궁 만   백이십오 원/125 원
착한 사람/악한 사람   맞닥뜨리다/맞닥트리다

(2) 분수를 나타낼 때에 쓰기도 한다.

3/4 분기   3/20

---

2 이 규정집에서 '편(編)·부(部)·장(章)·항(項)'이 아라비아 숫자와 결합하여 쓰이는 경우 등은 편의상 띄어쓰기의 허용 쪽을 따라 붙여 썼으나,(일러두기의 3 번을 참조함.) 이 용례는 고시본대로 보이기로 한다.

Ⅲ. 따옴표[引用符]

1. 큰따옴표(" "), 겹낫표( )『 』

가로쓰기에는 큰따옴표, 세로쓰기에는 겹낫표를 쓴다.
대화, 인용, 특별 어구 따위를 나타낸다.

(1) 글 가운데서 직접 대화를 표시할 때에 쓴다.

"전기가 없었을 때는 어떻게 책을 보았을까?"
"그야 등잔불을 켜고 보았겠지."

(2) 남의 말을 인용할 경우에 쓴다.

예로부터 "민심은 천심이다."라고 하였다.
"사람은 사회적 동물이다."라고 말한 학자가 있다.

2. 작은따옴표(' '), 낫표( )   「 」

가로쓰기에는 작은따옴표, 세로쓰기에는 낫표를 쓴다.

(1) 따온 말 가운데 다시 따온 말이 들어 있을 때에 쓴다.

"여러분! 침착해야 합니다. '하늘이 무너져도 솟아날 구멍이 있다.'
고 합니다."

(2) 마음 속으로 한 말을 적을 때에 쓴다.

'만약 내가 이런 모습으로 돌아간다면, 모두들 깜짝 놀라겠지.'

[붙임] 문장에서 중요한 부분을 두드러지게 하기 위해 드러냄표 대신에 쓰기도 한다.

지금 필요한 것은 '지식'이 아니라 '실천'입니다.
'배부른 돼지'보다는 '배고픈 소크라테스'가 되겠다.

Ⅳ. 묶음표[括弧符]

1. 소괄호(( ))

(1) 원어, 연대, 주석, 설명 등을 넣을 적에 쓴다.

커피(coffee)는 기호 식품이다.
3·1 운동(1919) 당시 나는 중학생이었다.
'무정(無情)'은 춘원(6·25 때 납북)의 작품이다.
니체(독일의 철학자)는 이렇게 말했다.

(2) 특히 기호 또는 기호적인 구실을 하는 문자, 단어, 구에 쓴다.

(1) 주어   (ㄱ) 명사   (라) 소리에 관한 것

(3) 빈 자리임을 나타낼 적에 쓴다.

우리 나라의 수도는 (   )이다.

2. 중괄호(｛ ｝)

여러 단위를 동등하게 묶어서 보일 때에 쓴다.

주격조사 $\left\{ \begin{array}{c} 이 \\ 가 \end{array} \right\}$ 국가의 3요소 $\left\{ \begin{array}{c} 국토 \\ 국민 \\ 주민 \end{array} \right\}$

3. 대괄호([ ])

(1) 묶음표 안의 말이 바깥 말과 음이 다를 때에 쓴다.

　　나이[年歲]　　낱말[單語]　　手足[손발]

(2) 묶음표 안에 또 묶음표가 있을 때에 쓴다.

　　명령에 있어서의 불확실[단호(斷乎)하지 못함]은 복종에 있어서의 불확실[모호(模糊)함]을 낳는다.

V. 이음표[連結符]

1. 줄표 (―)

이미 말한 내용을 다른 말로 부연하거나 보충함을 나타낸다.

(1) 문장 중간에 앞의 내용에 대해 부연하는 말이 끼여들 때 쓴다.

　　그 신동은 네 살에 ─ 보통 아이 같으면 천자문도 모를 나이에 ─
벌써 시를 지었다.

(2) 앞의 말을 정정 또는 변명하는 말이 이어질 때 쓴다.

　　어머님께 말했다가 ─ 아니, 말씀드렸다가 ─ 꾸중만 들었다.
　　이건 내 것이니까 ─ 아니, 내가 처음 발견한 것이니까 ─ 절대로
양보할 수가 없다.

　2. 붙임표(-)

(1) 사전, 논문 등에서 합성어를 나타낼 적에, 또는 접사나 어미
임을 나타낼 적에 쓴다.

　　겨울 - 나그네　　　　불 - 구경　　　　손 - 발
　　휘 - 날리다　　　　　슬기 - 롭다　　　- (으)ㄹ걸

(2) 외래어와 고유어 또는 한자어가 결합되는 경우에 쓴다.

　　나일론 - 실　　디 - 장조　　빛 - 에너지　　염화 - 칼륨

　3. 물결표(~)

(1) '내지'라는 뜻에 쓴다.

　　9월 15일 ~ 9월 25일

(2) 어떤 말의 앞이나 뒤에 들어갈 말 대신 쓴다.

새마을: ~ 운동 　　 ~ 노래
- 가(家): 음악~ 　　 미술~

VI. 드러냄표[顯在符]

1. 드러냄표(˙,˚)[3]

˙이나 ˚을 가로쓰기에는 글자 위에, 세로쓰기에는 글자 오른쪽에
쓴다.

문장 내용 중에서 주의가 미쳐야 할 곳이나 중요한 부분을 특별
히 드러내 보일 때 쓴다.

한글의 본 이름은 훈민정음이다.
중요한 것은 왜 사느냐가 아니라 어떻게 사느냐 하는 문제이다.

[붙임] 가로쓰기에서는 밑줄(＿＿＿)을 치기도 한다.

다음 보기에서 명사가 <u>아닌</u> 것은?

---

3 고시본에는 (˚, ˙)의 순으로 되어 있으나, 사용법에 대한 규정문이나 용례에서
'˙'을 앞세웠으므로 이와 같이 제시하였다.

Ⅶ. 안드러냄표[潛在符]

1. 숨김표(××, ○○)

알면서도 고의로 드러내지 않음을 나타낸다.

(1) 금기어나 공공연히 쓰기 어려운 비속어의 경우, 그 글자의 수
효만큼 쓴다.

배운 사람 입에서 어찌 ○○○란 말이 나올 수 있느냐?
그 말을 듣는 순간 ×××란 말이 목구멍까지 치밀었다.

(2) 비밀을 유지할 사항일 경우, 그 글자의 수효만큼 쓴다.

육군 ○○ 부대 ○○○ 명이 작전에 참가하였다.
그 모임의 참석자는 김×× 씨, 정×× 씨 등 5 명이었다.

2. 빠짐표(□)

글자의 자리를 비워 둠을 나타낸다.

(1) 옛 비문이나 서적 등에서 글자가 분명하지 않을 때에 그 글자
의 수효만큼 쓴다.

大師爲法主□□賴之大□薦 (옛 비문)

(2) 글자가 들어가야 할 자리를 나타낼 때 쓴다.

훈민정음의 초성 중에서 아음(牙音)은 □□□의 석 자다.

3. 줄임표(……)

(1) 할 말을 줄였을 때에 쓴다.

"어디 나하고 한번……."
하고 철수가 나섰다.

(2) 말이 없음을 나타낼 때에 쓴다.

"빨리 말해 !"
"……."

부록 2.

이 글은 〈문교부 고시 제88-2 호(1988. 1. 19.) '표준어 규정' 중 〈제1부 표준어 사정 원칙이다. 표준어 규정의 목차는 다음과 같이 되어 있다.

표준어 규정

제1부 표준어 사정 원칙

제1장 총 칙

제1항 표준어는 교양 있는 사람들이 두루 쓰는 현대 서울말로 정
함을 원칙으로 한다.
제2항 외래어는 따로 사정한다.

제2장 발음 변화에 따른 표준어 규정
제1절 자 음

제3항 다음 단어들은 거센소리를 가진 형태를 표준어로 삼는다.
(ㄱ을 표준어로 삼고, ㄴ을 버림.)

ㄱ	ㄴ	비 고
끄나풀	끄나불	
나팔 – 꽃	나발 – 꽃	
녘	녁	동~, 들~, 새벽~, 동 틀 ~.
부엌	부억	
살 – 쾡이	삵 – 괭이	
칸	간	1. ~막이, 빈 ~, 방 한 ~.
		2. '초가 삼간, 윗간'의 경우에 는 '간'임.
털어 – 먹다	떨어 – 먹다	재물을 다 없애다.

제4항 다음 단어들은 거센소리로 나지 않는 형태를 표준어로 삼는
　　　다.(ㄱ을 표준어로 삼고, ㄴ을 버림.)

ㄱ	ㄴ	비　　고
가을 – 갈이 거시기 분침	가을 – 카리 거시키 푼침	

제5항 어원에서 멀어진 형태로 굳어져서 널리 쓰이는 것은, 그것
　　　을 표준어로 삼는다.(ㄱ을 표준어로 삼고, ㄴ을 버림.)

ㄱ	ㄴ	비　　고
강낭 – 콩 고샅 사글 – 세 울력 – 성당	강남 – 콩 고샵 삭월 – 세 위력 – 성당	겉~, 속~. '월세'는 표준어임. 떼를 지어서 으르고 협박하는 일.

　　다만, 어원적으로 원형에 더 가까운 형태가 아직 쓰이고 있는 경
우에는, 그것을 표준어로 삼는다.(ㄱ을 표준어로 삼고, ㄴ을 버림.)

ㄱ	ㄴ	비　　고
갈비 갓모 굴 – 젓	가리 갈모 구 – 젓	~구이, ~찜, 갈빗 – 대. 1. 사기 만드는 물레 밑고리. 2. '갈모'는 갓 위에 쓰는, 　　유지로 만든 우비.

말 – 곁	말 – 겻	
물 – 수란	물 – 수랄	
밀 – 뜨리다	미 – 뜨리다	
적 – 이	저으기	적이 – 나, 적이나 – 하면.
휴지	수지	

제6항 다음 단어들은 의미를 구별함이 없이, 한 가지 형태만을 표준어로 삼는다.(ㄱ을 표준어로 삼고, ㄴ을 버림.)

ㄱ	ㄴ	비 고
돌	돐	생일, 주기.
둘 – 째	두 – 째	'제2, 두 개째'의 뜻.
셋 – 째	세 – 째	'제3, 세 개째'의 뜻.
넷 – 째	네 – 째	'제4, 네 개째'의 뜻.
빌리다	빌다	1. 빌려 주다, 빌려 오다.
		2. '용서를 빌다'는 '빌다'임.

다만, '둘째'는 십 단위 이상의 서수사에 쓰일 때에 '두째'로 한다.

ㄱ	ㄴ	비 고
열두 – 째 스물두 – 째		열두 개째의 뜻은 '열둘째'로. 스물두 개째의 뜻은 '스물둘째'로.

제7항 수컷을 이르는 접두사는 '수 –'로 통일한다.(ㄱ을 표준어로 삼고, ㄴ을 버림.)

ㄱ	ㄴ	비 고
수 – 꿩	수 – 퀑/숫 – 꿩	'장끼'도 표준어임.
수 – 나사	숫 – 나사	
수 – 놈	숫 – 놈	
수 – 사돈	숫 – 사돈	
수 – 소	숫 – 소	'황소'도 표준어임.
수 – 은행나무	숫 – 은행나무	

다만 1. 다음 단어에서는 접두사 다음에서 나는 거센소리를 인정한다. 접두사 '암 –'이 결합되는 경우에도 이에 준한다.(ㄱ을 표준어로 삼고, ㄴ을 버림.)

ㄱ	ㄴ	비 고
수 – 캉아지	숫 – 강아지	
수 – 캐	숫 – 개	
수 – 컷	숫 – 것	
수 – 키와	숫 – 기와	
수 – 탉	숫 – 닭	
수 – 탕나귀	숫 – 당나귀	
수 – 톨쩌귀	숫 – 돌쩌귀	
수 – 퇘지	숫 – 돼지	
수 – 평아리	숫 – 병아리	

다만 2. 다음 단어의 접두사는 '숫 –'으로 한다.(ㄱ을 표준어로 삼고, ㄴ을 버림.)

ㄱ	ㄴ	비 고
숫 – 양	수 – 양	
숫 – 염소	수 – 염소	
숫 – 쥐	수 – 쥐	

제2절 모　음

제8항　양성 모음이 음성 모음으로 바뀌어 굳어진 다음 단어는 음
　　　성 모음 형태를 표준어로 삼는다.(ㄱ을 표준어로 삼고, ㄴ
　　　을 버림.)

ㄱ	ㄴ	비 고
깡충 – 깡충	깡총 – 깡총	큰말은 '껑충껑충'임.
– 둥이	– 동이	← 童 – 이. 귀 –, 막 –, 선 –, 쌍 –, 검 –, 바람 –, 흰 –.
발가 – 숭이	발가 – 송이	센말은 '빨가숭이', 큰말은 '벌거숭이, 뻘거숭이'임.
보퉁이	보통이	
봉죽	봉족	← 奉足. ~꾼, ~ 들다.
뻗정 – 다리	뻗장 – 다리	
아서, 아서라	앗아, 앗아라	하지 말라고 금지하는 말.
오뚝 – 이	오똑 – 이	부사도 '오뚝 – 이'임.
주추	주초	← 柱礎. 주춧 – 돌.

　다만, 어원 의식이 강하게 작용하는 다음 단어에서는 양성 모음
형태를 그대로 표준어로 삼는다.(ㄱ을 표준어로 삼고, ㄴ을 버림.)

ㄱ	ㄴ	비 고
부조(扶助)	부주	~금, 부좃 ‑ 술.
사돈(査頓)	사둔	밭~, 안~.
삼촌(三寸)	삼춘	시~, 외~, 처~.

제9항 ' ㅣ ' 역행 동화 현상에 의한 발음은 원칙적으로 표준 발음으
　　　로 인정하지 아니하되, 다만 다음 단어들은 그러한 동화가
　　　적용된 형태를 표준어로 삼는다.(ㄱ을 표준어로 삼고, ㄴ을
　　　버림.)

ㄱ	ㄴ	비 고
‑ 내기	‑ 나기	서울 ‑, 시골 ‑, 신출 ‑, 풋 ‑
냄비	남비	
동댕이 ‑ 치다	동당이 ‑ 치다	

[붙임 1]　다음 단어는 ' ㅣ ' 역행 동화가 일어나지 아니한 형태를
표준어로 삼는다.(ㄱ을 표준어로 삼고, ㄴ을 버림.)

ㄱ	ㄴ	비 고
아지랑이	아지랭이	

[붙임 2]　기술자에게는 '‑ 장이', 그 외에는 '‑ 쟁이'가 붙는 형태를
표준어로 삼는다.(ㄱ을 표준어로 삼고, ㄴ을 버림.)

ㄱ	ㄴ	비　　고
미장이	미쟁이	
유기장이	유기쟁이	
멋쟁이	멋장이	
소금쟁이	소금장이	
담쟁이 – 덩굴	담장이 – 덩굴	
골목쟁이	골목장이	
발목쟁이	발목장이	

제10항 다음 단어는 모음이 단순화한 형태를 표준어로 삼는다.(ㄱ
을 표준어로 삼고, ㄴ을 버림.)

ㄱ	ㄴ	비　　고
괴팍 – 하다	괴팍 – 하다/괴팩	
– 구먼	– 하다	
미루 – 나무	– 구먼	← 美柳 ~.
미륵	미류 – 나무	← 彌勒. ~ 보살, ~불, 돌~
여느	미력	
온 – 달	여늬	만 한 달.
으레	왼 – 달	
케케 – 묵다	으례	
허우대	케케 – 묵다	
허우적 – 허우적	허위대	허우적 – 거리다.
	허위적 – 허위적	

제11항 다음 단어에서는 모음의 발음 변화를 인정하여, 발음이
바뀌어 굳어진 형태를 표준어로 삼는다.(ㄱ을 표준어로 삼고, ㄴ을
버림.)

ㄱ	ㄴ	비 고
- 구려	- 구료	1. 서울 ~, 알~, 찰~.
깍쟁이	깍정이	2. 도토리, 상수리 등의 받침 은 '깍정이'임.
나무라다	나무래다	
미수	미시	미숫 - 가루.
바라다	바래다	'바램[所望]'은 비표준어임.
상추	상치	~쌈.
시러베 - 아들	실업의 - 아들	
주책	주착	← 主着. ~망나니, ~없다.
지루 - 하다	지리 - 하다	← 支離.
튀기	트기	
허드레	허드래	허드렛 - 물, 허드렛 - 일.
호루라기	호루루기	

제12항 '웃 -' 및 '윗 -'은 명사 '위'에 맞추어 '윗 -'으로 통일한다.
　(ㄱ을 표준어로 삼고, ㄴ을 버림.)

ㄱ	ㄴ	비 고
윗 - 넓이	웃 - 넓이	
윗 - 눈썹	웃 - 눈썹	
윗 - 니	웃 - 니	
윗 - 당줄	웃 - 당줄	
윗 - 덧줄	웃 - 덧줄	
윗 - 도리	웃 - 도리	
윗 - 동아리	웃 - 동아리	준말은 '윗동'임.
윗 - 막이	웃 - 막이	
윗 - 머리	웃 - 머리	
윗 - 목	웃 - 목	

윗 – 몸	웃 – 몸	~ 운동.
윗 – 바람	웃 – 바람	
윗 – 배	웃 – 배	
윗 – 벌	웃 – 벌	
윗 – 변	웃 – 변	수학 용어.
윗 – 사랑	웃 – 사랑	
윗 – 세장	웃 – 세장	
윗 – 수염	웃 – 수염	
윗 – 입술	웃 – 입술	
윗 – 잇몸	웃 – 잇몸	
윗 – 자리	웃 – 자리	
윗 – 중방	웃 – 중방	

다만 1. 된소리나 거센소리 앞에서는 '위 –'로 한다.(ㄱ을 표준어로 삼고, ㄴ을 버림.)

ㄱ	ㄴ	비 고
위 – 짝	웃 – 짝	
위 – 쪽	웃 – 쪽	
위 – 채	웃 – 채	
위 – 층	웃 – 층	
위 – 치마	웃 – 치마	
위 – 턱	웃 – 턱	~ 구름[上層雲].
위 – 팔	웃 – 팔	

다만 2. '아래, 위'의 대립이 없는 단어는 '웃 –'으로 발음되는 형태를 표준어로 삼는다.(ㄱ을 표준어로 삼고, ㄴ을 버림.)

ㄱ	ㄴ	비 고
웃 – 국	윗 – 국	
웃 – 기	윗 – 기	
웃 – 돈	윗 – 돈	
웃 – 비	윗 – 비	~ 걷다.
웃 – 어른	윗 – 어른	
웃 – 옷	윗 – 옷	

제13항 한자 '구(句)'가 붙어서 이루어진 단어는 '귀'로 읽는 것을
인정하지 아니하고, '구'로 통일한다.(ㄱ을 표준어로 삼고,
ㄴ을 버림.)

ㄱ	ㄴ	비 고
구법(句法)	귀법	
구절(句節)	귀절	
구점(句點)	귀점	
결구(結句)	결귀	
경구(警句)	경귀	
경인구(警人句)	경인귀	
난구(難句)	난귀	
단구(短句)	단귀	
단명구(短命句)	단명귀	
대구(對句)	대귀	~법(對句法).
문구(文句)	문귀	
성구(成句)	성귀	~어(成句語).
시구(詩句)	시귀	
어구(語句)	어귀	
연구(聯句)	연귀	
인용구(引用句)	인용귀	
절구(絶句)	절귀	

다만, 다음 단어는 '귀'로 발음되는 형태를 표준어로 삼는다.(ㄱ을
표준어로 삼고, ㄴ을 버림.)

ㄱ	ㄴ	비 고
귀 – 글 글 – 귀	구 – 글 글 – 구	

제3절 준   말

제14항 준말이 널리 쓰이고 본말이 잘 쓰이지 않는 경우에는, 준
　　　　말만을 표준어로 삼는다.(ㄱ을 표준어로 삼고, ㄴ을 버림.)

ㄱ	ㄴ	비 고
귀찮다	귀치 않다	
김	기음	~ 매다.
똬리	또아리	
무	무우	~강즙, ~말랭이, ~생채, 가랑~, 갓~, 왜~, 총각~.
미다	무이다	1. 털이 빠져 살이 드러나다. 2. 찢어지다.
뱀	배암	
뱀 – 장어	배암 – 장어	
빔	비음	설~, 생일~.
샘	새암	~바르다, ~바리.
생 – 쥐	새앙 – 쥐	
솔개	소리개	
온 – 갖	온 – 가지	
장사 – 치	장사 – 아치	

제15항 준말이 쓰이고 있더라도, 본말이 널리 쓰이고 있으면 본말을 표준어로 삼는다.(ㄱ을 표준어로 삼고, ㄴ을 버림.)

ㄱ	ㄴ	비 고
경황 – 없다	경 – 없다	
궁상 – 떨다	궁 – 떨다	
귀이 – 개	귀 – 개	
낌새	낌	
낙인 – 찍다	낙 – 하다/낙 – 치다	
내왕 – 꾼	냉 – 꾼	
돗 – 자리	돗	
뒤웅 – 박	뒝 – 박	
뒷물 – 대야	뒷 – 대야	
마구 – 잡이	막 – 잡이	
맵자 – 하다	맵자다	모양이 제격에 어울리다.
모이	모	
벽 – 돌	벽	
부스럼	부럼	정월 보름에 쓰는 '부럼'은 표준어임.
살얼음 – 판	살 – 판	
수두룩 – 하다	수둑 – 하다	
암 – 죽	암	
어음	엄	
일구다	일다	
죽 – 살이	죽 – 살	
퇴박 – 맞다	퇴 – 맞다	
한통 – 치다	통 – 치다	

[붙임] 다음과 같이 명사에 조사가 붙은 경우에도 이 원칙을 적용한다.(ㄱ을 표준어로 삼고, ㄴ을 버림.)

ㄱ	ㄴ	비 고
아래 – 로	알 – 로	

제16항 준말과 본말이 다 같이 널리 쓰이면서 준말의 효용이 뚜렷
　　　　이 인정되는 것은, 두 가지를 다 표준어로 삼는다.(ㄱ은 본
　　　　말이며, ㄴ은 준말임.)

ㄱ	ㄴ	비 고
거짓 – 부리	거짓 – 불	작은말은 '가짓부리, 가짓불'임.
노을	놀	저녁~.
막대기	막대	
망태기	망태	
머무르다	머물다	ㄱ ｜ ㄴ 모음 어미가 연결될 때에는 준말의 활용형을 인정하지 않음.
서두르다	서둘다	
서투르다	서툴다	
석새 – 삼베	석새 – 베	외우며, 외워 : 외며, 외어.
시 – 누이	시 – 뉘/시 – 누	
오 – 누이	오 – 뉘/오 – 누	
외우다	외다	
이기죽 – 거리다	이죽 – 거리다	
찌꺼기	찌끼	'찌꺽지'는 비표준어임.

제4절 단수 표준어

제17항 비슷한 발음의 몇 형태가 쓰일 경우, 그 의미에 아무런 차이가 없고, 그 중 하나가 더 널리 쓰이면, 그 한 형태만을 표준어로 삼는다.(ㄱ을 표준어로 삼고, ㄴ을 버림.)

ㄱ	ㄴ	비 고
거든 - 그리다	거둥 - 그리다	1. 거든하게 거두어 싸다. 2. 작은말은 '가든 - 그리다'임.
구어 - 박다	구워 - 박다	사람이 한 군데에서만 지내다.
귀 - 고리	귀엣 - 고리	
귀 - 띔	귀 - 틤	
귀 - 지	귀에-지	
까딱 - 하면	까땍 - 하면	
꼭두 - 각시	꼭둑 - 각시	
내색	나색	감정이 나타나는 얼굴빛.
내숭 - 스럽다	내흉 - 스럽다	
냠냠 - 거리다	얌냠 - 거리다	냠냠 - 하다.
냠냠 - 이	얌냠 - 이	
너[四]	네	~ 돈, ~ 말, ~ 발, ~ 푼.
넉[四]	너/네	~ 냥, ~ 되, ~ 섬, ~ 자.
다다르다	다닫다	
댑 - 싸리	대 - 싸리	
더부룩 - 하다	더뿌룩 - 하다 /듬뿌룩- 하다	
- 던	- 든	선택, 무관의 뜻을 나타내는 어미는 '- 든'임. 가 - 든(지) 말 - 든(지), 보 - 든(가) 말 - 든(가).
- 던가	- 든가	

- 던걸	- 든걸	
- 던고	- 든고	
- 던데	- 든데	
- 던지	- 든지	
- (으)려고	- (으)ㄹ려고	
	/ - (으)ㄹ라고	
- (으)려야	- (으)ㄹ려야	
	/ - (으)ㄹ래야	
망가 - 뜨리다	망그 - 뜨리다	
멸치	머루치/메리치	
반빗 - 아치	반비 - 아치	'반빗' 노릇을 하는 사람.
		찬비(饌婢).
		'반비'는 밥짓는 일을 맡은 계집종.
보습	보십/보섭	
본새	뽄새	
봉숭아	봉숭화	'봉선화'도 표준어임.
뺨 - 따귀	뺌 - 따귀	'뺨'의 비속어임.
	/뺨 - 따구니	
뻐개다[斫]	뻐기다	두 조각으로 가르다.
뻐기다[誇]	뻐개다	뽐내다.
사자 - 탈	사지 - 탈	
상 - 판대기[4]	쌍 - 판대기	
서[三]	세/석	~ 돈, ~ 말, ~ 발, ~ 푼.
석[三]	세	~ 냥, ~ 되, ~ 섬, ~ 자.
설령(設令)	서령	
- 습니다	- 읍니다	먹습니다, 갔습니다, 없습니다,
		있습니다, 좋습니다.
		모음 뒤에는 '-ㅂ니다'임.

---

4 이 예를 '상판때기'로 적고, '상판-때기'로 분석한다고 생각할 수도 있으나, 고시본대로 둔다.

시름 – 시름	시늠 – 시늠	
씀벅 – 씀벅	썸벅 – 썸벅	
아궁이	아궁지	
아내	안해	
어 – 중간	어지 – 중간	
오금 – 팽이	오금 – 탱이	
오래 – 오래	도래 – 도래	돼지 부르는 소리.
– 올시다	– 올습니다	
옹골 – 차다	공골 – 차다	
우두커니	우두머니	작은말은 '오도카니'임.
잠 – 투정	잠 – 투세	
	/잠 – 주정	발~, 손~.
재봉 – 틀	자봉 – 틀	
짓 – 무르다	짓 – 물다	'짚북더기'도 비표준어임.
짚 – 북데기	짚 – 북세기	편(便). 이~, 그~, 저~.
쪽	짝	다만, '아무 – 짝'은 '짝'임.
천장(天障)	천정	'천정부지(天井不知)'는 '천정'임.
코 – 맹맹이	코 – 맹녕이	
흥 – 업다	흥 – 헙다	

제5절 복수 표준어

제18항 다음 단어는 ㄱ을 원칙으로 하고, ㄴ도 허용한다.

ㄱ	ㄴ	비 고
네	예	
쇠 –	소 –	– 가죽, – 고기, – 기름, – 머리, – 뼈.
괴다	고이다	물이 ~, 밑을 ~.
꾀다	꼬이다	어린애를 ~, 벌레가 ~.
쐬다	쏘이다	바람을 ~.
죄다	조이다	나사를 ~.
쬐다	쪼이다	볕을 ~.

제19항 어감의 차이를 나타내는 단어 또는 발음이 비슷한 단어들
이 다 같이 널리 쓰이는 경우에는, 그 모두를 표준어로 삼
는다.(ㄱ, ㄴ을 모두 표준어로 삼음.)

ㄱ	ㄴ	비 고
거슴츠레 – 하다	게슴츠레 – 하다	
고까	꼬까	~신, ~옷.
고린 – 내	코린 – 내	
교기(驕氣)	갸기	교만한 태도.
구린 – 내	쿠린 – 내	
꺼림 – 하다	께름 – 하다	
나부랭이	너부렁이	

제3장   어휘 선택의 변화에 따른 표준어 규정

제1절   고   어

제20항 사어(死語)가 되어 쓰이지 않게 된 단어는 고어로 처리하
고, 현재 널리 사용되는 단어를 표준어로 삼는다.(ㄱ을 표
준어로 삼고, ㄴ을 버림.)

ㄱ	ㄴ	비 고
난봉	봉	
낭떠러지	낭	
설거지 – 하다	설겆다	
애달프다	애닲다	
오동 – 나무	머귀 – 나무	
자두	오얏	

제2절   한자어

제21항 고유어 계열의 단어가 널리 쓰이고 그에 대응되는 한자어
계열의 단어가 용도를 잃게 된 것은, 고유어 계열의 단어
만을 표준어로 삼는다.(ㄱ을 표준어로 삼고, ㄴ을 버림.)

ㄱ	ㄴ	비 고
가루 – 약	말 – 약	
구들 – 장	방 – 돌	

길품 – 삯	보행 – 삯	
까막 – 눈	맹 – 눈	
꼭지 – 미역	총각 – 미역	
나뭇 – 갓	시장 – 갓	
늙 – 다리	노닥다리	
두껍 – 닫이	두껍 – 창	
떡 – 암죽	병 – 암죽	
마른 – 갈이	건 – 갈이	
마른 – 빨래	건 – 빨래	
메 – 찰떡	반 – 찰떡	
박달 – 나무	배달 – 나무	
밥 – 소라	식 – 소라	큰 놋그릇.
사래 – 논	사래 – 답	묘지기나 마름이 부쳐 먹는 땅.
사래 – 밭	사래 – 전	
삯 – 말	삯 – 마	
성냥	화곽	
솟을 – 무늬	솟을 – 문(~紋)	
외 – 지다	벽 – 지다	
움 – 파	동 – 파	
잎 – 담배	잎 – 초	
잔 – 돈	잔 – 전	
조 – 당수	조 – 당죽	
죽데기	피 – 죽	'죽더기'도 비표준어임.
지겟 – 다리	목 – 발	지게 동발의 양쪽 다리.
짐 – 꾼	부지 – 군(負持 –)	
푼 – 돈	분 – 전/푼 – 전	
흰 – 말	백 – 말/부루 – 말	'백마'는 표준어임.
흰 – 죽	백 – 죽	

제22항 고유어 계열의 단어가 생명력을 잃고 그에 대응되는 한자
어 계열의 단어가 널리 쓰이면, 한자어 계열의 단어를 표
준어로 삼는다.(ㄱ을 표준어로 삼고, ㄴ을 버림.)

ㄱ	ㄴ	비 고
개다리 – 소반	개다리 – 밥상	
겸 – 상	맞 – 상	
고봉 – 밥	높은 – 밥	
단 – 벌	홑 – 벌	
마방 – 집	마바리 – 집	馬房~.
민망 – 스럽다/면 구 – 스럽다	민주 – 스럽다	
방 – 고래	구들 – 고래	
부항 – 단지	뜸 – 단지	
산 – 누에	멧 – 누에	
산 – 줄기	멧 – 줄기/멧 – 발	
수 – 삼	무 – 삼	
심 – 돋우개	불 – 돋우개	
양 – 파	둥근 – 파	
어질 – 병	어질 – 머리	
윤 – 달	군 – 달	
장력 – 세다	장성 – 세다	
제석	젯 – 돗	
총각 – 무	알 – 무/알타리 – 무	
칫 – 솔	잇 – 솔	
포수	총 – 댕이	

제3절 방 언

제23항 방언이던 단어가 표준어보다 더 널리 쓰이게 된 것은, 그
것을 표준어로 삼는다. 이 경우, 원래의 표준어는 그대로
표준어로 남겨 두는 것을 원칙으로 한다.(ㄱ을 표준어로
삼고, ㄴ도 표준어로 남겨 둠.)

ㄱ	ㄴ	비 고
멍게	우렁쉥이	
물 – 방개	선두리	
애 – 순	어린 – 순	

제24항 방언이던 단어가 널리 쓰이게 됨에 따라 표준어이던 단어
가 안 쓰이게 된 것은, 방언이던 단어를 표준어로 삼는다.
(ㄱ을 표준어로 삼고, ㄴ을 버림.)

ㄱ	ㄴ	비 고
귀밑 – 머리	귓 – 머리	
까 – 뭉개다	까 – 무느다	
막상	마기	
빈대 – 떡	빈자 – 떡	
생인 – 손	생안 – 손	준말은 '생 – 손'임.
역 – 겹다	역 – 스럽다	
코 – 주부	코 – 보	

제4절 단수 표준어

제25항 의미가 똑같은 형태가 몇 가지 있을 경우, 그 중 어느 하나
가 압도적으로 널리 쓰이면, 그 단어만을 표준어로 삼는
다.(ㄱ을 표준어로 삼고, ㄴ을 버림.)

ㄱ	ㄴ	비 고
– 게끔	– 게시리	
겸사 – 겸사	겸지 – 겸지 /겸두 – 겸두	
고구마	참 – 감자	
고치다	낫우다	병을 ~.
골목 – 쟁이	골목 – 자기	
광주리	광우리	
괴통	호구	자루를 박는 부분.
국 – 물	멀 – 국/말 – 국	
군 – 표	군용 – 어음	
길 – 잡이	길 – 앞잡이	'길라잡이'도 표준어임.
까다롭다	까닭 – 스럽다 /까탈 – 스럽다	
까치 – 발	까치 – 다리	선반 따위를 받치는 물건.
꼬창 – 모	말뚝 – 모	꼬창이로 구멍을 뚫으면서 심는 모.
나룻 – 배	나루	'나루[津]'는 표준어임.
납 – 도리	민 – 도리	
농 – 지거리	기롱 – 지거리	다른 의미의 '기롱지거리'는 표준어임.
다사 – 스럽다	다사 – 하다	간섭을 잘 하다.
다오	다구	이리 ~.

담배 – 꽁초	담배 – 꼬투리 /담배 – 꽁치 /담배 – 꽁추	
담배 – 설대	대 – 설대	
대장 – 일	성냥 – 일	
뒤져 – 내다	뒤어 – 내다	
뒤통수 – 치다	뒤꼭지 – 치다	
등 – 나무	등 – 칡	
등 – 때기	등 – 떠리	'등'의 낮은 말.
등잔 – 걸이	등경 – 걸이	
떡 – 보	떡 – 충이	
똑딱 – 단추	딸꼭 – 단추	
매 – 만지다	우미다	
먼 – 발치	먼 – 발치기	
며느리 – 발톱	뒷 – 발톱	
명주 – 붙이	주 – 사니	
목 – 메다	목 – 맺히다	
밀짚 – 모자	보릿짚 – 모자	
바가지	열 – 바가지 /열 – 박	
바람 – 꼭지	바람 – 고다리	튜브의 바람을 넣는 구멍에 붙은, 쇠로 만든 꼭지.
반 – 나절	나절 – 가웃	
반두	독대	그물의 한 가지.
버젓 – 이	뉘연 – 히	
본 – 받다	법 – 받다	
부각	다시마 – 자반	
부끄러워 – 하다	부끄리다	
부스러기	부스럭지	
부지깽이	부지깽이	
담부항 – 단지	부항 – 항아리	부스럼에서 피고름을 빨아 내기 위하여 부항을 붙이는 데 쓰는, 자그마한 단지.

붉으락 – 푸르락	푸르락 – 붉으락	김맬 때에 흙덩이를 옆으로
비켜 – 덩이	옆 – 사리미	빼내는 일, 또는 그 흙덩이.
		작은말은 '뱅충이'.
빙충 – 이	빙충 – 맞이	'빠트리다'도 표준어임.
빠 – 뜨리다	빠 – 치다	
뻣뻣 – 하다	왜긋다	
뽐 – 내다	느물다	자물쇠나 빗장 따위를 반 정
사로 – 잠그다	사로 – 채우다	도만 걸어 놓다.
살 – 풀이	살 – 막이	상투 튼 이를 놀리는 말.
상투 – 쟁이	상투 – 꼬부랑이	
새앙 – 손이	생강 – 손이	
샛 – 별	새벽 – 별	
선 – 머슴	풋 – 머슴	
섭섭 – 하다	애운 – 하다	국악 용어 '속소리'는 표준
속 – 말	속 – 소리	어임.
손목 – 시계	팔목 – 계	
	/팔뚝 – 시계	'구루마'는 일본어임.
손 – 수레	손 – 구루마	
쇠 – 고랑	고랑 – 쇠	
수도 – 꼭지	수도 – 고동	
숙성 – 하다	숙–지다	
순대	골집	
술 – 고래	술 – 꾸러기/술	
	– 부대/술 – 보	
	/술 – 푸대	
식은 – 땀	찬 – 땀	
신기 – 롭다	신기 – 스럽다	'신기하다'도 표준어임.
쌍동 – 밤	쪽 – 밤	
쏜살 – 같이	쏜살 – 로	

아주	영판	
안 – 걸이	안 – 낚시	씨름 용어.
안다미 – 씌우다	안다미 – 시키다	제가 담당할 책임을 남에게 넘기다.
안쓰럽다	안 – 슬프다	
안절부절 – 못하다	안절부절 – 하다	
앉은뱅이 – 저울	앉은 – 저울	
알 – 사탕	구슬 – 사탕	
암 – 내	곁땀 – 내	
앞 – 지르다	따라 – 먹다	
애 – 벌레	어린 – 벌레	
얕은 – 꾀	물탄 – 꾀	
언뜻	펀뜻	
언제나	노다지	
얼룩 – 말	워라 – 말	
– 에는	– 엘랑	
열심 – 히	열심 – 로	
입 – 담	말 – 담	
자배기	너벅지	
전봇 – 대	전선 – 대	
주책 – 없다	주책 – 이다	'주착→주책'은 제11항 참조.
쥐락 – 펴락	펴락 – 쥐락	
– 지만	– 지만서도	← – 지마는.
짓고 – 땡	지어 – 땡 /짓고 – 땡이	
짧은 – 작	짜른 – 작	
찹 – 쌀	이 – 찹쌀	
청대 – 콩	푸른 – 콩	
칡 – 범	갈 – 범	

제5절 복수 표준어

제26항 한 가지 의미를 나타내는 형태 몇 가지가 널리 쓰이며 표
준어 규정에 맞으면, 그 모두를 표준어로 삼는다.

복 수 표 준 어	비 고
가는 – 허리/잔 – 허리	
가락 – 엿/가래 – 엿	
가뭄/가물	
가엾다/가엽다	가엾어/가여워, 가엾은/가여운.
감감 – 무소식/감감 – 소식	
개수 – 통/설거지 – 통	'설겆다'는 '설거지-하다'로.
개숫 – 물/설거지 – 물	
갱 – 엿/검은 – 엿	
– 거리다/ – 대다	가물-, 출렁-.
거위 – 배/횟 – 배	
것/해	내 ~, 네 ~, 뉘 ~.
게을러 – 빠지다	
/게을러 – 터지다	
고깃 – 간/푸줏 – 간	'고깃 – 관, 푸줏 – 관, 다림 – 방' 은 비표준어임.
곰곰/곰곰 – 이	
관계 – 없다/상관 – 없다	
교정 – 보다/준 – 보다	
구들 – 재/구재	
귀퉁 – 머리/귀퉁 – 배기	'귀퉁이'의 비어임.
극성 – 떨다/극성 – 부리다	
기세 – 부리다/기세 – 피우다	
기승 – 떨다/기승 – 부리다	

깃 – 저고리/배내 – 옷	
/배냇 – 저고리	
꼬까/때때/고까	~신, ~옷.
꼬리 – 별/살 – 별	
꽃 – 도미/붉 – 돔	
나귀/당 – 나귀	
날 – 걸/세 – 뿔	윷판의 쩔밭 다음의 셋째 밭.
내리 – 글씨/세로 – 글씨	
넝쿨/덩굴	'덩쿨'은 비표준어임.
녘/쪽	동~, 서~.
눈 – 대중/눈 – 어림/눈 – 짐작	
느리 – 광이/느림 – 보/늘 – 보	
늦 – 모/마냥 – 모	← 만이앙 – 모.
다기 – 지다/다기 – 차다	
다달 – 이/매 – 달	
– 다마다/ – 고말고	
다박 – 나룻/다박 – 수염	
닭의 – 장/닭 – 장	
댓 – 돌/툇 – 돌	
덧 – 창/겉 – 창	
독장 – 치다/독판 – 치다	
동자 – 기둥/쪼구미	
돼지 – 감자/뚱딴지	
되우/된통/되게	
두동 – 무니/두동 – 사니	윷놀이에서, 두 동이 한데 어울려 가는 말.
뒷 – 갈망/뒷 – 감당	
뒷 – 말/뒷 – 소리	
들락 – 거리다/들랑 – 거리다	
들락 – 날락/들랑 – 날랑	
딴 – 전/딴 – 청	
땅 – 콩/호 – 콩	

땔 – 감/땔 – 거리	
– 뜨리다/ – 트리다	깨 –, 떨어 –, 쏟 –.
뜬 – 것/뜬 – 귀신	
마룻 – 줄/용총 – 줄	돛대에 매어 놓은 줄.
	'이어줄'은 비표준어임.
마 – 파람/앞 – 바람	
만장 – 판/만장 – 중(滿場中)	
만큼/만치	
말 – 동무/말 – 벗	
매 – 갈이/매 – 조미	
매 – 통/목 – 매	
먹 – 새/먹음 – 새	'먹음 – 먹이'는 비표준어임.
멀찌감치/멀찌가니/멀찍이	
멱통/산 – 멱/산 – 멱통	
면 – 치레/외면 – 치레	
모 – 내다/모 – 심다	모 – 내기, 모 – 심기.
모쪼록/아무쪼록	
목판 – 되/모 – 되	
목화 – 씨/면화 – 씨	
무심 – 결/무심 – 중	
물 – 봉숭아/물 – 봉선화	
물 – 부리/빨 – 부리	
물 – 심부름/물 – 시중	
물추리 – 나무/물추리 – 막대	
물 – 타작/진 – 타작	
민둥 – 산/벌거숭이 – 산	
밑 – 층/아래 – 층	
바깥 – 벽/밭 – 벽	
바른/오른[右]	~손, ~쪽, ~편.
발 – 모가지/발 – 목쟁이	'발목'의 비속어임.
버들 – 강아지/버들 – 개지	

벌레/버러지	
변덕 - 스럽다/변덕 - 맞다	
보 - 조개/볼 - 우물	'벌거지, 벌러지'는 비표준어임.
보통 - 내기/여간 - 내기	'행 - 내기'는 비표준어임.
/예사 - 내기	
볼 - 따구니/볼 - 퉁이	'볼'의 비속어임.
/볼 - 때기	
부침개 - 질/부침 - 질/지짐 - 질	'부치개 - 질'은 비표준어임.
불똥 - 앉다/등화 - 지다/등화	
- 앉다	
불 - 사르다/사르다	
비발/비용(費用)	
뾰두라지/뾰루지	
살 - 쾡이/삵	삵 - 피.
삽살 - 개/삽사리	
상두 - 꾼/상여 - 꾼	'상도 - 꾼, 향도 - 꾼'은 비표준어임.
상 - 씨름/소 - 걸이	
생/새앙/생강	
생 - 뿔/새앙 - 뿔/생강 - 뿔	'쇠뿔'의 형용.
생 - 철/양 - 철	1. '서양철'은 비표준어임.
	2. '生鐵'은 '무쇠'임.
서럽다/섧다	'설다'는 비표준어임.
서방 - 질/화냥 - 질	
성글다/성기다	
- (으)세요/ - (으)셔요	
송이/송이 - 버섯	
수수 - 깡/수숫 - 대	
술 - 안주/안주	
- 스레하다/ - 스름하다	거무 -, 발그 -.
시늉 - 말/흉내 - 말	
시새/세사(細沙)	

신/신발	
신주 – 보/독보(櫝褓)	
심술 – 꾸러기/심술 – 쟁이	
씁쓰레 – 하다/씁쓰름 – 하다	
아귀 – 세다/아귀 – 차다	
아래 – 위/위 – 아래	
아무튼/어떻든/어쨌든 /하여튼/여하튼	
앉음 – 새/앉음 – 앉음	
알은 – 척/알은 – 체	
애 – 갈이/애벌 – 갈이	
애꾸눈 – 이/외눈 – 박이	'외대 – 박이, 외눈 – 퉁이'는 비표준어임.
양념 – 감/양념 – 거리	
어금버금 – 하다 /어금지금 – 하다	
어기여차/어여차	
어림 – 잡다/어림 – 치다	
어이 – 없다/어처구니 – 없다	
어저께/어제	
언덕 – 바지/언덕 – 배기	
얼렁 – 뚱땅/엄벙 – 떵	
여왕 – 벌/장수 – 벌	
여쭈다/여쭙다	
여태/입때	'여직'은 비표준어임.
여태 – 껏/이제 – 껏/입때 – 껏	'여직 – 껏'은 비표준어임.
역성 – 들다/역성 – 하다	'편역 – 들다'는 비표준어임.
연 – 달다/잇 – 달다	
엿 – 가락/엿 – 가래	
엿 – 기름/엿 – 길금	
엿 – 반대기/엿 – 자박	

오사리 – 잡놈/오색 – 잡놈	'오합 – 잡놈'은 비표준어임.
옥수수/강냉이	~떡, ~묵, ~밥, ~튀김.
왕골 – 기직/왕골 – 자리	
외겹 – 실/외올 – 실/홑 – 실	'홑겹 – 실, 올 – 실'은 비표준어임.
외손 – 잡이/한손 – 잡이	
욕심 – 꾸러기/욕심 – 쟁이	
우레/천둥	우렛 – 소리, 천둥 – 소리.
우지/울 – 보	
을러 – 대다/을러 – 메다	
의심 – 스럽다/의심 – 쩍다	
– 이에요/ – 이어요	
이틀 – 거리/당 – 고금	학질의 일종임.
일일 – 이/하나 – 하나	
일찌감치/일찌거니	
입찬 – 말/입찬 – 소리	
자리 – 옷/잠 – 옷	
자물 – 쇠/자물 – 통	
장가 – 가다/장가 – 들다	'서방 – 가다'는 비표준어임.
재롱 – 떨다/재롱 – 부리다	
제 – 가끔/제 – 각기	
좀 – 처럼/좀 – 체	'좀–체로, 좀–해선, 좀–해'는 비표준어임.
줄 – 꾼/줄 – 잡이	
중신/중매	
짚 – 단/짚 – 못	
쪽/편	오른~, 왼~.
차차/차츰	
책 – 씻이/책 – 거리	
척/체	모르는 ~, 잘난 ~ .
천연덕 – 스럽다/천연 – 스럽다	
철 – 따구니/철 – 딱서니 /철 – 딱지	'철 – 때기'는 비표준어임.

추어 – 올리다/추어 – 주다	'추켜 – 올리다'는 비표준어임.
축 – 가다/축 – 나다	
침 – 놓다/침 – 주다	
통 – 꼭지/통 – 젖	통에 붙은 손잡이.
파자 – 쟁이/해자 – 쟁이	점치는 이.
편지 – 투/편지 – 틀	
한턱 – 내다/한턱 – 하다	
해웃 – 값/해웃 – 돈	'해우 – 차'는 비표준어임.
혼자 – 되다/홀로 – 되다	
흠 – 가다/흠 – 나다/흠 – 지다	

참고문헌

강희숙(2010), < 국어 정서법의 이해>, 역락.

고창운(2006), <한글 맞춤법 해설과 이해>, 경진문화사.

김봉모(2007), <국어 정서법 강의>, 세종출판부.

김정태(2005), <한글맞춤법의 이해와 실제>, 충남대학교출판부.

김진규(2011), <국어 정서법의 이해>, 공주대학교출판부

민현식(1999), <국어 정서법 연구>, 태학사.

박승빈(1936), <한글맞춤법통일안에 대한 비판>, 조선어학연구회.

박종덕(2008), <한글 맞춤법 연구>, 파미르.

송철의(2010), <주시경의 언어이론과 표기법>, 서울대학교출판문화원.

신창순(1992), <국어정서법연구>, 집문당.

엄태수(2012), <한글 표기법과 글쓰기에 관한 연구>, 지식과 교양.

연규동(1998), <통일시대의 한글맞춤법>, 박이정.

이기문(1963), <국어표기법의 역사적 고찰>, 한국문화연구원.

이기문 외 6인(1983), <한국어문의 제문제>, 일지사.

이광호, 한재영, 장소원(2000), <국어정서법>, 한국방송통신대학교.

이선웅(2002), <우리말 우리글 묻고 답하기>, 태학사.

이익섭(1992), <국어표기법연구>, 서울대학교출판부.

이희승(1989), <한글맞춤법강의>, 신구문화사.

이희승, 안병희(2010), <한글 맞춤법 강의>, 신구문화사.

전영표(2007), <새 국어 표기법>, 상록문화정보연구소.

한글학회(1989), <한글 맞춤법 통일안>, 한글학회.

참고자료

국립국어원(www.korean.go.kr)의 어문규범 해설

찾아보기

저자 | **박창원**

경남 고성 출생
서울대학교 인문대학 국어국문학과 학사, 석사, 박사.
경남대학교, 인하대학교를 거쳐
현재 이화여자대학교(인문대학 국어국문학전공)에 근무.

국립국어연구원(현 국립국어원) 어문규범연구부장,
한국어세계화재단 운영이사,
문화체육관광부 국어심의회 위원,
방송통신위원회 언어특별분과 위원 등 역임.

훈민정음, 고대국어연구(1) 등 논저 100편 내외.

3 이화다문화총서 언어

한국어의 표기와 발음

초판 인쇄 | 2012년 10월 8일
초판 발행 | 2012년 10월 18일

저　자　박창원

책임편집　윤예미

발 행 처　도서출판 지식과교양
등록번호　제 2010-19호
주　소　서울시 도봉구 창5동 262-3번지 3층
전　화　(02) 900-4520 (대표)/ 편집부 (02) 900-4521
팩　스　(02) 900-1541
전자우편　kncbook@hanmail.net

ISBN 978-89-94955-54-4 93710　　　　　　　　　　　　**정가** 32,000원

이 도서의 국립중앙도서관 출판도서목록(CIP)은 e-CIP홈페이지(http://www.nl.go.kr/ecip)에서
이용하실 수 있습니다. (CIP제어번호: CIP2012004629)